세상의 속도를
따라잡고 싶다면

Do it!

비전공자도 개발자도 쉽게 배우는 기초 문법 + 실용 예제

SQL 입문

저자 직강
동영상 제공!

주식·매출·부동산·인구 분석까지 실제 데이터로 연습한다!

20년 경력의 현직 데이터베이스 전문가!
강성욱 지음

이지스 퍼블리싱

세상의 속도를 따라잡고 싶다면 **Do it!**
변화의 속도를 즐기게 될 것입니다.

Do
it!

Do it! SQL 입문

초판 발행 • 2022년 07월 01일
초판 2쇄 • 2023년 01월 30일

지은이 • 강성욱
펴낸이 • 이지연
펴낸곳 • 이지스퍼블리싱(주)
출판사 등록번호 • 제313-2010-123호
주소 • 서울시 마포구 잔다리로 109 이지스빌딩 4층(우편번호 04003)
대표 전화 • 02-325-1722 | **팩스** • 02-326-1723
홈페이지 • www.easyspub.co.kr | **페이스북** • www.facebook.com/easyspub
Do it! 스터디룸 카페 • cafe.naver.com/doitstudyroom | **인스타그램** • instagram.com/easyspub_it

총괄 • 최윤미 | **기획 및 책임편집** • 김은숙 | **IT 2팀** • 박현규, 한승우, 신지윤 | **베타테스터** • 구인회, 김인범, 이종우, 천지은, 허린
교정교열 • 박지영 | **표지 및 본문 디자인** • 책돼지 | **일러스트** • 김학수 | **인쇄** • 보광문화사
마케팅 • 박정현, 한송이, 이나리 | **독자지원** • 오경신 | **영업 및 강의자료 PPT 문의** • 이주동, 김요한(support@easyspub.co.kr)

ISBN 979-11-6303-380-6 93000
가격 22,000원

어제를 통해 배우고, 오늘을 위해 살며,
내일의 희망을 가져라.
중요한 건 질문을 멈추지 않는 것이다.

Learn from yesterday, live for today, hope for tomorrow.
The important thing is not to stop questioning.

알베르트 아인슈타인
Albert Einstein

데이터 홍수 속에 사는
모든 사람의 IT 기본 소양, SQL!

우리가 사는 요즘을 '데이터 홍수 시대'라고 표현해도 지나친 말이 아닐 것입니다. IT 기술의 발달과 개인 디바이스 사용으로 어마어마한 양의 데이터가 쏟아져 나오기 때문이죠. 과거부터 국내외 선두 기업에서는 빅데이터를 가치로 창출했으며, 지금은 거의 모든 기업에서 데이터를 수집·활용하는 일에 많은 투자를 하고 있습니다. 이러한 기업들의 창고에는 엄청난 양의 데이터가 쌓여 있습니다. 여기서 말하는 창고는 데이터베이스라고 할 수 있죠. 단순히 창고에 데이터를 쌓아 두기만 하고 가공하지 않는다면 아무 쓸모가 없습니다. 이 많은 데이터 중에 어떤 것을 추출해야 하는지, 데이터를 분석해 기업에 도움되는 결과를 만들어 낼지 연구해야 합니다. 데이터를 분석한 결과는 기업 전략과 경영에 반영할 수 있으며, 수많은 의사 결정의 기반이 되기 때문입니다.

개발자뿐 아니라 기획자, 마케터도 데이터를 다뤄야 하는 시대

이제는 IT 전문가뿐만 아니라 기획자, 마케터, 디자이너에 이르기까지 누구나 데이터를 다룰 줄 알아야 합니다. 필자는 수 년간 데이터 분석 강의를 해오면서 수강생들의 소속 분야가 확 달라진 것을 체감합니다. 과거에는 프로그래머, DB 관리자와 같은 IT 전공자가 다수였다면 지금은 기획자, 마케터, 디자이너 등 비전공자가 데이터 분석을 배웁니다. 이러한 비전공자들이 데이터베이스에 조금 더 쉽게 접근하고, 실제 데이터로 분석할 수 있도록 SQL 입문 강의를 만들었고, 이 강의를 바탕으로 책을 집필하게 되었습니다.

20년간의 기업 실무와 강의를 바탕으로 초보자를 위한 SQL 문법 정리

사실 비전공자나 IT 초보자는 데이터베이스를 어려워합니다. 그래서 SQL에 도전했지만 시작과 동시에 포기하는 사람도 속출합니다. 하지만 쉽게 접근할 수 있는 방법을 안다면, 그리고 친절하게 알려 주는 사람을 만난다면 누구나 SQL을 다룰 수 있습니다. 필자는 그동안 비전공자를 위한 데이터 분석 강의와 실무 경험을 살려 시중에서 만날 수 없었던 입문자를 위한 SQL 문법을 정리해 왔습니다. 그리고 마침 이런 생각을 하고 있을 때 이지스퍼블리싱 출판사의 연락을 받았고 SQL로 쉽게 다루는 데이터 분석 책을 만들었습니다. 이 책을 읽는 모든 분들이 데이터와 더 친숙해지는 경험을 하고 데이터, 분석 능력을 갖추는 데 도움이 되길 바랍니다.

로스엔젤레스 팔로스 버디스의 바다를 바라보며

강성욱 드림

마이크로소프트, 페이스북, 아마존에서 활약하는 전문가 3인의 강력 추천!

업계에서 인정받는 국제적인 데이터베이스 전문가의 친절한 SQL 입문서

저자와 저는 마이크로소프트 MVP로 함께 활동하며 인연을 맺었고, 다양한 커뮤니티 활동에서 그의 인사이트를 오래 지켜보았습니다. 그는 업계에서 인정받은 데이터베이스 전문가이자, 국내외 굵직한 IT 기업에서 20여 년간 일하며 풍부하게 경험을 쌓은 실력자입니다. 그래서 이 책에는 저자의 모든 경험과 노하우가 고스란히 담겨 있습니다. 만약 여러분이 다음과 같은 고민을 한다면, 주저하지 말고 이 책을 펼치길 바랍니다.

- 데이터베이스를 이제 막 시작했거나 데이터 분석가를 꿈꾸는 사람
- 한번쯤 데이터를 다루고 싶었지만 어떻게 시작해야 할지 고민하는 사람

이 책을 꼭 한 번, 아니 두 번 읽고 SQL을 여러분의 것으로 만드세요. SQL 문법을 누구나 쉽게 이해할 수 있고, 실무에서 사용하는 엄선된 예제도 들어 있으니 혼자서도 충분히 공부할 수 있습니다. 지금까지 출간된 그 어떤 SQL 입문서보다 실용적인 이 책을 읽는다면, 여러분은 데이터를 자유자재로 다루는 능력뿐만 아니라 업무의 효율성과 생산성까지 높일 수 있습니다.

저스틴 유(Justin Yoo) · 마이크로소프트 Senior Cloud Advocate

요즘 기업들이 원하는 가치 창출 능력을 갖추고 싶다면 이 책으로!

빅데이터 시대에 우리에게 꼭 필요한 업무 능력은 바로 '데이터를 잘 다루는 능력'입니다. 이 능력은 IT 업계만이 아니라 거의 모든 산업에서 필요로 한다고 해도 과언이 아닙니다. 하지만 기업에서는 엄청난 실력을 갖춘 데이터베이스 전문가를 찾는 건 아닙니다. 회사에 쌓인 데이터베이스를 업무에 약간만 활용해서 새로운 가치를 창출해 낼 사람을 원하죠. 즉, 누구나 '기본적인 SQL 소양만 있으면 된다'는 것입니다. 이 책을 통해 그동안 쌓은 자신의 능력에 SQL이라는 날개를 달아 보세요. 여러분이 어떤 회사에 취업하고 싶거나 이직을 준비할 때 SQL 활용 능력을 갖춘다면 크게 도움받을 것입니다. 다양한 비즈니스에서 원하는 데이터 분석의 기술을 《Do it! SQL 입문》으로 시작하세요.

미셸 리(Michelle Lee) · 메타 플랫폼스(페이스북), 전 디즈니 스트리밍 Lead Data Analyst

SQL 기본 개념부터 현업에서 쓰는 풍성한 실습이 담긴 책

이 책은 데이터베이스의 기본 개념부터 SQL 문법과 활용, 복습 문제까지 데이터를 처음 다루는 사람이 꼭 알아야 할 내용으로 꽉 찼습니다. 저자의 풍부한 강의 경험이 다년간 체계적으로 담겼기에 이 분야에 처음 발을 들여놓은 사람은 물론이고, 이미 SQL을 알지만 더 자세히 공부하고 싶은 사람에게도 유익한 책입니다. 실무에서 쓰이는 풍성한 실습을 따라 하기만 해도 유의미한 데이터 분석과 결과를 바로 얻을 수 있습니다. 데이터 분석이 필요한 곳이라면 어디든지 SQL을 통해 효율적으로 일하는 방식을 터득하고, 업무 능력도 한 단계 더 발전시킬 수 있는 책입니다. DBA 주니어 생활을 하던 15년 전에 이 책이 옆에 있었다면 좀 더 행복했을 것입니다. DB와 SQL 관련 지식이 필요한 DBA, 개발자, 분석가 분들에게 적극 권장합니다.

이덕현 · 아마존 웹 서비스 Senior Database Specialist

실제 데이터를 다루면서 공부하니까
업무에 200% 활용할 수 있어요!

아끼는 후배에게 소개해 주고 싶은 SQL 입문 책!

백엔드 프로그래머로서 신입 사원 교육을 해야 할 경우가 생깁니다. 하지만 NoSQL과 ORM이 일반화된 지금, 괜찮은 입문자용 SQL 책을 찾기 힘든 것이 사실입니다. 그리고 프로그래머보다 다른 직종에서 일하는 사람들이 SQL에 더 익숙한 경우가 많아졌습니다. 그렇지만 SQL 지식은 여전히 프로그래머에게 더 유용한 도구이며 배워야 할 우선순위가 높은 기술입니다.

신입 사원 교육에 적합한 책을 찾다가 《Do it! SQL 입문》을 만나게 되었습니다. 이 책은 대학생들이 배워야 하거나 정보처리기사 등의 자격증 시험에 나오는 매우 기초적이고 꼭 필요한 내용을 다룹니다. 또한 이슈 추적이나 데이터 분석에 자주 쓰이는 실제 기법을 활용해 정부 데이터와 주식 데이터로 재미있게 실습할 수 있습니다. 게다가 곳곳에 퀴즈를 넣어 교재로 사용하거나 혼자 공부할 때도 도움되는 완벽한 구성이 돋보입니다. 완전 초보자부터 SQL을 본격적으로 시작하려는 직장인까지 모든 분에게 이 책을 추천합니다.

허린 님 • 라인 15년 차 개발자

공부할 때나 일할 때 언제나 곁에 두고 읽을 겁니다

Do it! 시리즈는 누구나 쉽게 이해할 수 있는 가이드 같은 책이라 'SQL 입문'이 출시된다는 소식을 들었을 때 무척 반가웠습니다. 주변을 둘러보면 DBA나 데이터 분석이 아닌 비전공 분야에서 데이터베이스를 다루는 일이 많습니다. 그래서 IT를 잘 모르는 직장인도 쉽게 이해할 수 있는 SQL 입문 책이 필요합니다. 그러한 관점에서 이 책은 SQL의 핵심 문법을 간단명료하게 설명하고, 실무에 도움되는 실습으로 구성해서 직장인뿐 아니라, SQL을 공부하려는 학생들까지 모두에게 유용합니다. 특히 평소 헷갈렸던 기본 문법이나 자료형 등이 표와 도해로 보기 쉽게 정리되어서 일할 때도 이 책을 가까이 두고 읽을 것 같습니다. 또한 실제 데이터로 분석하는 과정을 알려 주고, 현업에서 자주 쓰는 쿼리문과 함수들을 활용하는 방법이 모두 담겨 있어 저처럼 마케팅 업무를 하는 분들에게 많은 도움이 될 책입니다.

천지은 님 • SK쉴더스 데이터 사이언티스트 및 SKT 퍼포먼스 마케터

국가 통계 자료, 나스닥 주식으로 SQL을 실습하니 더 재밌어요

《Do it! SQL 입문》은 입문자도 부담 없이 SQL을 다양한 각도에서 실습할 수 있는 책입니다. 다른 SQL 도서와 비교해 돋보이는 점은 국가 통계 자료나 나스닥 주식 등 실제 데이터를 다뤄 더 흥미롭게 책을 구성한 것입니다. 이미 SQL에 익숙한 사람에게는 SSMS 사용법이나 새로 나온 기술을 얻을 수도 있습니다. 또한 최근 들어 인기가 많아진 데이터 분석 직업을 준비하려는 분에게도 좋은 길잡이가 되어 줄 책입니다.

김인범 님 · RSQUARE 백엔드 개발팀 책임

입문자부터 중급자까지 모두에게 추천해 주고 싶은 책

데이터베이스를 다루려는 후배나 학생들에게 추천해 줄 만한 책이 없어서 고민하던 중에 《Do it! SQL 입문》을 만나서 기뻤습니다. 현업에 당장 활용할 수 있는 예제를 다양하게 다루었으며, 입문자부터 중급자에 이르기까지 꼭 알아야 할 내용이 들어 있습니다. 또한 장이 끝날 때마다 퀴즈가 있어서 공부한 내용을 한 번 더 복습할 수 있습니다. 특히 시중에 MS-SQL을 기반으로 한 SQL 도서가 거의 없어서 MS 관련 데이터베이스를 사용하는 시스템을 개발하고 운영할 사람들에게 더욱 필요한 책입니다.

이종우 님 · 유베이퍼코리아 10년 차 개발자

누구나 당장 SQL을 시작할 수 있도록 길을 열어 준 책

요즘은 IT에 관심 많은 어린 친구들도 DB 활용을 배우는 만큼 SQL은 누구나 사용할 줄 알아야 하는 기술이 되었습니다. 이렇듯 SQL 활용과 그 중요성은 많은 사람이 공감하지만, SQL은 배우기 어렵고 복잡한 언어라는 인식 때문에 막상 배우려 해도 기술 장벽이 높은 게 현실입니다. 하지만 이제 그 장벽을 허물어 줄 수 있는 책이 탄생했습니다. 저는 이 책을 읽자마자 프로메테우스가 인간에게 불을 전해 준 신화가 떠올랐습니다. 저자가 일반인의 눈높이를 맞춰 SQL을 설명하고, 누구나 당장 시작할 수 있도록 길을 열어 주었기 때문입니다. 이 책을 읽으면서 실무에서 데이터베이스를 활용하는 것을 목표로 저자의 수많은 경험이 오롯이 담긴 것을 느꼈습니다. SQL에 입문하는 모든 분에게 일독을 강력히 추천합니다.

구인회 님 · 전 유튜브 크리에이터 타운 기술팀 리더, PacketStream LLC. 테크 리더

SQL 문법 & 실습 14주 완성!

SQL을 14주 안에 정복해 보세요! 매주 꾸준히 목표를 달성하고 완료 날짜를 채우다 보면 어느새 SQL 쿼리문을 완벽하게 작성하는 자신을 발견할 것입니다!

구분	학습 범위	배우는 내용	완료 날짜	
1주차	01장 데이터베이스와 SQL의 기초 02장 나만의 SQL 실습 환경 만들기	01-1, 01-2 데이터베이스의 기본 개념, 종류 01-3, 01-4 SQL의 기본 개념, 학습 이유 02-1, 02-2 데이터베이스 설치, 실습 데이터 생성	월	일
2주차	03장 SQL 시작하기(1)	03-1 SELECT 문으로 데이터 검색 03-2 WHERE 문으로 데이터 검색 03-3 ORDER BY 문으로 데이터 정렬	월	일
3주차	03장 SQL 시작하기(2)	03-4 와일드카드로 문자열 검색 03-5 데이터 그룹화	월	일
4주차	03장 SQL 시작하기(3)	03-6 테이블 생성하고 데이터 조작 03-7 SQL Server의 자료형 정리	월	일
5주차	04장 테이블을 서로 통합하는 조인 알아보기(1)	04-1 조인	월	일
6주차	04장 테이블을 서로 통합하는 조인 알아보기(2)	04-2 서브 쿼리 04-3 공통 테이블 식	월	일
7주차	05장 다양한 SQL 함수 사용하기(1)	05-1 문자열 함수 05-2 날짜 함수	월	일
8주차	05장 다양한 SQL 함수 사용하기(2)	05-3 집계 함수 05-4 수학 함수	월	일
9주차	05장 다양한 SQL 함수 사용하기(3)	05-5 순위 함수 05-6 분석 함수	월	일
10주차	06장 내 맘대로 주식 데이터 분석하기(1)	06-1 52주 동안의 주가 분석 06-2 하루 동안 상승/하락한 종목 분석	월	일
11주차	06장 내 맘대로 주식 데이터 분석하기(2)	06-3 전일 대비 종목 분석 06-4 주가가 연속 상승한 종목 분석	월	일
12주차	06장 내 맘대로 주식 데이터 분석하기(3)	06-5 특정 기간 종목의 증감률 계산 06-6 보유 주식 수익 증감액 계산 06-7 5일, 20일 가격 이동 평균 계산	월	일
13주차	07장 국가 통계 데이터 분석하기(1)	07-1 국가 통계 포털 데이터 실습 07-2 행정 구역별 인구 분석	월	일
14주차	07장 국가 통계 데이터 분석하기(2)	07-3 연도별 인구 증감 분석 07-4 행정 구역별 남녀 비율 계산 07-5 주택 매매 데이터로 분석	월	일

중간중간 퀴즈도 잊지 말고 푸세요!

실전 실습 시작!

실습에 필요한 예제 파일은 이지스퍼블리싱 홈페이지에서 제공합니다

이 책에서 사용하는 실습 예제 파일은 이지스퍼블리싱 홈페이지 [자료실]에서 내려받을 수 있습니다. 이론만 읽고 넘어가지 말고 반드시 본문에서 제공하는 예제와 퀴즈를 직접 실습하며 공부하세요.

[www.easyspub.co.kr → 자료실] 도서명 검색

처음부터 끝까지 **저자 직강 동영상**과 함께 공부하세요!

이 책의 핵심 내용을 담은 저자 직강 동영상을 무료로 제공합니다. 책과 함께 시청하면 개념을 더욱 쉽게 이해할 수 있어요. [이지스퍼블리싱 유튜브 채널 → 재생 목록 → Do it! SQL 입문]을 확인하세요.

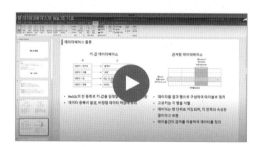

[www.youtube.com/c/easyspub
→ 재생 목록] 도서명 선택

QR코드를 찍어
확인하세요!

이지스 소식지를 받고 신간, 이벤트 정보를 한눈에 확인하세요!

이지스퍼블리싱 홈페이지에서 회원 가입을 하여 매달 정기 소식지를 받아 보세요. 신간과 책 관련 이벤트 소식을 누구보다 빠르게 확인할 수 있습니다. 또한 전자책 한 권을 공개하는 이벤트도 진행하고 있답니다.

Do it! 스터디룸에서 친구와 함께 공부하고 책 선물도 받아 가세요!

네이버 카페 'Do it! 스터디룸'에서 같은 고민을 하는 친구들과 함께 공부해 보세요. 내가 잘 이해한 내용은 남을 도와주고 내가 잘 이해하지 못한 내용은 도움을 받으면서 공부하면 복습 효과도 누릴 수 있습니다. 서로서로 코드와 개념 리뷰를 하며 훌륭한 개발자로 성장해 보세요.

공부단에 지원하고, 스터디를
완료하면 책 선물을 드려요.

궁금한 내용은 도서 게시판에서
질문해 보세요.

cafe.naver.com/doitstudyroom

차례

01

데이터베이스와
SQL의 기초

우리가 이 책에서 배우게 될 SQL은 데이터를 다루기 위한 데이터베이스 질의 언어이다. 그럼 데이터베이스란 무엇일까? 데이터베이스는 IT 업계뿐만 아니라 산업 전반에 걸쳐 다방면으로 쓰일 만큼 우리 일상생활과 가까운 용어이다. 01장에서는 먼저 데이터베이스의 기본 개념과 종류를 살펴본 뒤, SQL을 배워야 하는 이유를 자세히 알아본다.

01-1 데이터베이스의 기본 개념

데이터는 어떻게 데이터베이스가 되는가

데이터베이스^{database, DB}는 흔히 데이터의 집합, 데이터의 저장 형태를 말한다. 그렇다면 여기에서 **데이터**는 무엇을 의미할까? 데이터는 우리말로 하면 자료이다. 주의하자! 정보가 아니라 아직은 그냥 자료이다. IT 분야에서 데이터라고 하면 컴퓨터가 처리할 수 있는 자료를 말한다. 그럼 데이터는 어떻게 데이터베이스로 만들어질까? 다음 그림을 자세히 보자.

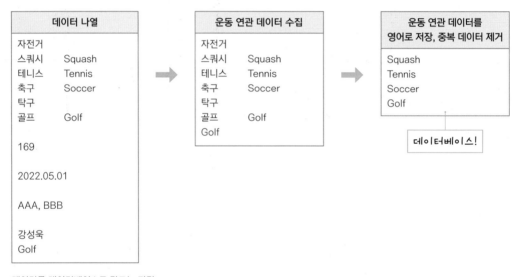

데이터를 데이터베이스로 만드는 과정

첫 번째 칸에는 우리 주변에서 흔히 볼 수 있는 단어나 숫자를 여러 개 나열해 놓았다. 운동 종목, 키, 날짜, 사람 이름 모두 데이터다. 그런데 이 데이터들은 어떤 목적 없이 모여 있을 뿐이다. 그래서 두 번째 칸에는 운동과 관련된 단어만 모아 보았다. 이러한 **데이터의 모음을 데이터베이스**라고 한다. 하지만 두 번째 칸은 중복 데이터 등으로 사용하는 데 불편해 보인다. 따라서 여기에 나열한 여러 데이터를 데이터베이스로 활용하려면 '운동 연관 데이터인지', '영어인지' 또는 '중복 데이터는 없는지'를 확인하고 분류해야 한다. 이렇게 서로 연관된 데이터가 모여 있을 때만 데이터베이스라고 할 수 있다.

다시 정리해 보면, **데이터베이스**는 논리적으로 연관된 데이터를 모아 일정한 형태로 저장해 놓은 것이다. 즉, 여러 시스템 또는 사용자가 데이터를 동시에 공유하고 사용하기 위해 통합 저장한 데이터의 집합을 말한다.

데이터베이스는 왜 필요할까?

데이터베이스를 사용하는 목적은 무엇일까? 한마디로 말해 **데이터 중복을 최소화해서 조직의 목적에 맞게 효율적으로 관리**하려고 사용한다. 무슨 말인지 아직 감이 잘 오지 않을 것이다. 대형 마트를 예로 들어 좀 더 살펴보자.

마트에는 다양한 상품이 수백, 수천 개 진열되어 있고 많은 직원이 일을 한다. 그리고 손님들은 다양한 시간대에 여러 상품을 구매한다. 영업시간이 끝나면 직원들은 매출, 매입, 반품, 재고 등을 관리한다. 이때 지금처럼 데이터베이스를 사용하지 않고 손으로 일일이 관리한다면 어떨까? 직원들은 매번 재고를 하나하나 조사해야 하고, 때로는 상품 수량이 바로 확인되지 않아 품절 사태가 빈번히 일어날 것이다. 상상만 해도 끔찍하다.

마트에서 수작업으로 하지 않고 데이터베이스를 쓴다면 어떨까? 고객이 상품을 구매하면 즉시 재고에서 수량이 차감되어 품절인 물건을 파악하기도 좋고, 이미 재고가 많은 상품을 추가 매입하는 일도 막을 수 있다. 또한 경영에 필요한 데이터를 손쉽게 추출할 수 있으므로 전략적 사업 목표를 세울 때도 매우 유용하다.

이렇듯 데이터베이스는 기업, 기관부터 개인의 일상생활에 이르기까지 여러 분야에서 밀접하게 연결된 기술이다. 그러므로 데이터베이스 시스템과 데이터를 추출하는 능력이 있다면 업무에도 큰 성과를 올릴 수 있다.

데이터베이스는 ISOS, R1C3으로 정리한다

지금까지 살펴본 데이터베이스는 다음과 같이 줄임말 두 개로 정리할 수 있다. 바로 ISOS와 R1C3이다. 일반적으로 데이터베이스를 정의할 때는 **ISOS**, 데이터베이스 시스템의 특징을 이야기할 때는 **R1C3**를 사용한다. ISOS는 다음 단어의 첫 글자를 딴 것이다.

통합 데이터: 데이터 중복이 최소화된 데이터

저장 데이터: 컴퓨터가 접근할 수 있는 매체에 저장된 데이터

운영 데이터: 조직의 고유한 업무를 수행하는 데 필요한 데이터

공용 데이터: 여러 응용 시스템이 공동으로 소유하고 유지하는 데이터

데이터베이스의 정의 - ISOS

또한 R1C3는 R이 1개, C가 3개임을 의미하는데, 다음 단어의 첫 글자를 딴 것이다.

실시간 접근성: 사용자 질의에 실시간 처리해 응답

지속적인 변화: 삽입, 삭제, 수정 작업을 통해 항상 최신 데이터를 동적으로 유지

동시 공유: 목적이 다른 여러 사용자가 동시에 같은 데이터를 공유

내용에 의한 참조: 데이터베이스에 있는 데이터를 참조할 때 레코드의 주소나 위치가 아닌 사용자가 요구하는 데이터 내용으로 참조

데이터베이스의 특징 - R1C3

데이터베이스는 DBMS로 관리한다

지금까지 데이터베이스의 개념과 특징을 살펴보았으니 이제 데이터를 관리하는 시스템을 알아보자. 이는 **데이터베이스 관리 시스템**database management system, DBMS이라고 부르는데 데이터

의 입력, 수정, 삭제 등 다양한 기능을 제공하는 별도의 소프트웨어라고 생각하면 쉽다. 데이터베이스 관리 시스템은 줄여서 DBMS라고 한다.

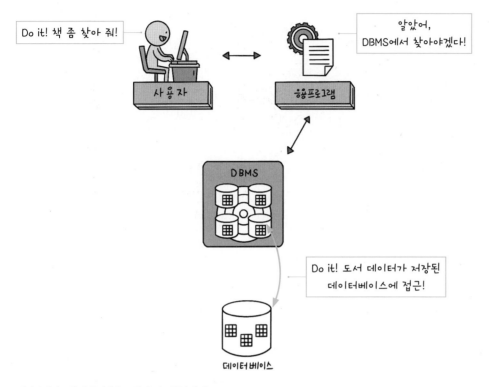

데이터베이스와 데이터베이스 관리 시스템의 관계

이 그림을 보면 데이터베이스와 데이터베이스 관리 시스템이 다르다는 것을 알 수 있다. **데이터베이스는 데이터를 담는 통**이고, **데이터베이스 관리 시스템은 이 통을 관리하는 소프트웨어이다.** 다시 말해 데이터베이스에 데이터를 저장하거나 삭제하는 모든 작업은 데이터베이스 관리 시스템을 거쳐야 한다. 이 둘의 관계를 잘 구분하고 넘어가자.

DB ≠ DBMS

실무에서는 데이터베이스를 DB, 데이터베이스 관리 시스템을 DBMS라고 줄여서 말하는데, 비슷해 보여서 그런지 가끔 DB와 DBMS를 구분하지 않고 사용하는 경우를 볼 수 있다. 하지만 의미가 다르므로 엄격히 구분할 줄 알아야 의사소통할 때 혼란스런 일이 발생하지 않는다. 이 책에서도 데이터베이스는 DB, 데이터베이스 관리 시스템은 DBMS라고 줄여서 표기하는 경우가 많으므로 혼동하지 않기를 바란다.

01-2 데이터베이스 종류

데이터베이스는 저장 방법에 따라 계층형, 네트워크형, 키-값, 관계형으로 분류한다.

계층형 데이터베이스

계층형 데이터베이스는 데이터가 부모와 자식 관계를 이루는 트리 구조이다. 다음 그림과 같이 부모 레코드가 여러 자식 레코드를 가진다.

▶ 레코드란 데이터베이스 테이블에 저장된 값들의 모임으로 행(row) 또는 튜플(tuple)이라고도 부른다.

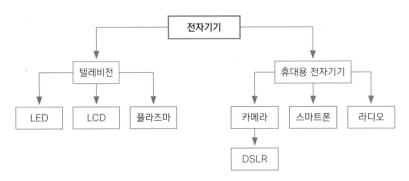

계층형 데이터베이스의 예

그림을 보면 전자기기가 가장 위에 있고, 이를 부모로 그 아래에 텔레비전, 휴대용 전자기기가 있다. 텔레비전은 아래에 LED, LCD, 플라즈마를 가진다. 이처럼 부모 레코드는 여러 개의 자식 레코드를, 자식 레코드는 하나의 부모 레코드만 가질 수 있다. 그런데 만약 LED와 LCD가 텔레비전 이외의 새로 등장한 모니터에 속하면(즉, 일대다 관계가 무너지면) 이러한 구조는 변경하기가 매우 어렵다. 이처럼 계층형 데이터베이스는 데이터 중복이 발생하기 쉬우며, 데이터는 상하 종속 관계로 이루어지므로 초기에 이 방식을 채택하면 이후 프로세스 변경이 어려워 현재는 거의 사용되지 않는다.

네트워크형 데이터베이스

네트워크형 데이터베이스는 데이터를 노드로 표현한 모델이다. 노드는 네트워크상에 있으며 서로 대등한 관계다. 네트워크형 데이터베이스는 계층형 데이터베이스의 단점인 데이터 중복 문제, 상하 종속 관계를 해결했다.

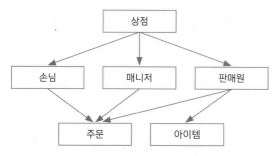

네트워크형 데이터베이스의 예

이 그림을 살펴보면 상점은 주인 노드$^{owner\ node}$이고 손님, 매니저, 판매원은 멤버 노드^{member} ^{node}이다. 그리고 이 멤버 노드들은 다시 주인 노드가 되어 주문, 아이템이라는 노드를 가진다. 멤버 노드를 살펴보면 여러 주인 노드를 가지는데, 멤버 노드는 반드시 주인 노드와 연결되어야 하며 멤버 노드는 주인 노드에 있는 레코드와 연관되어야 한다. 이처럼 네트워크형 데이터베이스는 레코드 간의 관계를 일대다 또는 다대다로 표현할 수 있지만, 종속성 문제가 생기기 쉬워 데이터베이스 구조를 변경하기 어렵다.

키-값 데이터베이스

키-값 데이터베이스$^{key\text{-}value\ database}$는 NoSQL의 한 종류로 키-값을 일대일 대응해 데이터를 저장한다. 데이터 중복이 발생하며 비정형 데이터 저장에 유리하다.

▶ 비정형 데이터(unstructured data)란 쉽게 말해 형식이 없는 데이터이다. 흔히 텍스트, 음성, 영상과 같은 데이터가 비정형 데이터 범위에 속한다. 반대로 정형 데이터(structured data)는 데이터베이스의 정해진 규칙(rule)에 맞게 데이터를 저장하며, 각 데이터는 열 이름으로 의미를 쉽게 파악할 수 있다.

▶ NoSQL이란 비관계형 데이터베이스를 가리킬 때 사용한다. 기존 관계형 데이터베이스의 한계를 극복하는 데이터 저장소로 도큐먼트, 그래프, 키-값, 검색 등 다양한 데이터 모델을 사용한다.

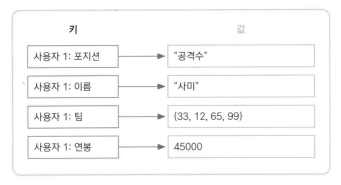

키-값 데이터베이스의 예

키-값 데이터베이스는 관계형 데이터베이스와 함께 가장 많이 사용한다. 키-값 스토어^{key-}value store라 불리기도 하며, 키와 값을 한 쌍으로 데이터를 저장하는 비관계형 데이터베이스 유형이다. 키-값 데이터베이스는 고유한 식별자로 사용하며 단순한 객체에서 복잡한 집합체에 이르기까지 무엇이든 키와 값이 될 수 있다.

데이터가 여러 개인 키-값 데이터베이스의 예

그림을 보면 K1이라는 키에 AAA, BBB, CCC라는 값이 저장되었다. K2의 경우 AAA, BBB 데이터가 저장되었는데 K1과 K2를 비교해 보면 데이터의 개수가 다르다.

키-값 데이터베이스의 특징은 스키마 없이 작동한다는 점이다. 따라서 데이터 구조를 미리 정의할 필요가 없으며 시간이 지나더라도 언제든지 바꿀 수 있으므로 비정형 데이터를 쉽게 저장할 수 있다. 키-값은 다양한 형태로 표현할 수 있다.

▶ 스키마란, 데이터베이스의 구조와 제약 조건에 대하여 전반적인 명세를 기술한 것을 말한다. 즉, 데이터베이스를 구성하는 자료 개체의 성질, 관계, 조작, 자룻값 등의 정의를 총칭한 것이다.

표 1-1 데이터 형태에 따른 작성 예

데이터 형태	작성 예
데이터 테이블	<table><tr><td>Key</td><td>Value</td></tr><tr><td>K1</td><td>AAA,BBB,CCC</td></tr><tr><td>k4</td><td>AAA,2,01/01/2015</td></tr><tr><td>k5</td><td>3,ZZZ,5623</td></tr></table>
JSON 형식	{"k1":"AAA,BBB,CCC","k4":"AAA,2,01/01/2015","k5":"3,ZZZ,5623"}
XML 스키마 표현	<k1>AAA,BBB,CCC</k1> <k4>AAA,2,01/01/2015</k4><k5>3,ZZZ,5623</k5>

참고로 키-값 데이터베이스는 NoSQL의 한 종류이다. 이 책에서는 NoSQL을 다루지는 않지만, 키-값 데이터베이스를 포함하는 NoSQL에는 어떤 종류의 데이터베이스가 있는지 읽어보고 넘어가자.

표 1-2 NoSQL 데이터베이스의 종류와 특징

NoSQL 유형	특징	종류
키-값 데이터베이스 (Key-Value Database)	키-값 형태로 저장하며 수평으로 확장하기 쉽다. 값의 내용으로 쿼리할 수 없다.	Memcached, Redis, LevelDB 등
도큐먼트 데이터베이스 (Document Database)	키-값 모델이 진화한 형태로 키-도큐먼트 형태로 저장된다. 값이 계층적인 형태로 저장된다.	MongoDB, CouchDB, MarkLogic 등
컬럼 데이터베이스 (Column Database)	키에 해당하는 값에 각기 다른 스키마를 가질 수 있다. 대용량 데이터 압축, 분산 처리, 집계 처리 등에 뛰어나다.	HBase, Cassandra, Hypertable 등
그래프 데이터베이스 (Graph Database)	데이터를 노드로 표현하며 노드 사이의 관계를 엣지로 표현한다. 소셜미디어나 네트워크 다이어그램 등에서 사용할 수 있다.	Neo4j, Blazegraph, OrientDB 등

관계형 데이터베이스

관계형 데이터베이스는 실무에서 많이 사용하는 데이터베이스 종류의 하나이다. 이 책의 실습에서 사용하는 마이크로소프트 SQL Server도 관계형 데이터베이스의 하나이다. 관계형 데이터베이스에서는 데이터를 테이블 형태로 저장한다. 다음 그림을 보자.

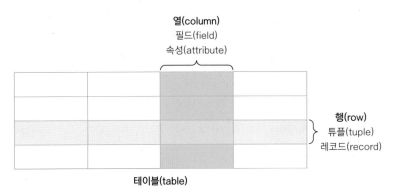

열(column)
필드(field)
속성(attribute)

행(row)
튜플(tuple)
레코드(record)

테이블(table)

관계형 데이터베이스의 구조

그림에서 보듯 관계형 데이터베이스는 데이터를 열column과 행row으로 구성한 테이블로 정리하며 고유키primary key가 각 행을 식별한다. 데이터는 행 단위로 저장되며, 각 항목의 속성은 열이라고 표현한다. 열 속성에 따라 데이터 유형이 정해진다. 예를 들어 고객 정보를 저장한다고 할 때 [**이름, 전화번호, 이메일, 주소**]는 열이고 여기에 [**강성욱, 000-0000-0000, xxxx@xxxx.xxx, 대한민국**]으로 데이터가 저장되며 이러한 데이터를 행이라고 한다. 그리고 이렇게 고객의 정보가 저장된 집합을 테이블이라고 한다.

표 1-3 관계형 데이터베이스의 구성

용어	설명
열	각 열은 고유한 이름을 가지며 자신만의 타입을 가진다. 열은 필드(field) 또는 애트리뷰트(attribute)라고도 한다. 이 책에서는 열이라는 용어를 사용한다.
행	관계된 데이터의 묶음을 의미하며 한 테이블의 모든 행은 같은 수의 열을 가진다. 행은 튜플(tuple)또는 레코드(record)라고도 한다. 이 책에서는 행이라는 용어를 사용한다.
테이블	행과 열 값들의 모음을 나타내며, 도메인 특성에 따라 데이터를 논리적으로 그룹화해 놓은 것이다.

엑셀로 알아보는 열, 행, 테이블

앞서 설명한 내용이 조금 어렵다면 이해를 돕기 위해 우리가 흔히 사용하는 엑셀을 예로 들어보겠다. 다음 그림은 실제 데이터베이스에서 데이터를 검색한 후의 모습과 엑셀로 표현했을 때의 화면이다.

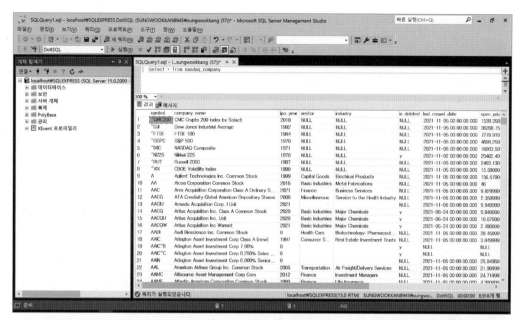

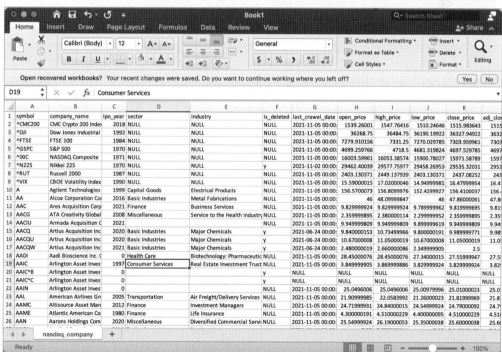

데이터베이스와 엑셀의 구조 비교(위: 데이터베이스 검색 화면, 아래: 엑셀 화면)

엑셀 화면을 보면 데이터베이스에 저장된 구조와 같은 것을 볼 수 있다. 엑셀의 A, B, C, D, …
가 데이터베이스의 열이고, 엑셀의 1, 2, 3, 4, … 번호란에 채워진 데이터가 데이터베이스의 행이다. 그리고 엑셀 시트에 정의된 데이터 집합의 시트 이름이 데이터베이스의 테이블 이름에 해당한다.

▶ 데이터베이스와 다르게 열 이름이 정의되지 않으므로 1행에 열 이름을 명시했다.

그런데 열과 행 형식으로 데이터를 테이블에 저장하는 것이 관계형 데이터베이스와 무슨 관련이 있을까? 그 이유는 바로 테이블과 테이블 간의 관계 때문이다.

ERD로 이해하는 테이블 관계

테이블 간의 관계를 표현한 그림을 ERD^entity relationship diagram라고 한다. ERD는 논리 모델과 물리 모델이 있는데 **논리 모델**은 데이터 모델의 첫 단계로 고객의 요구 사항을 수집, 분석해 데이터베이스의 전체 모양을 구성하는 것이고, **물리 모델**은 논리 모델을 바탕으로 실제 데이터를 저장할 수 있는 모델을 표현한 것이다. 다음은 물리 모델을 표현한 ERD이다.

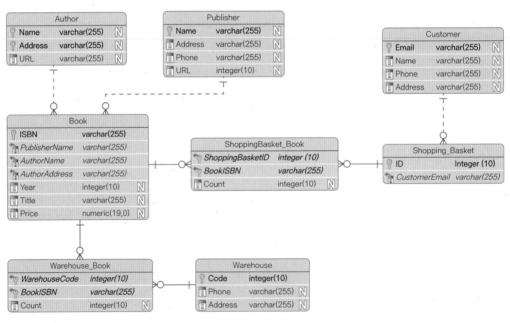

관계형 데이터베이스의 ERD

그림에서 보이는 네모 박스를 테이블이라고 생각해 보자. 네모 박스에 테이블 이름과 테이블에 포함되는 열이 적혀 있다. 여기서 주목할 내용은 ERD의 요소다. 다음은 고객^customer과 장바구니^shoppingbasket의 관계를 ERD로 나타내고, 이를 확대해 각 요소 명칭을 표시한 그림이다.

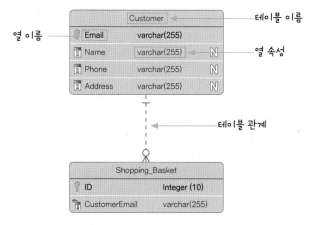

테이블 이름

열 이름

열 속성

테이블 관계

ERD 구성 요소의 명칭

그림을 보면 장바구니 테이블이 고객 테이블을 참조하는 형태다. 장바구니 테이블의 `CustomerEmail` 열 요소는 사실 고객 테이블의 `Email` 열 요소를 참조하는 것이다.

우선은 이 정도로 테이블의 관계와 ERD를 설명하고 넘어가겠다. 물론 ERD 관련 내용이 필요한 경우에는 쉽게 이해할 수 있도록 설명을 곁들이겠다. ERD 관련 내용이 더 궁금하다면 '데이터베이스 설계' 또는 '데이터 모델링'이라는 용어가 포함된 다른 책을 참고하기를 권한다.

도서 주문 테이블로 알아보는 관계형 데이터베이스의 필요성

이제 테이블이 관계로 연결될 때 어떤 장점이 있는지를 알아보자. 다음은 고객이 3권의 도서를 주문한 경우의 주문 테이블이다. 주문 테이블에는 주문 번호, 회원 이름, 회원 주소, 주문 상품, 배송 주소 열이 있다.

[주문]

주문 번호	회원 이름	회원 주소	주문 상품	배송 주소
100	이지스	서울	Do it! SQL	서울
101	퍼블리싱	대전	Do it! SQL	대전
102	이지스	서울	Do it! Python	서울

도서 주문 테이블

현재 주문 테이블은 큰 문제가 없어 보이며 실제로 문제가 없는 테이블이다. 그런데 만약 '이지스' 고객의 회원 주소가 '서울'에서 '부산'으로 바뀐다면 어떻게 될까? 주문 테이블에서 회원 이름이 '이지스'인 데이터를 모두 찾아 회원 주소를 '서울'에서 '부산'으로 수정해야 한다.

[주문]

주문 번호	회원 이름	회원 주소	주문 상품	배송 주소
100	이지스	~~서울~~ (부산)	Do it! SQL	서울
101	퍼블리싱	대전	Do it! SQL	대전
102	이지스	~~서울~~ (부산)	Do it! Python	서울

회원 주소를 수정해야 하는 테이블

지금은 주문 테이블 하나만 수정하면 되므로 수정 자체가 큰 문제처럼 보이지 않는다. 하지만 주문 테이블뿐만 아니라 장바구니, 쿠폰, 반품 테이블 등 다른 테이블도 회원 주소를 포함한다면 해당 테이블을 모두 찾아 수정해야 한다. 만약 테이블이 수십, 수백 개 있거나 데이터가 수십만 건 있다면 어떨까? 아마 수정 내역을 반영하기는 쉽지 않을 것이다.

[주문]

주문 번호	회원 이름	회원 주소	주문 상품	배송 주소
100	이지스	서울	Do it! SQL	서울
101	퍼블리싱	대전	Do it! SQL	대전
102	이지스	서울	Do it! Python	서울

[장바구니]

주문 번호	회원 이름	회원 주소	주문 상품	배송 주소
100	이지스	서울	Do it! SQL	서울
101	퍼블리싱	대전	Do it! SQL	대전
102	이지스	서울	Do it! Python	서울

[쿠폰]

주문 번호	회원 이름	회원 주소	주문 상품	배송 주소
100	이지스	서울	Do it! SQL	서울
101	퍼블리싱	대전	Do it! SQL	대전
102	이지스	서울	Do it! Python	서울

[교환]

주문 번호	회원 이름	회원 주소	주문 상품	배송 주소
100	이지스	서울	Do it! SQL	서울
101	퍼블리싱	대전	Do it! SQL	대전
102	이지스	서울	Do it! Python	서울

[반품]

주문 번호	회원 이름	회원 주소	주문 상품	배송 주소
100	이지스	서울	Do it! SQL	서울
101	퍼블리싱	대전	Do it! SQL	대전
102	이지스	서울	Do it! Python	서울

[멤버십]

주문 번호	회원 이름	회원 주소	주문 상품	배송 주소
100	이지스	서울	Do it! SQL	서울
101	퍼블리싱	대전	Do it! SQL	대전
102	이지스	서울	Do it! Python	서울

수정이 필요한 여러 개의 테이블

관계형 데이터베이스는 테이블을 분리하고 각 테이블 목적에 맞는 데이터만 저장한 후, 테이블을 참조 관계로 연결해 이러한 문제를 해결한다. 조금 어렵게 말하면 관계형 데이터베이스는 데이터의 중복과 관리 효율성을 추구한다. 이를테면 관계형 데이터베이스는 앞에서 만든 주문 테이블을 다음과 같이 재구성한다. 이전의 주문 테이블을 회원 테이블과 주문 테이블로 나눈 후, 회원 번호로 회원 테이블과 주문 테이블을 연결한다.

[회원]				[주문]			
회원 번호	회원 이름	회원 주소		주문 번호	회원 번호	주문 상품	배송 주소
1000	이지스	서울		100	1000	Do it! SQL	서울
1001	퍼블리싱	대전		101	1001	Do it! SQL	대전
1002	주식회사	제주도		102	1000	Do it! Python	서울

관계형 데이터베이스로 만든 테이블

이렇게 테이블을 구성하면 회원 주소가 변경되는 경우에는 회원 테이블만 수정한다. 주문 테이블은 회원 번호로 회원 테이블의 데이터를 참조하므로 주문 테이블의 데이터는 변경하지 않아도 된다.

▶ 목적에 맞게 테이블을 분리하고 중복 데이터를 제거하는 과정을 모델링에서는 정규화라고 한다.

관계형 데이터베이스는 100여 개 이상의 다양한 제품들이 있으며 그중 대중적으로 잘 알려진 대표적인 데이터베이스는 다음 표처럼 정리할 수 있다.

표 1-4 데이터베이스의 종류

데이터베이스	상용 유무	특징
SQL Server	상용	마이크로소프트(Microsoft)에서 개발한 RDBMS
Oracle	상용	오라클(Oracle)에서 개발한 RDBMS
DB2	상용	IBM에서 개발한 RDBMS
PostgreSQL	오픈 소스	버클리 대학교에서 개발한 RDBMS
MySQL	오픈 소스	오픈 소스 커뮤니티에서 개발한 RDBMS
SQLite	오픈 소스	오픈 소스 커뮤니티에서 개발한 RDBMS로 임베디드 시스템에 주로 사용

우선 이 정도로 데이터베이스 지식을 정리하고 넘어가자. 잘 이해되지 않은 내용은 실습을 진행하며 차차 알아가면 된다.

01-3 SQL이란 무엇인가

SQL은 관계형 데이터베이스 관리 시스템relational database management system, RDMBS의 데이터를 관리하는 프로그래밍 언어이다. 1970년대에 IBM에서 최초 개발했으며 관계형 모델이라는 이론에서 파생했다. SQL을 데이터베이스로 오해하는 사람이 많은데, SQL은 데이터베이스를 다루는 프로그래밍 언어로 데이터베이스가 아니므로 오해 없기 바란다.

DBMS 종류에 따른 SQL 종류

SQL은 국제 표준화 기구에서 표준화한 문법을 ANSI SQL이라고 발표한다. 하지만 SQL은 ANSI SQL만 있는 것이 아니며 DBMS 개발사마다 개발한 고유 SQL도 있다. 물론 그 SQL을 가리키는 명칭 또한 다르다. 유명한 DBMS와 해당 DBMS에서 이름 붙인 SQL은 다음과 같다.

▶ ANSI SQL의 ANSI는 미국 표준 협회(American National Standards Institute)를 의미하며, ANSI SQL은 ANSI에서 정립한 표준 SQL 문을 말한다.

표 1-5 DBMS에 따른 SQL 명칭

DBMS	SQL 명칭
SQL Server	Transact-SQL(T-SQL)
Oracle	PL/SQL
MySQL	SQL
국제 표준	ANSI SQL

DBMS 개발사는 ANSI SQL을 따르면서도 제품에 특화한 문법이나 명세를 추가한 SQL을 사용한다. 다음 그림을 참고해 각 개발사의 SQL과 ANSI SQL의 관계를 이해하자.

T-SQL (SQL Server)	PL/SQL (Oracle)	SQL (MySQL)
ANSI SQL		

개발사별 SQL과 ANSI SQL의 관계

이 책에서는 국제 표준인 ANSI SQL을 최대한 사용하며, 일부 문법의 경우 SQL Server의 T-SQL을 사용한다. 앞의 그림에서 보듯이 SQL 문법은 개발사마다 약간의 차이가 있을 수 있지만 대부분 형태나 개념이 비슷하므로 T-SQL을 학습한 후에는 빠르게 다른 DBMS의 SQL에도 적용할 수 있을 것이다.

계속 발전하는 ANSI SQL

ANSI SQL은 모든 DBMS에서 사용할 수 있다. ANSI SQL은 이 책의 집필 시점 기준으로 SQL:2019까지 발표되었으며, 1986년에 SQL-86이 등장한 이후 지금까지 지속해서 연구·발표되고 있다.

SQL 문법 종류

SQL 문법은 크게 3가지 종류로 나눌 수 있으며 종류에 따른 정의는 다음과 같다.

데이터 정의 언어(DDL)

데이터 정의 언어data define language, DDL는 말 그대로 데이터베이스를 정의하는 언어이다. 더 전문적으로 이야기하면 데이터 정의 언어는 테이블 스키마를 관리하는 역할을 하며, 다음 항목을 포함한다.

데이터 정의 언어 항목
- **CREATE**: 데이터베이스 또는 테이블을 생성한다.
- **ALTER**: 테이블을 수정한다.
- **DROP**: 데이터베이스 또는 테이블을 삭제한다.
- **TRUNCATE**: 테이블을 초기화한다.

데이터 조작 언어(DML)

데이터 조작 언어^{data manipulation language, DML}는 데이터베이스에 입력된 데이터를 검색, 입력, 수정, 삭제하며, 다음 항목을 포함한다.

> **데이터 조작 언어 항목**
> - **SELECT**: 데이터를 검색한다.
> - **INSERT**: 데이터를 입력한다.
> - **UPDATE**: 데이터를 수정한다.
> - **DELETE**: 데이터를 삭제한다.

데이터 제어 언어(DCL)

데이터 제어 언어^{data control language, DCL}는 데이터베이스에 접근하거나 객체에 권한을 부여하는 등의 역할을 한다. 데이터 제어 언어는 다음 항목을 포함한다.

> **데이터 제어 언어 항목**
> - **GRANT**: 특정 데이터베이스 사용자에게 작업의 특정 수행 권한을 부여한다.
> - **REVOKE**: 특정 데이터베이스 사용자에게 작업의 특정 수행 권한을 삭제한다.
> - **COMMIT**: 트랜잭션 작업을 완료하는 역할을 한다.
> - **ROLLBACK**: 트랜잭션 작업을 취소하거나 이전 상태로 복구하는 역할을 한다.

01-4 SQL을 배워야 하는 이유

지금까지 데이터베이스의 정의와 데이터베이스에는 어떤 종류가 있는지 그리고 SQL은 무엇인지와 같은 기술 관련 내용을 알아보았다. 그렇다면 우리는 왜 SQL을 배워야 할까? 어떤 공부든 목적이 있다면 더 효율적으로 학습할 수 있으니 우리가 왜 SQL을 배워야 하는지 한번 생각해 보자.

데이터 홍수 속에서 꼭 필요한 SQL

요즘은 다양한 매체의 등장과 기술의 발달로 과거와 비교해 새로 만들어지는 데이터양이 많아졌다. 게다가 데이터의 형태도 음성, 이미지, 텍스트 등 점점 다양해지고 있다. 즉, 데이터양과 종류가 모두 많아졌다는 뜻이다.

이러한 데이터는 많은 기업에서 중요한 의사결정을 내릴 때 사용한다. 과거에는 경영 측면에서 데이터를 활용했다면 최근에는 대부분의 기업 부서에서 데이터를 활용한다. 예를 들어 매출 데이터를 수집해 사용자의 선호도를 분석하거나 사용자 행동 데이터를 수집해 UI/UX 편의성을 높이기도 한다. 그만큼 데이터의 활용도와 중요도는 커졌다. 예를 들어 다음과 같은 질문이 있을 때, 우리는 어떻게 데이터를 추출하고 분석할 수 있을까?

> • 작년 대비 매출이 얼마나 증가했을까?
> • 지역별로 어떤 상품이 잘 팔리고 있을까?
> • 버튼 색깔에 따라 구매 비율이 어떻게 달라질까?

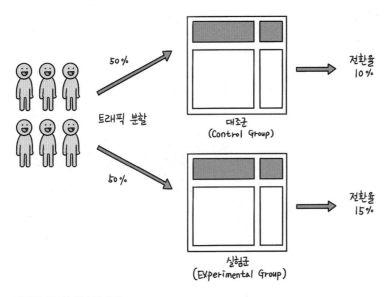

기업에서의 데이터 활용 사례

아마도 대부분은 엑셀을 가장 먼저 떠올릴 것이다. 물론 데이터양이 적을 때는 엑셀로 다양한 데이터 분석을 할 수 있지만 엑셀은 많은 양의 데이터를 처리하기 어렵다. 하드웨어의 발달로 컴퓨터 성능이 좋아졌다고는 하지만 아직은 사용자 컴퓨터가 서버의 성능을 따라가지 못하는 것이 현실이다.

그러면 결국 서버에서 데이터를 처리할 수 있어야 하는데 그러려면 SQL을 꼭 알아야 한다. 만약 SQL을 모른다면 SQL을 아는 동료나 팀의 도움을 받으면 된다. 하지만 간단한 데이터 추출 작업은 매번 부탁하기 어려울 수 있다. 만약 SQL을 할 수 있다면 서버의 데이터를 직접 다룰 수 있으므로 데이터 분야에서 일하는 사람이라면 날개가 달리는 셈이다.

SQL을 알아야 하는 이유

그리고 SQL을 배우면 RDBMS, 빅데이터 시스템, NoSQL 시스템과 같은 다양한 형태의 데이터베이스를 다룰 수 있다. SQL은 투자 대비 활용도가 매우 높은 매력적인 언어인 셈이다. 실제로 SQL은 프로그래밍, 데이터 분석, 데이터 엔지니어링, 마케팅, 기획, 사업 등 다양한 분야에서 필수로 사용하는 언어이다. 이제는 SQL을 기본 소양으로 생각해도 좋다.

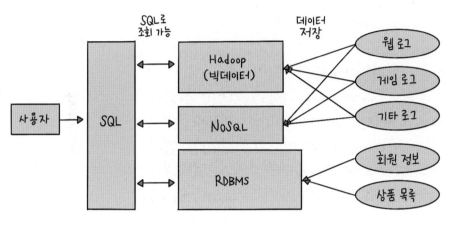

다양한 분야에서 필수 요소가 된 SQL

SQL, 얼마나 사용하고 있을까

다음은 세계적으로 유명한 개발자 커뮤니티인 스택 오버플로^{stack overflow}에서 개발자를 대상으로 설문한 2021년 프로그램 언어 인기 순위 결과이다.

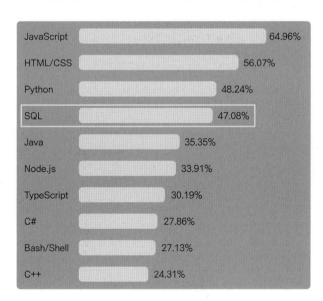

2021년 개발자 대상 인기 프로그램 언어 순위(출처_ 스택 오버플로)

웹에서 사용하는 자바스크립트^{JavaScript}와 HTML, 파이썬^{Python}이 상위권에 보인다. 그다음에는 무엇이 보이는가? 바로 SQL이다. 실제로 SQL은 오랫동안 인기 언어로 상위권을 유지하고 있다. 지금까지 SQL을 배워야 하는 이유를 소개했는데 이를 다시 정리하면 다음과 같다.

① 대부분의 데이터는 SQL을 사용할 수 있는 **RDBMS에 저장**된다.
② RDBMS에 저장된 데이터를 추출하려면 **SQL 문법을 사용**해 컴퓨터에 명령을 내려야 한다.
③ RDBMS가 아닌 시스템에도 SQL과 비슷한 문법을 사용해 **데이터를 추출**할 수 있다.
④ **데이터 분석의 시작은 데이터 추출**이다.

이 외에도 SQL을 배워야 하는 이유는 많다. 여전히 SQL을 배워야 하는 이유에 공감하기 어렵다면 인터넷에서 'SQL을 배워야 하는 이유'를 검색해 읽어 보기 바란다.

그럼 이제부터 SQL 공부를 본격적으로 시작해 보자.

02

나만의 SQL
실습 환경 만들기

02장에서는 SQL 학습을 위한 실습 환경을 구성한다. 실습에 사용할 데이터베이스와 관리 도구를 설치하고 학습에 사용할 예제 데이터를 생성해 보자.

02-1 데이터베이스 설치하기

SQL 학습을 위해 실습용 데이터베이스를 설치해 보자. 이 책에서는 마이크로소프트의 SQL Server를 사용해 실습 환경을 구성한다. SQL Server는 상용 라이선스와 무료 라이선스를 제공하는데 이 책에서는 무료 라이선스 버전인 SQL Server Express를 사용할 것이다. 무료 버전은 일부 기능에 제약이 있기는 하지만 이 책이 목표로 하는 실습은 모두 진행할 수 있을 정도로 충분하다. 기능의 제약만 있을 뿐 SQL 구문이나 함수의 제약은 없다.

SQL Server Express 데이터베이스 설치하기

SQL Server Express는 기본적으로 윈도우에 설치할 수 있으며 최근에는 리눅스나 컨테이너 버전으로 제공한다. 이 책에서는 윈도우에 설치해 실습을 진행할 것이다. macOS는 무료 가상 환경 프로그램인 버추얼 박스^{virtualbox}로 윈도우 실습 환경을 구성하도록 하자. 버추얼 박스의 경우 설치 방법과 윈도우 환경 구성 방법은 인터넷에 많이 퍼져 있으므로 스스로 검색해 준비하자. 필자의 컴퓨터 사양은 다음과 같다. 자신의 컴퓨터 사양과 맞춰 확인해 보고 비슷하거나 조금 위의 사양이면 다음 단계로 넘어가도 좋다.

표 2-1 이 책의 예제 실습 환경(윈도우)

종류	사양
운영체제	윈도우 10
CPU	4코어
RAM	8GB
디스크 공간	최소 50GB

참고로 SQL Server Express의 권장 사양은 다음과 같다.

표 2-2 SQL Server Express 설치 권장 사양

종류	사양
운영체제	윈도우 10, 윈도우 Server 2016, 윈도우 Server 2019 이상
CPU	인텔 CPU 1코어, 1GHz 이상
RAM	메모리 여유 공간 최소 512MB 이상
디스크 공간	디스크 여유 공간 최소 4.2GB 이상

Do it!
01 SQL Server Express 설치 파일 내려받고 실행하기

SQL Server Express를 설치하려면 설치 파일을 내려받아야 한다. 설치 파일은 마이크로소프트 공식 홈페이지(microsoft.com/ko-kr/Download/details.aspx?id=101064)에서 받을 수 있다. 홈페이지에 접속하면 다음 화면이 나오는데 〈한국어〉를 선택한 다음 〈다운로드〉를 눌러 설치 파일을 내려받자.

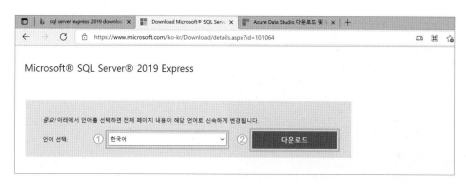

SQL Server Express 설치하기 1

▶ 이 웹 사이트는 microsoft.com/ko-kr/download에 접속한 뒤 'SQL Server 2019 Express'를 검색해 진입할 수도 있다.

내려받은 설치 파일을 실행하면 다음과 같이 설치가 시작된다. 설치 유형을 선택하는 단계에서는 〈기본(B)〉를 눌러 진행하자. 이어서 나오는 화면에서는 〈수락〉을 눌러 진행하자.

SQL Server Express 설치하기 2

필자의 경우 설치 위치는 기본 경로를 사용했다. 상황에 따라 설치 위치 경로를 임의로 지정할 수도 있지만 책의 실습 과정을 쉽게 참조하려면 필자와 똑같이 기본 경로로 진행하기를 추천한다. 그 뒤에 〈설치〉를 눌러 완료한다.

SQL Server Express 설치하기 3

Do it! 02 | SQL Server Management Studio 설치하기

설치를 완료하면 DBMS에 연결하는 정보와 폴더 위치를 지정할 수 있다. 기본값을 그대로 두고 데이터베이스 관리 도구인 **SQL Server Management Studio(이하 SSMS)**를 추가로 설치하자. 설치 완료 창에 보이는 〈SSMS 설치〉를 눌러 SSMS를 내려받을 수 있는 페이지로 이동한다. 페이지를 이동한 뒤 설치 완료 화면은 〈닫기(C)〉를 눌러 닫자.

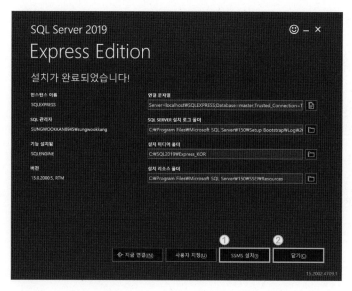

SSMS 설치 화면으로 이동하기

<table>
<tr><td>Do it!
03</td><td>데이터베이스 관리 도구 설치하고 사용법 익히기</td></tr>
</table>

마이크로소프트에서 제공하는 공식 데이터베이스 관리 도구인 SSMS는 이 책에서 사용할 SQL Server를 포함해 Azure SQL Database와 같은 모든 SQL 인프라를 관리하는 통합 환경 도구다. 쉽게 말해 SSMS는 쿼리, 스크립트를 작성하고 실행하게 해주는 기능과 함께 데이터베이스 관리와 모니터링 등 다양한 기능을 지원한다. SSMS를 설치하는 권장 사양은 다음과 같다.

표 2-3 SSMS 설치 권장 사양

종류	사양
운영체제	윈도우 8.1 이상, 윈도우 Server 2008 R2 이상
CPU	1.8GHz 이상의 x86(인텔, AMD) 프로세서(듀얼 코어 이상 권장)
RAM	RAM 2GB 이상, 가상 머신에서 실행하는 경우 최소 2.5GB
디스크 공간	최소 2GB에서 최대 10GB를 사용할 수 있는 공간

▶ 앞에서 SQL Server Express를 잘 설치했다면 SSMS도 문제없이 설치할 수 있다.

<table>
<tr><td>Do it!
04</td><td>SSMS 설치 파일 내려받기</td></tr>
</table>

앞서 〈SSMS 설치〉를 눌렀다면 https://docs.microsoft.com/ko-kr/sql/ssms로 이동한 상태일 것이다. 여기서 SSMS 설치 파일을 내려받을 수 있다. [SSMS xx.xx 무료 다운

로드] 링크를 눌러 내려받은 뒤 설치 파일을 실행하자.

SSMS 설치 파일 내려받기

SSMS 설치하고 [시작]에서 확인하기

필자의 경우 SSMS의 설치 경로는 기본 경로를 그대로 두고 〈설치〉를 눌러 진행했다. 설치가 완료되면 설치 마법사 완료 단계가 나타나며 〈닫기〉를 클릭해 설치를 완료한다. 경우에 따라 시스템 재시작을 요청하는 경우도 있다.

SSMS 설치하기

이 과정을 모두 마치면 〈시작〉의 [최근에 추가한 앱]에 [Azure Data Studio]와 [Microsoft SQL Server Management Studio] 프로그램 등이 보일 것이다. 이 책에서는 앞서 언급한 SSMS를 사용한다.

로컬에 설치한 SSMS 확인하기

Do it!
06

SSMS에서 데이터베이스에 접속하기

이제 SSMS를 실행해 데이터베이스에 접속하자. 돋보기에서 SSMS를 검색하면 [Microsoft SQL Server Management Studio]가 나타날 것이다.

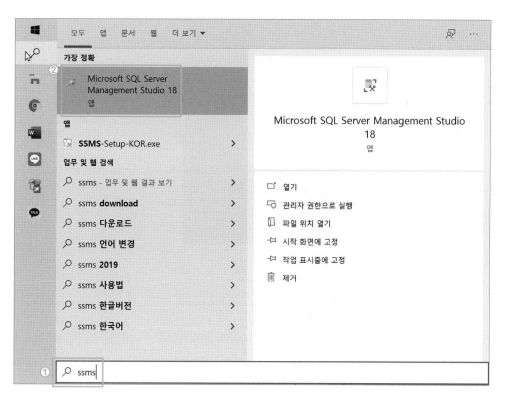

SSMS 검색하기

프로그램을 실행하면 [서버에 연결] 창이 나타난다. 서버 이름에서 ₩SQLEXPRESS 앞에 있는 값만 localhost로 바꿔 입력한 다음 〈연결〉을 누르자. 데이터베이스 접속에 성공하면 SSMS 왼쪽에 여러 정보를 확인할 수 있는 [개체 탐색기]가 나타난다.

SSMS에서 데이터베이스에 접속하기

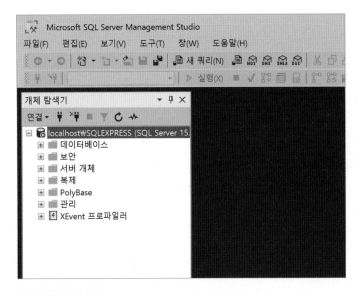

개체 탐색기 화면 열기

Do it! 07 나의 첫 SQL 명령어 입력하기

메뉴에서 〈새 쿼리(N)〉 또는 Ctrl + N 을 눌러 SQL 편집기를 실행한 다음, select 1 을 편집기에 입력하고, 메뉴의 〈실행(X)〉을 눌러 보자. 그러면 데이터베이스와 통신한 결과가 [결과] 탭에 나타날 것이다.

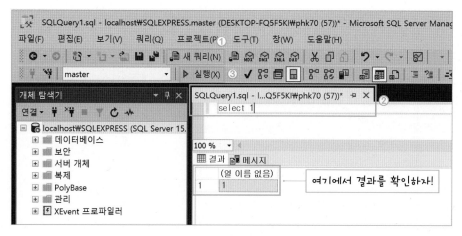

SQL 명령어 입력하고 결과 확인하기

축하한다. 처음으로 SQL의 SELECT 문을 사용해 데이터베이스와 통신에 성공했다.

Do it! 08 SSMS의 기본 화면 구성 알아보기

이 책을 선택한 독자라면 SSMS가 처음일 것이다. 간단히 프로그램의 화면 구성부터 살펴보자. 우선 앞으로도 자주 사용할 [속성] 탭을 열어 두자.

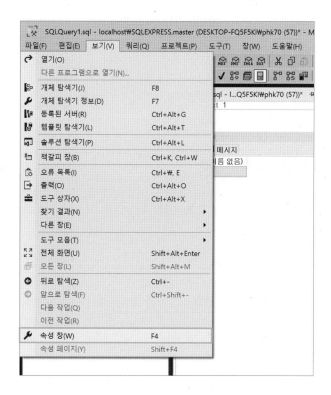

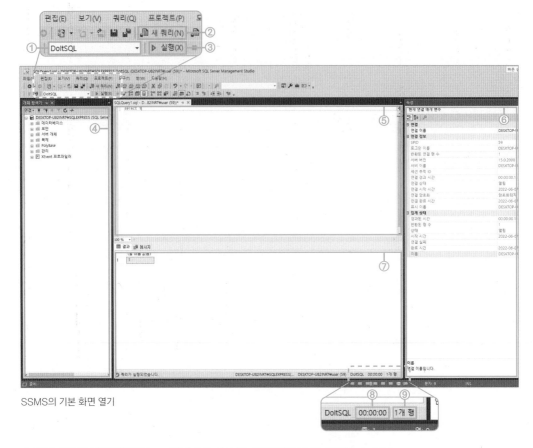

SSMS의 기본 화면 열기

① **현재 선택한 데이터베이스**: 드롭다운을 사용해 데이터베이스를 선택할 수 있다.

② **새 쿼리 입력 창을 여는 버튼**: 쿼리 입력 창을 생성한다.

③ **쿼리 실행 버튼**: ①에서 선택한 데이터베이스를 바탕으로 쿼리가 실행된다.

④ **개체 탐색기 메뉴**: 데이터베이스 목록과 관리에 필요한 목록을 확인할 수 있다.

⑤ **쿼리 입력 창**: 쿼리를 작성하는 부분이다.

⑥ **속성 창**: 현재 연결된 데이터베이스 속성을 보여 준다(단축키 F4).

⑦ **결과 창**: 쿼리 결과와 메시지를 보여 준다.

⑧ **쿼리 실행 시간**: 쿼리가 실행되어 결과가 나오기까지의 시간을 초로 표시한다.

⑨ **쿼리 결과 개수**: 쿼리를 실행해 나타난 결과의 개수를 표시한다.

02-2 나스닥 실습 데이터 생성하기

이 책에서 사용할 실습 데이터는 **실제 미국의 증권 거래소인 나스닥**^{NASDAQ} 데이터이다. 테이블 구조와 관계는 다음 ERD를 참고하자. 아마 ERD의 특별한 지식이 없어도 어떤 테이블을 사용할지 확인할 수 있을 것이다. 눈으로 훑어보고 넘어가자.

▶ 나스닥의 2019년 1월 1일 ~ 2021년 10월 31일의 거래 데이터를 실습에 사용했다.

stock	
date	날짜
symbol	종목 코드
open	시작가
high	최고가
low	최저가
close	종가
adj_close	시간 외 종가
volume	거래량

← symbol

nasdaq_company	
symbol	종목 코드
company_name	기업 이름
ipo_year	ipo 연도
sector	산업군
industry	산업 종류
is_deleted	삭제 데이터 유무
last_crawel_date	데이터 수집 날짜
open_price	일 시작가
high_price	일 최고가
low_price	일 최저가
close_price	일 종가
adj_close_price	일 종료 후 조정가

symbol →

industry_group_symbol	
num	구분 코드
symbol	종목 코드

↑ num

industry_group	
num	구분키
industry	산업 종류
comments	설명

이 책의 실습 데이터 ERD 구성

실습 데이터로 활용할 테이블의 구체적인 정보는 다음과 같다.

표 2-4 SSMS 실습용 테이블의 상세 정보

테이블 이름	테이블 설명
nasdaq_company	나스닥에 등록된 기업의 심벌과 기업 이름, 산업군 데이터를 저장
stock	1일 거래된 주식 종가와 거래량을 저장
industry group	사용자가 그룹별로 데이터를 쉽게 검색하고자 지정한 그룹 정보를 저장
industry_group_symbol	사용자가 만든 그룹에 해당하는 심벌 데이터를 저장

나스닥 실습 데이터 내려받아 데이터베이스에 복원하기

실습 데이터는 이지스퍼블리싱 홈
페이지(easyspub.co.kr) 자료실에
서 도서명을 검색한 다음 내려받을
수 있다. 다음 순서를 참고해 실행
하면 내려받은 실습 데이터를 데이
터베이스에 복원할 수 있다.

Do it! 01 SSMS에서 데이터베이스 복원하기

앞서 소개한 실습 과정을 잘 완수했다면 이미 데이터베이스에 접속한 상태일 것이
다. 개체 탐색기의 데이터베이스를 마우스 오른쪽 클릭해 〈데이터베이스 복원〉을 누르자.

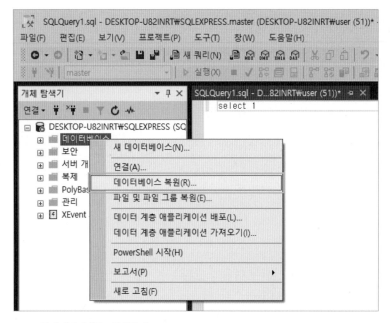

SSMS에서 데이터베이스 복원하기 1

그러면 [데이터베이스 복원] 창이 나타난다. [원본]에서 〈디바이스〉를 선택한 다음 오른쪽에
있는 ▦ 을 누르자. [백업 디바이스 선택] 창이 나타나면 〈추가〉를 눌러 앞에서 내려받은 파
일이 있는 위치로 이동하고 해당 파일을 선택한 다음 〈확인〉을 누르자.

▶ 백업 파일은 미리 C:₩ 위치로 옮겨 두면 빠르게 찾을 수 있다.

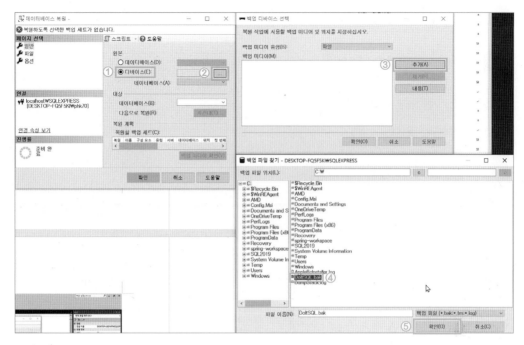

SSMS에서 데이터베이스 복원하기 2

정상적으로 백업 파일이 선택되었으면 [데이터베이스 복원] 창에 백업 파일의 각종 정보가
표시된다. 〈확인〉을 누르자.

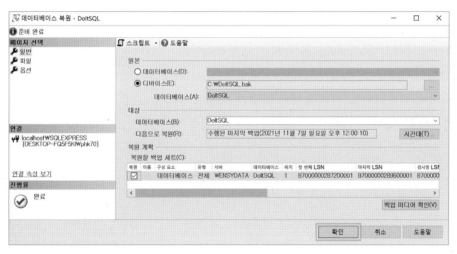

SSMS에서 데이터베이스 복원하기 3

데이터베이스 복원 작업이 성공적으로 진행되면 복원 완료를 나타내는 팝업이 나타날 것이
다. 〈확인〉을 눌러 마무리하자.

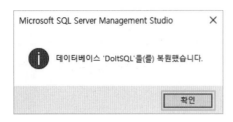

SSMS에서 데이터베이스 복원하기 4

복원한 데이터베이스 확인하기

Do it!
02

복원된 데이터베이스는 [개체 탐색기] 창에서 확인할 수 있다. [데이터베이스]를 마우스 오른쪽 클릭한 뒤 〈새로 고침〉을 누르면 데이터베이스 목록을 업데이트할 수 있다. 업데이트한 다음 ⊞를 누르면 데이터베이스 목록이 보일 것이다. 복원한 데이터베이스가 보이면 성공이다.

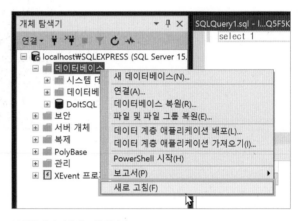

복원한 데이터베이스 확인하기

테이블 항목 확인하기

Do it!
03

복원한 데이터베이스의 ⊞를 누르면 데이터베이스에 포함된 항목이 나타난다. 여기서 테이블의 ⊞를 다시 누르면 테이블 목록이 나타난다. 그러면 앞에서 설명한 ERD에 명시했던 테이블을 확인할 수 있다.

테이블 항목 확인하기

03

SQL 시작하기

03장에서는 실제 데이터를 검색, 필터링, 정렬하는 구문을 학습한다. 검색 구문인 SELECT 문의 사용 방법부터 조건에 따라 데이터를 필터링하고 정렬하는 여러 구문의 사용 방법을 살펴볼 것이다. 또한 데이터 조작을 위한 구문도 학습한다. 데이터 조작 관련 구문은 테이블 생성, 데이터 입력, 데이터 수정, 데이터 삭제 방법을 살펴본다.

03-1 SELECT 문으로 데이터 검색하기

SELECT 문은 데이터베이스에서 데이터를 검색하는 구문이다. SELECT 문은 사용하기 쉽지만 시스템 성능에 많은 영향을 미치므로 주의해서 사용해야 한다. 다음은 마이크로소프트의 공식 문서에서 볼 수 있는 SELECT 문의 사용 방법이다.

▶ 검색과 쓰기 구문의 사용 빈도는 7:3 정도로 검색 구문의 사용 빈도가 매우 높다.

마이크로소프트 공식 문서에 소개된 SELECT 문

```
<SELECT statement>::=
  [ WITH { [ XMLNAMESPACES, ] [ <common_table_expression> [ , …n ] ] } ]
  <query_expression>
  [ ORDER BY <order_by_expression> ]
  [ <FOR Clause>]
  [ OPTION ( <query_hint> [ , …n ] ) ]
<query_expression>::=
  { <query_specification> ¦ ( <query_expression> ) }
  [  { UNION [ ALL ] ¦ EXCEPT ¦ INTERSECT }
    <query_specification> ¦ ( <query_expression> ) [ …n ] ]
<query_specification>::=
SELECT [ ALL ¦ DISTINCT ]
  [ TOP ( expression ) [ PERCENT ] [ WITH TIES ] ]
  < select_list >
  [ INTO new_table ]
  [ FROM { <table_source> } [ , …n ] ]
  [ WHERE <search_condition> ]
  [ <GROUP BY> ]
  [ HAVING < search_condition > ]
```

이 내용을 보면 복잡하다는 생각이 들겠지만 당황하지 않아도 된다. 문법이라는 것이 늘 그렇듯 해당 문법에 관련한 모든 내용을 포함해 정리하다 보니 복잡하게 보일 뿐이다.

SELECT 문을 가장 자주 사용하는 형태로 줄이면 다음과 같다. 여러분은 이 형태만 이해하면 된다. 이 형태만 알아도 앞으로 작성할 대부분의 쿼리를 소화할 수 있을 것이다.

> 자주 사용하는 형태의 SELECT 문
>
> ```
> SELECT 열
> FROM 테이블
> WHERE 조건
> ORDER BY 열
> ```

이 형태를 하나씩 나눠 실행하는 방식으로 실습을 진행하겠다. 이렇게 공부하면 더 복잡한 형태의 쿼리도 쉽게 사용할 수 있을 것이다.

주석 작성 방법과 쿼리 실행 방법 알아보기

본격적인 실습을 진행하기 전에 주석 작성 방법과 쿼리 실행 방법을 알아보자. SSMS를 실행해 데이터베이스에 접속한 다음 쿼리를 실행할 데이터베이스를 선택하자. 이 상태가 맞는지 확인하고 실습을 진행하자.

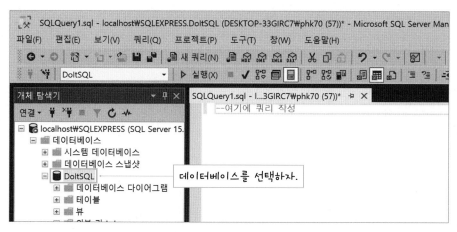

SSMS에서 쿼리를 실행할 데이터베이스 선택하기

이 화면에 보이는 주석을 알아보자. 주석은 쿼리 실행에 영향을 주지 않는다. 코드 설명을 위한 메모라 생각한다. SSMS는 주석을 녹색으로 표시한다. 현재는 1줄만 주석으로 처리했는데 이렇게 1줄 주석을 입력하고 싶은 경우에는 --를 사용한다.

▶ 주석은 다른 프로그램 언어에도 있으며 사용 방법은 프로그램 언어마다 다르다.

```
--주석 입력
```

여러 줄의 주석으로 처리하고 싶다면 주석의 시작과 끝에 각각 /*와 */를 감싸듯이 사용한다.
/*와 */로 감싼 주석은 실행되지 않을 것이다.

```
/*
주석 입력
주석 입력
*/
```

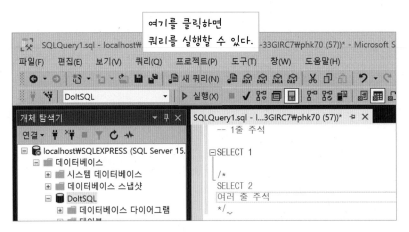

쿼리를 주석 처리하기

편집기에 여러 줄의 쿼리를 작성한 채로 실행하면 전체 쿼리가 실행된다. 만약 특정 쿼리만
실행하려면 마우스로 해당 쿼리를 드래그한 다음 실행한다. 다음 화면과 같이 입력한 뒤 쿼리
를 실행해 보자.

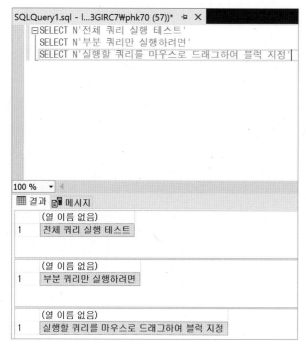

전체 쿼리와 부분 쿼리 실행하기

SELECT 문으로 특정 열 검색하기

데이터를 검색하려면 SELECT 문을 사용한다. SELECT 문은 다양한 옵션도 함께 사용할 수 있다. SELECT 문의 기본 형식은 다음과 같이 매우 간단하다.

SELECT 문의 기본 형식

① **SELECT**: 데이터를 검색하는 구문이다.

② **[열]**: 검색하려는 데이터의 열을 입력한다. 여러 열을 검색할 때는 쉼표로 구분해 연결한다. 열 이름 대신 *를 입력하면 테이블의 전체 열을 검색한다.

③ **FROM**: 데이터를 가져올 테이블을 정하는 구문이다.

④ **[테이블]**: 데이터가 저장된 테이블 이름을 입력한다.

DoItSQL 데이터베이스에서 **nasdaq_company** 테이블은 나스닥에 등록된 기업 데이터가 저장되어 있다. **nasdaq_company** 테이블 구조는 다음과 같다.

▶ 종목 코드는 주식 거래를 위해 사용하는 기업의 줄임말이며 기업 이름은 별도로 관리한다.

표 3-1 nasdaq_company 테이블 구조

nasdaq_company	
symbol	종목 코드
company_name	기업 이름
ipo_year	IPO 연도
sector	산업군
industry	산업 종류
is_deleted	삭제 데이터 유무
last_crawel_date	데이터 수집 날짜
open_price	일 시작가
high_price	일 최고가
low_price	일 최저가
close_price	일 종가
adj_close_price	일 종료 후 조정가

하나의 열 검색하기

nasdaq_company 테이블에서 주식 거래에 사용하는 종목 코드(**symbol**) 열을 검색하는 쿼리를 작성해 보자. 편집기에 작성한 쿼리를 실행하려면 F5 또는 상단 메뉴에서 〈실행(X)〉을 누른다.

쿼리 실행 버튼

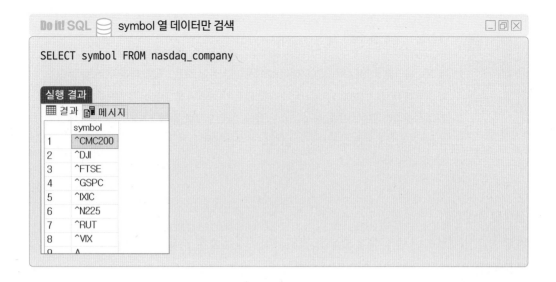

여러 개의 열 검색하기

여러 개의 열을 검색하는 쿼리를 알아보자. 다음은 nasdaq_company 테이블에서 symbol, company_name 열을 검색하는 쿼리이다. 2개의 열을 검색하기 위해 검색할 열 이름을 쉼표(,) 로 구분해 나열했다.

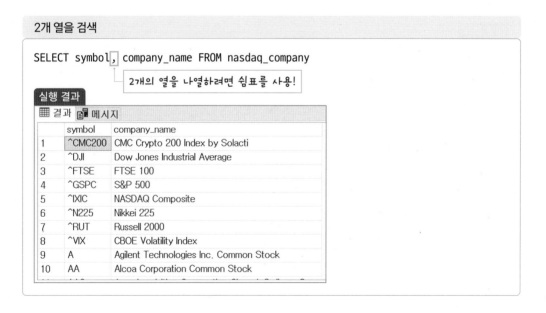

결과를 보면 nasdaq_company 테이블에서 symbol, company_name 열만 검색했음을 알 수 있다.

전체 열 검색하기

전체 열을 검색하려면 열 이름을 모두 입력하는 대신 * 기호를 사용한다. 물론 쉼표로 구분해 모든 열을 입력해도 되지만 오타를 방지하려면 * 기호 사용을 추천한다. 다음은 nasdaq_company 테이블의 전체 데이터를 검색하는 쿼리이다.

▶ SQL Server는 테이블당 열을 1,024개 생성할 수 있다.

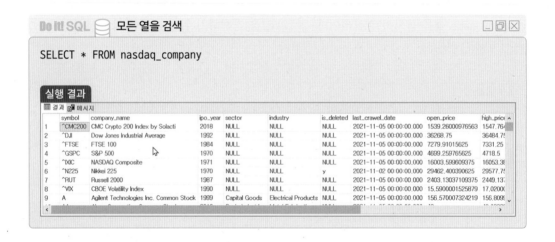

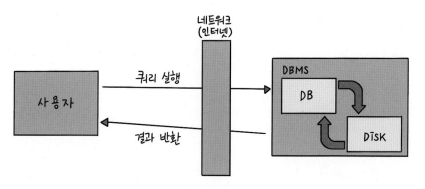

데이터 검색 프로세스

예를 들어 50바이트 크기의 데이터를 저장할 수 있는 열이 50개, 행의 개수가 1만 개라고 가정하면 전체 열을 1회 조회할 때 네트워크로 전송되는 데이터는 25MB 정도다. 한 줄의 쿼리가 25MB의 부담을 유발하는 셈이다.

> 전체 열을 1회 조회할 때 생성되는 데이터의 크기
>
> 50 byte × 50 column × 10000 row = 25,000,000 byte = 약 25MB

물론 이 책의 실습용 데이터는 용량이 적고, 쿼리는 각자의 컴퓨터에서 직접 실행되므로 이러한 부담을 고려하지 않아도 된다. 하지만 실무에서는 네트워크를 통해 수십 개의 프로그램이 데이터베이스에 접속해 여러 쿼리를 호출하며 작업한다. 즉, 데이터베이스에 요청하는 쿼리가 초당 수백 개에서 수만 개까지 발생한다. 응답 속도가 중요한 데이터베이스 시스템은 이러한 요청이 최적화되지 않으면 응답 속도가 엄청나게 느려질 수 있으므로 필요한 정보만 최소한으로 검색하는 습관이 필요하다.

SSMS에서 테이블의 열 정보 확인하기

데이터를 검색할 때 테이블에 무슨 열이 있는지 확인하고 싶은 경우 개체 탐색기에서 테이블을 확장하면 열의 정보를 쉽게 확인할 수 있다. 다음은 [DoItSQL → 테이블 → dbo.nasdaq_company → 열] 순서로 확장해 현재 사용하는 테이블의 열 정보를 확인한 것이다.

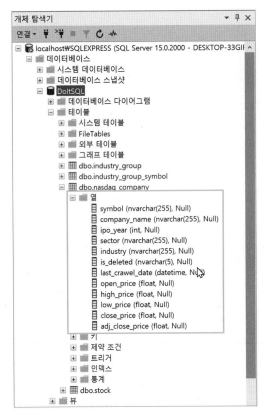

현재 사용하는 테이블의 열 정보 확인하기

또한 SQL Server는 테이블 열 정보를 확인하는 시스템 함수도 제공한다. 시스템 함수는 SQL Server에서만 사용할 수 있지만 이후 실습에서 유용하게 사용할 수 있을 것이다. 다음은 nasdaq_company 테이블의 열 목록을 확인하는 쿼리이다.

Do it! SQL 🛢 nasdaq_company 테이블의 열 목록을 확인

```sql
EXEC sp_columns @table_name = N'nasdaq_company', @table_owner = N'dbo';
```

실행 결과

▦ 결과 📄 메시지

	TABLE_QUALIFIER	TABLE_OWNER	TABLE_NAME	COLUMN_NAME	DATA_TYPE	TYPE_NAME	PRECISION	LENGTH	SCALE	RADIX	NUL
1	DoltSQL	dbo	nasdaq_company	symbol	-9	nvarchar	255	510	NULL	NULL	1
2	DoltSQL	dbo	nasdaq_company	company_name	-9	nvarchar	255	510	NULL	NULL	1
3	DoltSQL	dbo	nasdaq_company	ipo_year	4	int	10	4	0	10	1
4	DoltSQL	dbo	nasdaq_company	sector	-9	nvarchar	255	510	NULL	NULL	1
5	DoltSQL	dbo	nasdaq_company	industry	-9	nvarchar	255	510	NULL	NULL	1
6	DoltSQL	dbo	nasdaq_company	is_deleted	-9	nvarchar	5	10	NULL	NULL	1
7	DoltSQL	dbo	nasdaq_company	last_crawel_date	11	datetime	23	16	3	NULL	1
8	DoltSQL	dbo	nasdaq_company	open_price	6	float	15	8	NULL	10	1
9	DoltSQL	dbo	nasdaq_company	high_price	6	float	15	8	NULL	10	1
10	DoltSQL	dbo	nasdaq_company	low_price	6	float	15	8	NULL	10	1
11	DoltSQL	dbo	nasdaq_company	close_price	6	float	15	8	NULL	10	1
12	DoltSQL	dbo	nasdaq_company	adj_close_price	6	float	15	8	NULL	10	1

이러한 방식은 함수를 호출해 사용하는 방법이기에 SSMS가 아닌 다른 도구를 사용해도 검색할 수 있다. 하지만 SSMS에서는 쿼리 편집기에서 테이블 이름에 블록을 지정한 상태에서 Alt + F1 을 실행하면 조금 더 편하게 테이블의 열 정보를 검색할 수 있다.

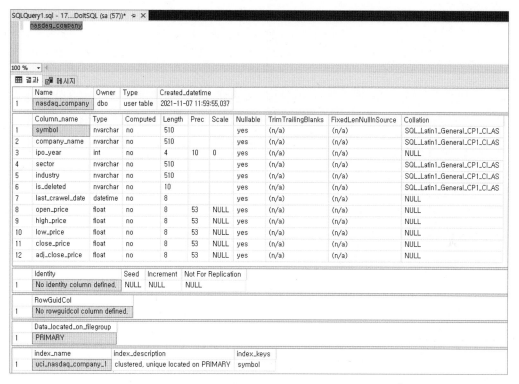

쿼리 편집기에서 테이블의 열 정보 검색하기

 실전 SQL

퀴즈 1. nasdaq_company 테이블에서 sector, industry 열만 검색하세요.

퀴즈 2. nasdaq_company 테이블에서 symbol, close_price 열만 검색하세요.

03-2 WHERE 문으로 조건에 맞는 데이터 검색하기

앞에서 언급했듯 시스템의 부하를 줄이려면 필요한 데이터만 검색해야 한다. 필요한 열만 검색하는 방법은 알아냈지만, 행 전체가 다 검색되므로 아직 필요한 데이터만 검색했다고 볼 수 없다. 실무에서 사용하는 데이터베이스에는 엄청난 양의 데이터가 저장되므로 매번 전체 행을 가져오면 안 될 것이다. 원하는 조건에 맞는 행을 검색하는 방법을 알아보자. 다음은 WHERE 문의 기본 형식이다.

WHERE 문의 기본 형식

```
SELECT [열] FROM [테이블] WHERE [열] = [조건값]
```

① **[열]**: 조건을 적용할 열을 입력한다.
② **=**: 조건을 적용할 연산자 종류를 입력한다.
③ **[조건값]**: 사용자 조건값을 입력한다.

WHERE 문으로 특정 값 검색하기

실습을 통해서 WHERE 문을 어떻게 사용하는지 알아보자.

symbol 열의 값이 'MSFT'인 데이터 검색하기

다음은 nasdaq_company 테이블에서 symbol 열의 값이 'MSFT'인 데이터를 검색한 쿼리이다.

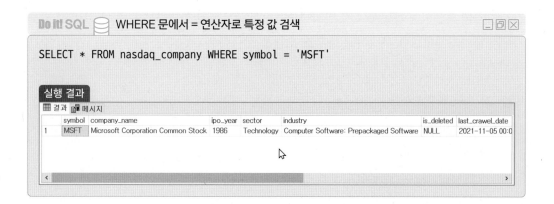

```
Do it! SQL  [icon]  WHERE 문에서 = 연산자로 특정 값 검색                   _ ロ ✕

SELECT * FROM nasdaq_company WHERE symbol = 'MSFT'

실행 결과
[icon] 결과 [icon] 메시지
      symbol  company_name                    ipo_year  sector      industry                                    is_deleted  last_crawel_date
1     MSFT    Microsoft Corporation Common Stock  1986   Technology  Computer Software: Prepackaged Software      NULL        2021-11-05 00:0
```

WHERE 문에 명시한 = 조건에 해당하는 데이터만 검색한 것을 확인할 수 있다. 이렇게 필요한 데이터를 필터링하면 원하는 데이터만 빠르게 검색할 수 있고 시스템의 부하를 줄일 수도 있다. WHERE 문에는 다양한 연산자를 사용할 수 있다. 여기서는 조건에 해당하는 값과 같은 데이터를 검색하려고 비교 연산자 =를 사용했다. SQL Server는 이 외에도 다음과 같은 연산자를 제공한다.

표 3-2 SQL Server가 제공하는 연산자 종류

연산자	설명
<	필터링 조건보다 작은 값을 검색한다.
<=	필터링 조건보다 같거나 작은 값을 검색한다.
=	필터링 조건과 같은 값을 검색한다.
>	필터링 조건보다 큰 값을 검색한다.
>=	필터링 조건보다 같거나 큰 값을 검색한다.
<>, !=	필터링 조건과 같지 않은 값을 검색한다.
!<	필터링 조건보다 작지 않은 값을 검색한다.
!>	필터링 조건보다 크지 않은 값을 검색한다.

정렬 기준 확인하기

필자는 <= 등의 크기 비교 연산자는 숫자에만 사용하기를 권한다. 문자열에도 <=와 같은 연산자를 사용할 수 있지만 이러한 연산자는 데이터베이스 시스템이 정의한 정렬 기준에 따라 결괏값이 달라지므로 데이터 속성에 따라 적절히 사용해야 한다.

사실 검색할 때 정렬이 중요한 데이터는 ORDER BY 문을 사용하는 것이 좋다. ORDER BY 문은 WHERE 문 학습을 마친 후에 공부할 것이다. 데이터베이스의 정렬 기준은 데이터베이스 담당자에게 문의해 확인할 수도 있지만 SSMS의 메뉴에서 확인할 수도 있다. 솔루션 탐색기에서 데이터베이스를 선택하고 마우스 오른쪽을 클릭해 〈속성〉을 누른 다음 [옵션] 항목을 확인한다.

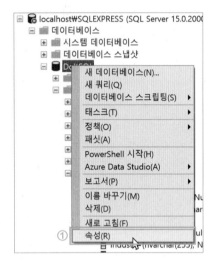

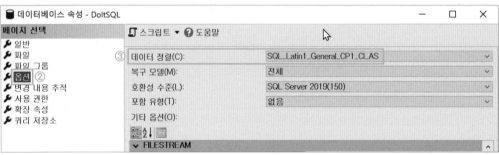

데이터베이스의 정렬 기준 확인하기

현재 실습 중인 데이터베이스는 'SQL_Latin1_General_CP1_CI_AS' 기준으로 데이터를 정렬한다. 이는 데이터베이스의 데이터가 영어임을 가정한 설정값이다. 한글을 가정한 설정값은 'Korean_Wansung_CI_AS'이다. 드롭다운에 해당 값이 있으니 확인하기 바란다.

▶ 데이터 정렬 설정값은 데이터베이스를 설치할 때 운영체제를 따라가며 관리자가 수정할 수도 있다. 하지만 설정값 변경은 전체 데이터베이스 시스템에 영향을 줄 수 있으므로 임의로 수정하지 않도록 하자.

▶ 각자의 실행 환경은 대부분 한글 버전으로 데이터 정렬값이 Korean_Wansung_CI_AS일 것이다. 그런데 DoItSQL 데이터베이스의 데이터 정렬이 SQL_Latin1_General_CP1_CI_AS인 이유는 DoItSQL 데이터베이스가 영문 환경에서 생성되었기 때문이다. 영문 환경에서 생성한 데이터를 복원했으니 기존 환경이 그대로 복원된 것이다. 그렇다고 모든 시스템이 영문으로 변경된 것은 아니며 DoItSQL만 해당하니 오해하지 않도록 한다.

WHERE 문에서 비교 연산자 사용하기

숫자형, 문자열형, 날짜형 등 여러 자료형과 비교 연산자를 사용했을 때 어떤 결과가 나오는지 여러 예에서 살펴보자.

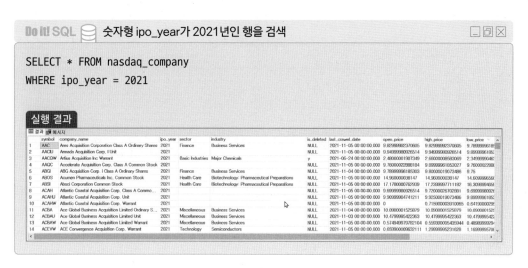

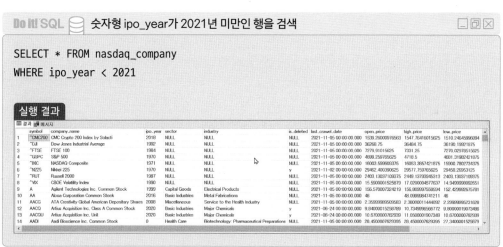

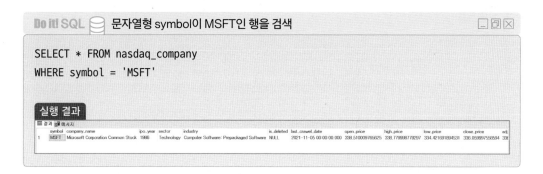

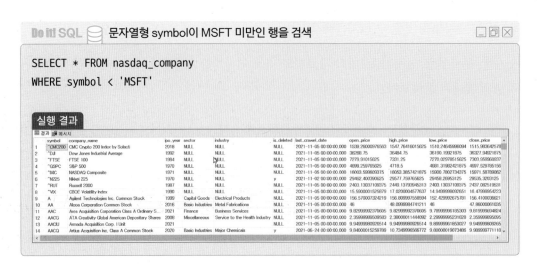

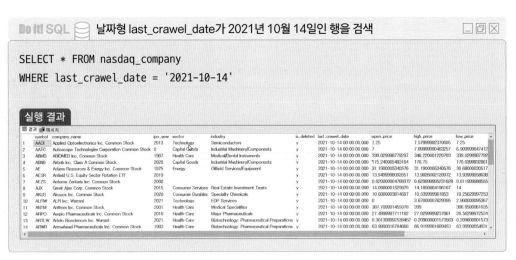

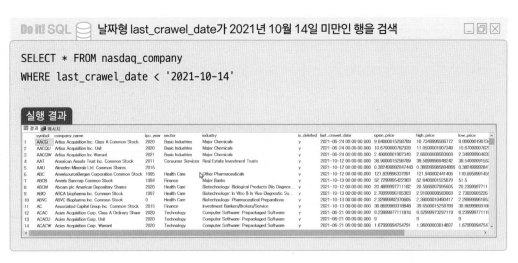

이 정도면 비교 연산자 연습이 꽤 되었을 것이다. 실습을 진행하다 보면 가끔 책과 각자의 결과 화면이 다르게 나타날 수도 있다. 필자가 집필할 때 사용한 실습 데이터와 각자 이 책을 읽을 때의 실습 데이터 버전이 달라 발생하는 현상이므로 참고하기 바란다.

WHERE 문에서 논리 연산자 사용하기

논리 연산자는 조건의 참, 거짓을 판단하며, 더 복잡한 조건문이 필요한 경우 비교 연산자와 조합해 많이 사용한다. 다음은 논리 연산자를 표로 정리한 것이다. 설명이 조금 어려울 수 있지만 실습을 하다 보면 자연스럽게 이해할 수 있을 것이다.

표 3-3 논리 연산자의 종류

연산자	설명
ALL	모든 비교 집합이 TRUE(참)이면 TRUE
AND	두 부울 표현식이 모두 TRUE이면 TRUE
ANY	비교 집합 중 하나라도 TRUE이면 TRUE
BETWEEN	피연산자가 범위 내에 있으면 TRUE
EXISTS	하위 쿼리에 행이 포함되면 TRUE
IN	피연산자가 리스트 중 하나라도 포함되면 TRUE
LIKE	피연산자가 패턴과 일치하면 TRUE
NOT	부울 연산자를 반대로 실행
OR	하나의 부울식이 TRUE이면 TRUE
SOME	비교 집합 중 일부가 TRUE이면 TRUE

BETWEEN을 이용한 데이터 검색

BETWEEN은 WHERE 문과 함께 사용하며 검색하는 값의 범위를 지정할 수 있다. 보통은 날짜형 데이터에 사용하지만 문자열형이나 숫자형 데이터에도 사용할 수 있다. 다음 쿼리는 ipo_year 열의 2010~2011 범위에 해당하는 값을 검색한다.

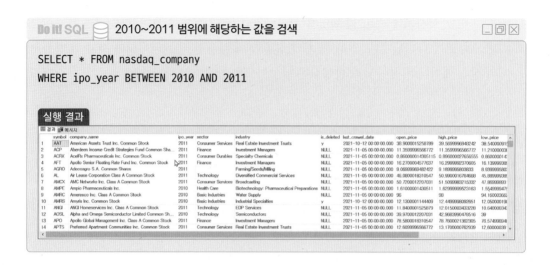

책에 보이는 결과 화면과 각자의 결과 화면이 달라도 당황하지 말자. 데이터 정렬을 하지 않은 상태라면 실습 환경에 따라 결과 순서는 다르게 나타날 수 있다. 검색 결과를 살펴보면 2010을 포함한 큰 ipo_year와, 2011을 포함한 작은 ipo_year가 반환된 것을 확인할 수 있다. 이를 통해 BETWEEN은 조건값을 포함해 데이터를 검색함을 알 수 있다.

계속해서 날짜형 데이터에도 BETWEEN을 사용해 보자. 다음 쿼리는 `last_crawel_date` 열에서 2013년 3월 17일부터 2013년 3월 19일까지의 데이터를 검색한다. 이 역시 조건값을 포함한 결과를 반환한다.

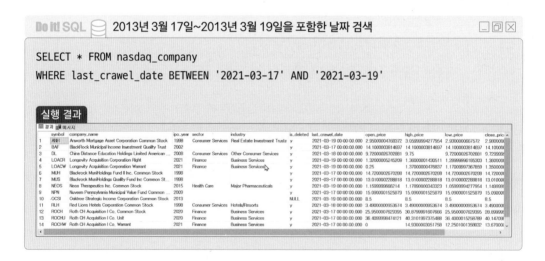

참고로 날짜형 데이터를 검색할 때는 밀리초를 고려해야 한다. 예를 들어 2021-03-17을 조건값으로 사용하면 실제로는 2021-03-17 00:00:00.000이 조건문에 사용된다. 날짜형 데

이터는 밀리초까지 저장되므로 정교한 날짜형 비교를 할 때는 이 점을 참고하도록 하자.
만약 정확한 날짜형 값을 조건값에 사용하려면 다음과 같이 쿼리를 작성한다. 하지만 보통은
날짜형 데이터값이 어느 시간 단위까지 저장되는지 살펴보면서 시, 분, 초를 적절히 생략하고
사용한다.

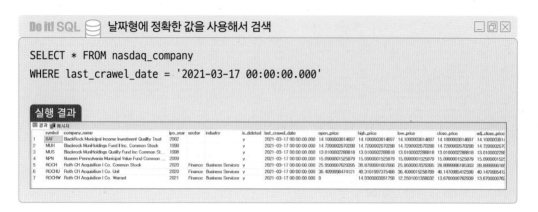

계속해서 BETWEEN을 사용해 보자. 다음 쿼리는 문자열 범위를 지정해 검색한다. symbol
열에서 A와 B를 포함한 값을 검색하므로 결과 화면을 자세히 확인해 보자.

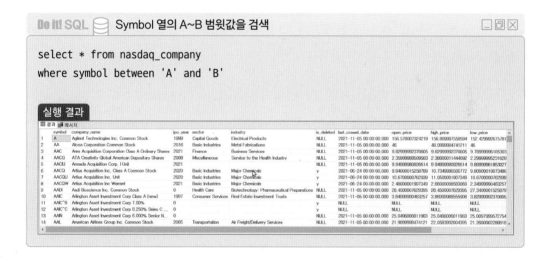

이번에는 반대로 BETWEEN을 사용하되 범위를 포함하지 않은 데이터를 검색해 보자. 간단
히 NOT을 조합한다. 다음 쿼리는 앞의 쿼리와 같지만 NOT만 추가한 점이 다르다.

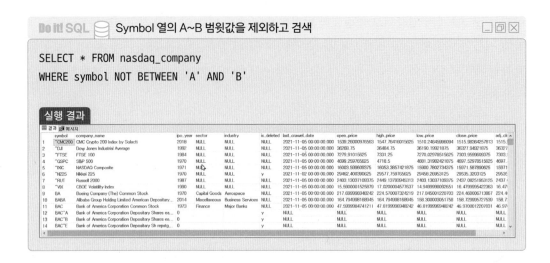

Do it! SQL 🛢 Symbol 열의 A~B 범윗값을 제외하고 검색 ▭ ⬜ ✕

```
SELECT * FROM nasdaq_company
WHERE symbol NOT BETWEEN 'A' AND 'B'
```

AND와 OR를 이용한 데이터 검색

지금까지는 WHERE 문에 하나의 조건만 사용했다. 하지만 현업에서는 매우 다양한 조건을 적용해야 하는 경우가 많으므로 그럴 때는 논리 연산자인 AND와 OR를 사용해 여러 조건을 결합한다.

AND는 입력한 2개의 조건이 모두 만족하는 데이터만 검색하고, OR는 입력한 두 조건 중 하나라도 만족하는 데이터를 모두 검색한다. 다음은 sector가 'Finance'이면서 industry가 'Major Banks'인 데이터를 검색하는 쿼리이다.

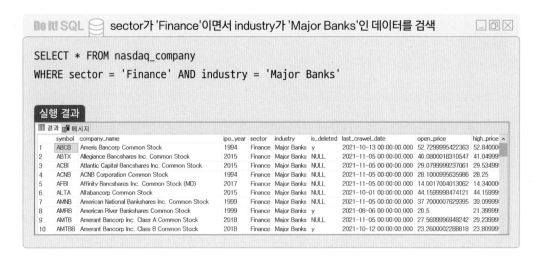

Do it! SQL 🛢 sector가 'Finance'이면서 industry가 'Major Banks'인 데이터를 검색 ▭ ⬜ ✕

```
SELECT * FROM nasdaq_company
WHERE sector = 'Finance' AND industry = 'Major Banks'
```

앞에서 BETWEEN으로 검색했던 날짜 범위 검색도 AND를 이용하면 같은 결과를 검색할 수 있다.

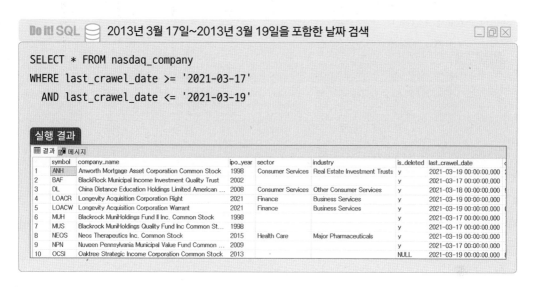

Do it! SQL 　2013년 3월 17일~2013년 3월 19일을 포함한 날짜 검색

```
SELECT * FROM nasdaq_company
WHERE last_crawel_date >= '2021-03-17'
  AND last_crawel_date <= '2021-03-19'
```

실행 결과

결과 메시지

	symbol	company_name	ipo_year	sector	industry	is_deleted	last_crawel_date	
1	ANH	Anworth Mortgage Asset Corporation Common Stock	1998	Consumer Services	Real Estate Investment Trusts	y	2021-03-17 00:00:00.000	
2	BAF	BlackRock Municipal Income Investment Quality Trust	2002			y	2021-03-17 00:00:00.000	
3	DL	China Distance Education Holdings Limited American ...	2008	Consumer Services	Other Consumer Services	y	2021-03-18 00:00:00.000	
4	LOACR	Longevity Acquisition Corporation Right	2021	Finance	Business Services	y	2021-03-19 00:00:00.000	
5	LOACW	Longevity Acquisition Corporation Warrant	2021	Finance	Business Services	y	2021-03-19 00:00:00.000	
6	MUH	Blackrock MuniHoldings Fund II Inc. Common Stock	1998			y	2021-03-17 00:00:00.000	
7	MUS	Blackrock MuniHoldings Quality Fund Inc Common St...	1998			y	2021-03-17 00:00:00.000	
8	NEOS	Neos Therapeutics Inc. Common Stock	2015	Health Care	Major Pharmaceuticals	y	2021-03-19 00:00:00.000	
9	NPN	Nuveen Pennsylvania Municipal Value Fund Common ...	2009			y	2021-03-17 00:00:00.000	
10	OCSI	Oaktree Strategic Income Corporation Common Stock	2013	.		NULL	2021-03-19 00:00:00.000	

AND는 양쪽 조건을 모두 만족하는 결과를 반환하는 반면, OR는 양쪽 조건 중 하나라도 만족하는 결과를 모두 반환한다. 다음은 symbol이 'MSFT' 또는 'XXXX'인 데이터를 검색한다.

▶ symbol이 'XXXX'인 데이터는 없으므로 'MSFT'인 데이터만 검색될 것이다.

Do it! SQL 　symbol이 'MSFT' 또는 'XXXX'인 데이터 검색

```
SELECT * FROM nasdaq_company
WHERE symbol = 'MSFT' OR symbol = 'XXXX'
```

실행 결과

결과 메시지

	symbol	company_name	ipo_year	sector	industry	is_deleted	last_crawel_date	open_price
1	MSFT	Microsoft Corporation Common Stock	1986	Technology	Computer Software: Prepackaged Software	NULL	2021-11-05 00:00:00.000	338.51000976

만약 여러 데이터를 검색하려고 OR를 여러 번 사용하면 계속해서 같은 연산자를 반복 작성해야 하므로 비효율적이다. 다음을 살펴보자.

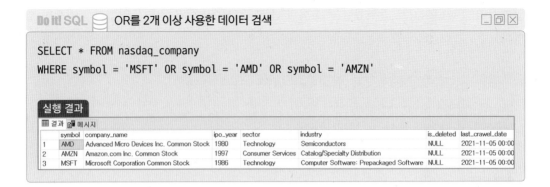

이런 경우에는 OR를 반복해 쓰는 것이 아니라 IN을 쓰면 된다. IN은 OR와 같은 역할을 하지만 쉼표를 사용한다는 점에서 사용 방법만 다르다. 여러 개의 OR를 쓰는 상황이라면 쉼표로 구분한 값을 나열하는 방식으로 사용할 수 있는 OR를 사용해 보자. 결과는 방금 OR 문을 여러 개 사용해 얻은 결과와 같다.

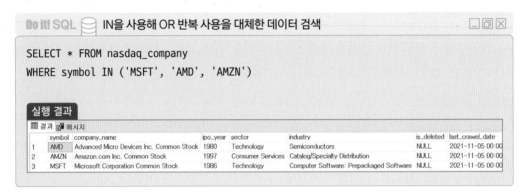

이번에는 AND, OR, IN을 조합해 데이터를 검색해 보자. 이때 각자 검색할 데이터의 요구 사항을 보여 주겠다. 잠시 요구 사항을 확인해 보자.

> 요구 사항: sector가 'Technology' 또는 'Consumer Services'이면서 symbol이 'MSFT', 'AMD', 'AMZN'인 데이터를 검색한다.

이 요구 사항을 보고 쿼리를 그냥 작성했다면 아마 다음과 같이 될 가능성이 높다.

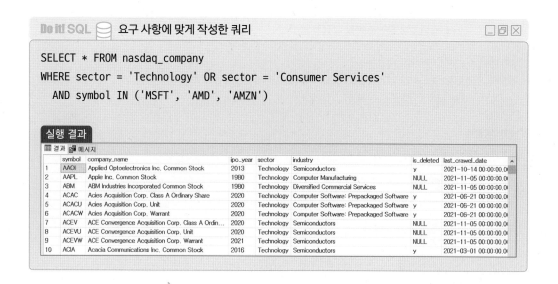

요구 사항대로라면 3개의 데이터가 나와야 하는데 결과는 그렇지 않다. 왜 이런 문제가 발생했을까? 그 이유는 논리 연산자의 우선순위 때문이다. 앞서 작성한 쿼리는 사실 다음과 같은 순서로 풀이되었다.

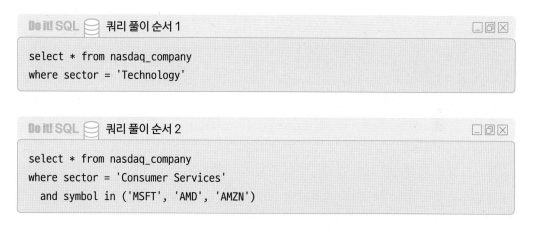

이러한 순서로 풀이되었으므로 sector가 'Technology'인 전체 데이터와, sector가 'Consumer Services'인 전체 데이터 중 symbol이 'MSFT', 'AMD', 'AMZN'인 데이터가 검색되었다. 그렇다면 요구 사항이 원하는 결과를 도출하려면 쿼리를 어떻게 수정해야 할까? 소괄호를 사용한다. 소괄호로 먼저 실행되어야 하는 쿼리에 우선순위를 정해줄 수 있다.

다음 쿼리는 sector에 관한 결과에서 symbol의 조건을 필터링해 진짜로 원했던 3건의 데이터를 반환한다.

이 결과는 sector 조건을 IN으로 묶은 다음 AND로 결합해 작성해도 얻을 수 있다.

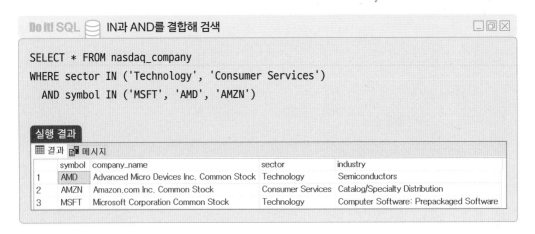

이 결과를 보면 알겠지만 어떤 결과를 얻는 코드에는 정답이 없다. 센스가 있다면 쿼리를 먼저 작성해 보았을 텐데 책과 다른 쿼리를 작성했을 수도 있다. 좋은 코드, 좋은 쿼리란 가독성을 포함해 요구 사항을 정확히 반영하면서 성능도 효율적인 코드를 말한다. 이 책의 코드가 항상 정답이라는 법은 없으니 책에서 소개한 쿼리 외에도 다른 방법으로 작성할 수 있다면 거침없이 시도하기 바란다.

NULL 데이터 검색

데이터베이스에서 데이터를 검색하다 보면 NULL값을 포함하는 열을 자주 보게 된다. NULL은 데이터가 없는 상태를 말한다. 더 풀어 설명하자면 숫자 0, 공백 문자가 아니라 **아예 정의되지 않은 값**을 말한다. 다음 결과 화면에서 공백으로 표시되는 sector 열의 값은 공백 ' '이 들어 있는 상태로 NULL과 다르다.

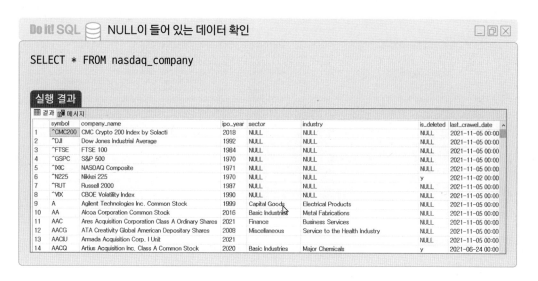

NULL은 어떻게 필터링해야 할까? NULL은 IS NULL 또는 IS NOT NULL을 사용해 필터링한다. 아마 '= 연산자로 찾을 수 있지 않을까?'라고 생각할 수도 있을 것이다. 그러면 앞에서 배운 = 연산자를 사용해 NULL을 찾는 쿼리를 작성해 실행해 보자.

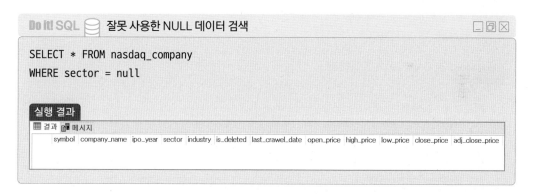

이 결과처럼 아무것도 얻을 수 없을 것이다. NULL은 정의되지 않은 상태이므로 일반적인 연산자로 비교할 수 없기 때문이다. 이번에는 IS NULL을 사용해 보자.

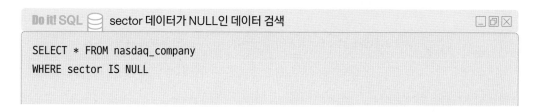

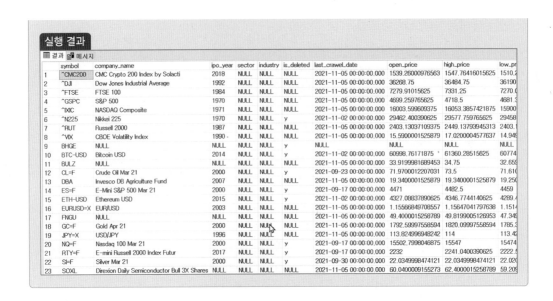

같은 이유로 NULL이 아닌 데이터를 검색할 때는 일반 연산자가 아닌 IS NOT NULL을 사용한다.

Do it! SQL sector 데이터가 NULL이 아닌 데이터 검색

```sql
SELECT * FROM nasdaq_company
WHERE sector IS NOT NULL
```

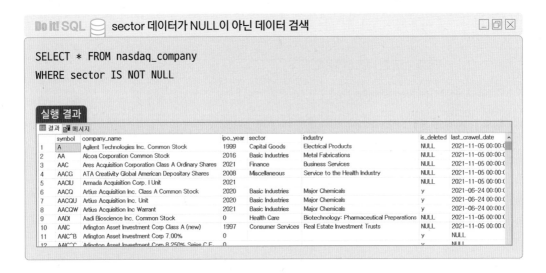

 퀴즈 3. nasdaq_company 테이블에서 ipo_year가 2021년이면서, sector가 Finance이면서, symbol이 AGAC, TIRX, VLATW인 목록을 출력하세요.

03-3 ORDER BY 문으로 데이터 정렬하기

앞에서 '실습을 진행하다 보면 이 책과 각자의 결과 화면이 다르게 보일 수 있고 이는 정렬 순서의 문제'라 언급했다. 그러면서 데이터 정렬은 ORDER BY로 해야 한다고 미리 설명했는데 이제 그것을 배울 차례이다. 데이터를 정렬하려면 ORDER BY 문을 SELECT 문의 가장 마지막에 추가해 사용한다.

ORDER BY 문의 기본 형식

```
SELECT [열] FROM [테이블] WHERE [열] = [조건값] ORDER BY [열] [ASC, DESC]
                                                        ①        ②
```

① [열]: 정렬할 열 이름을 입력한다.
② [ASC, DESC]: 정렬 기준에 따라 오름차순, 내림차순을 정의한다.

다음은 데이터를 정렬할 때 우선순위가 영문 또는 한글인 상태에서 같은 쿼리를 실행한 결과를 비교한 것이다. 같은 쿼리인데도 결과가 다르게 출력되는 것을 확인할 수 있다.

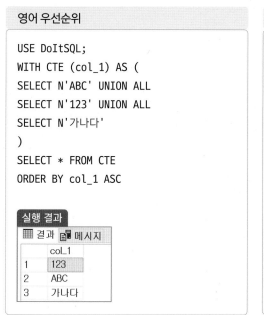

영어 우선순위

```
USE DoItSQL;
WITH CTE (col_1) AS (
SELECT N'ABC' UNION ALL
SELECT N'123' UNION ALL
SELECT N'가나다'
)
SELECT * FROM CTE
ORDER BY col_1 ASC
```

실행 결과

	col_1
1	123
2	ABC
3	가나다

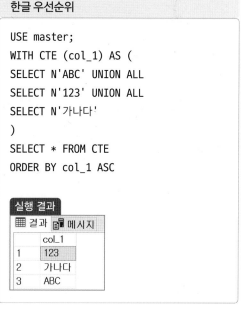

한글 우선순위

```
USE master;
WITH CTE (col_1) AS (
SELECT N'ABC' UNION ALL
SELECT N'123' UNION ALL
SELECT N'가나다'
)
SELECT * FROM CTE
ORDER BY col_1 ASC
```

실행 결과

	col_1
1	123
2	가나다
3	ABC

앞에서도 설명했지만 현재 실습 중인 DoItSQL 데이터베이스는 영문 버전에서 생성된 것으로 데이터 정렬 속성이 영문이다. 하지만 독자들이 직접 생성 또는 시스템이 생성한 데이터베이스는 한글 속성이다. USE 문은 쿼리가 실행될 데이터베이스를 선택하는 명령어로, DoItSQL 데이터베이스와 비교하기 위해 시스템 데이터베이스인 master를 사용했다.

ORDER BY 문으로 열 기준 정렬하기

데이터를 1개 열 기준으로 정렬할 때는 정렬할 열 이름을 ORDER BY 문 뒤에 입력한다. 다음은 symbol 열 기준, company_name 열 기준으로 정렬하는 쿼리이다.

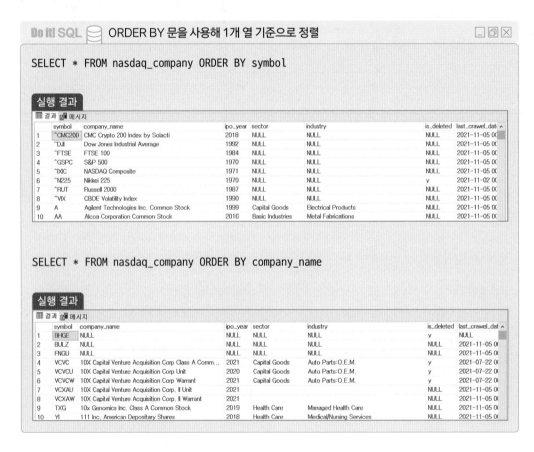

열을 2개 이상 기준으로 정렬할 때는 정렬 순서에 따라 쉼표를 사용해 열 이름을 나열한다. 이때 열 입력 순서에 따라 정렬 우선순위가 정해지므로 열 입력 순서에 주의하자. 다음은 정렬 순서를 sector와 industry 순서로 작성한 쿼리이다. 이렇게 하면 sector 열에 같은 값이 있는 경우 industry 열의 값으로 정렬한다.

```
SELECT * FROM nasdaq_company
WHERE sector IS NOT NULL AND sector <> ''
ORDER BY sector, industry
```

실행 결과

⊞ 결과 🗎 메시지

	symbol	company_name	ipo_year	sector	industry
1	AVD	American Vanguard Corporation Common Stock ($0....	1987	Basic Industries	Agricultural Chemicals
2	BIOX	Bioceres Crop Solutions Corp. Ordinary Shares	2018	Basic Industries	Agricultural Chemicals
3	CF	CF Industries Holdings Inc. Common Stock	2005	Basic Industries	Agricultural Chemicals
4	CGA	China Green Agriculture Inc. Common Stock	2008	Basic Industries	Agricultural Chemicals
5	EVGN	Evogene Ltd Ordinary Shares	2010	Basic Industries	Agricultural Chemicals
6	FMC	FMC Corporation Common Stock	1980	Basic Industries	Agricultural Chemicals
7	ICL	ICL Group Ltd. Ordinary Shares	2014	Basic Industries	Agricultural Chemicals
8	MOS	Mosaic Company (The) Common Stock	1988	Basic Industries	Agricultural Chemicals
9	RKDA	Arcadia Biosciences Inc. Common Stock	2015	Basic Industries	Agricultural Chemicals
10	SMG	Scotts Miracle-Gro Company (The) Common Stock	1992	Basic Industries	Agricultural Chemicals
11	SQM	Sociedad Quimica y Minera S.A. Common Stock	1993	Basic Industries	Agricultural Chemicals
12	UAN	CVR Partners LP Common Units representing Limited...	2011	Basic Industries	Agricultural Chemicals
13	SIM	Grupo Simec S.A.B. de C.V. American Depositary S...	1993	Basic Industries	Aluminum
14	KALU	Kaiser Aluminum Corporation Common Stock	2006	Basic Industries	Aluminum

정렬 순서를 바꿔 입력해 보자. 정렬 순서가 다르므로 결과도 다르게 표시된다.

```
SELECT * FROM nasdaq_company
WHERE sector IS NOT NULL AND sector <> ''
ORDER BY industry, sector
```

실행 결과

⊞ 결과 🗎 메시지

	symbol	company_name	ipo_year	sector	industry
1	LESL	Leslie's Inc. Common Stock	2020	Consumer Services	
2	OSCR	Oscar Health Inc. Class A Common Stock	2021	Finance	Accident &Health Insurance
3	GTS	Triple-S Management Corporation Class B Common ...	2007	Finance	Accident &Health Insurance
4	AFL	AFLAC Incorporated Common Stock	1980	Finance	Accident &Health Insurance
5	AIZN	Assurant Inc. 5.25% Subordinated Notes due 2061	2020	Finance	Accident &Health Insurance
6	AMSF	AMERISAFE Inc. Common Stock	2005	Finance	Accident &Health Insurance
7	TIPT	Tiptree Inc. Common Stock	2010	Finance	Accident &Health Insurance
8	UNM	Unum Group Common Stock	1986	Finance	Accident &Health Insurance
9	UNMA	Unum Group 6.250% Junior Subordinated Notes due ...	2018	Finance	Accident &Health Insurance
10	RRD	R.R. Donnelley & Sons Company Common Stock	1980	Consumer Services	Advertising
11	ACCO	Acco Brands Corporation Common Stock	2005	Consumer Services	Advertising
12	ADV	Advantage Solutions Inc. Class A Common Stock	2020	Technology	Advertising
13	ADVWW	Advantage Solutions Inc. Warrant	2021	Technology	Advertising
14	ANTE	AirNet Technology Inc. American Depositary Shares	2007	Technology	Advertising

ASC으로 오름차순 정렬하기

이번에는 오름차순으로 정렬하는 방법을 알아보자. 오름차순 정렬은 ASC을 정렬하려는 열 이름 뒤에 붙이면 된다. 이때 정렬 기본값은 오름차순이므로 ASC은 생략할 수 있다. 다음은 symbol 열을 오름차순으로 정렬하는 쿼리이다. 결과를 보면 특수 문자가 먼저 나오고 그 뒤에 A, B, C 순서로 결과가 나타난다.

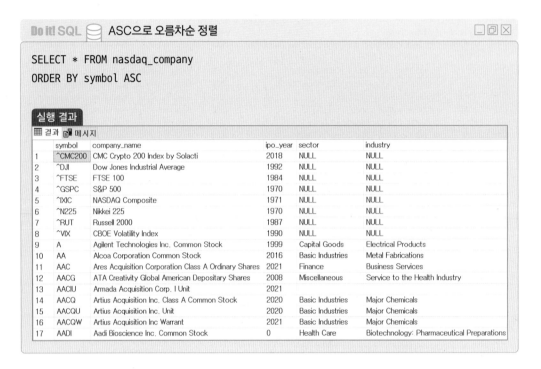

```
SELECT * FROM nasdaq_company
ORDER BY symbol ASC
```

실행 결과

	symbol	company_name	ipo_year	sector	industry
1	^CMC200	CMC Crypto 200 Index by Solacti	2018	NULL	NULL
2	^DJI	Dow Jones Industrial Average	1992	NULL	NULL
3	^FTSE	FTSE 100	1984	NULL	NULL
4	^GSPC	S&P 500	1970	NULL	NULL
5	^IXIC	NASDAQ Composite	1971	NULL	NULL
6	^N225	Nikkei 225	1970	NULL	NULL
7	^RUT	Russell 2000	1987	NULL	NULL
8	^VIX	CBOE Volatility Index	1990	NULL	NULL
9	A	Agilent Technologies Inc. Common Stock	1999	Capital Goods	Electrical Products
10	AA	Alcoa Corporation Common Stock	2016	Basic Industries	Metal Fabrications
11	AAC	Ares Acquisition Corporation Class A Ordinary Shares	2021	Finance	Business Services
12	AACG	ATA Creativity Global American Depositary Shares	2008	Miscellaneous	Service to the Health Industry
13	AACIU	Armada Acquisition Corp. I Unit	2021		
14	AACQ	Artius Acquisition Inc. Class A Common Stock	2020	Basic Industries	Major Chemicals
15	AACQU	Artius Acquisition Inc. Unit	2020	Basic Industries	Major Chemicals
16	AACQW	Artius Acquisition Inc Warrant	2021	Basic Industries	Major Chemicals
17	AADI	Aadi Bioscience Inc. Common Stock	0	Health Care	Biotechnology: Pharmaceutical Preparations

DESC으로 내림차순 정렬하기

이번에는 반대로 symbol 열을 내림차순으로 정렬하는 쿼리를 작성해 보자. 내림차순 정렬은 정렬하려는 열 이름 뒤에 DESC을 추가한다.

```
SELECT * FROM nasdaq_company
ORDER BY symbol DESC
```

	symbol	company_name	ipo_year	sector	industry
1	ZYXI	Zynex Inc. Common Stock	2004	Health Care	Biotechnology: Electromedical & Electro
2	ZYNE	Zynerba Pharmaceuticals Inc. Common Stock	2015	Health Care	Biotechnology: Pharmaceutical Preparati
3	ZYME	Zymeworks Inc. Common Shares	2017		
4	ZY	Zymergen Inc. Common Stock	2021	Basic Industries	Industrial Specialties
5	ZWRKW	Z-Work Acquisition Corp. Warrant	2021		
6	ZWRKU	Z-Work Acquisition Corp. Units	2021		
7	ZWRK	Z-Work Acquisition Corp. Class A Common Stock	2021		
8	ZVO	Zovio Inc. Common Stock	2019	Miscellaneous	Other Consumer Services
9	ZVIA	Zevia PBC Class A Common Stock	2021	Consumer Non-Durables	Specialty Foods
10	ZUO	Zuora Inc. Class A Common Stock	2018	Technology	EDP Services
11	ZUMZ	Zumiez Inc. Common Stock	2005		
12	ZTS	Zoetis Inc. Class A Common Stock	2013	Health Care	Biotechnology: Pharmaceutical Preparati
13	ZTR	Virtus Total Return Fund Inc.	1988	Finance	Investment Managers
14	ZTO	ZTO Express (Cayman) Inc. American Depositary S...	2016	Transportation	Advertising
15	ZTAQW	Zimmer Energy Transition Acquisition Corp. Warrants	2021		
16	ZTAQU	Zimmer Energy Transition Acquisition Corp. Units	2021		
17	ZT	Zimmer Energy Transition Acquisition Corp. Class A ...	2021		

오름차순과 내림차순을 조합해 정렬하기

오름차순과 내림차순을 각 열에 적용한 다음 조합해 정렬할 수도 있다. 각 열 이름 뒤에 ASC, DESC을 붙인 뒤 쉼표로 연결한다. 다음은 sector 열에서는 오름차순으로 정렬하고 symbol 열에서는 내림차순으로 정렬하는 쿼리이다. 앞서 언급했듯 입력순으로 정렬 우선순위가 정해지므로 sector 열에서 같은 값이 있는 경우 symbol 열에서 정렬한다.

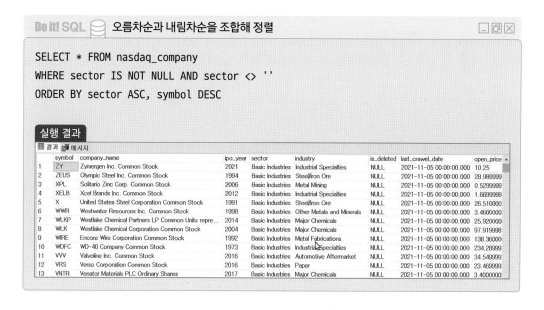

Do it! SQL 오름차순과 내림차순을 조합해 정렬

```
SELECT * FROM nasdaq_company
WHERE sector IS NOT NULL AND sector <> ''
ORDER BY sector ASC, symbol DESC
```

실행 결과

	symbol	company_name	ipo_year	sector	industry	is_deleted	last_crawel_date	open_price
1	ZY	Zymergen Inc. Common Stock	2021	Basic Industries	Industrial Specialties	NULL	2021-11-05 00:00:00.000	10.25
2	ZEUS	Olympic Steel Inc. Common Stock	1994	Basic Industries	Steel/Iron Ore	NULL	2021-11-05 00:00:00.000	28.989999
3	XPL	Solitario Zinc Corp. Common Stock	2006	Basic Industries	Metal Mining	NULL	2021-11-05 00:00:00.000	0.5299999
4	XELB	Xcel Brands Inc. Common Stock	2012	Basic Industries	Industrial Specialties	NULL	2021-11-05 00:00:00.000	1.6699999
5	X	United States Steel Corporation Common Stock	1991	Basic Industries	Steel/Iron Ore	NULL	2021-11-05 00:00:00.000	26.510000
6	WWR	Westwater Resources Inc. Common Stock	1998	Basic Industries	Other Metals and Minerals	NULL	2021-11-05 00:00:00.000	3.4600000
7	WLKP	Westlake Chemical Partners LP Common Units repre...	2014	Basic Industries	Major Chemicals	NULL	2021-11-05 00:00:00.000	25.920000
8	WLK	Westlake Chemical Corporation Common Stock	2004	Basic Industries	Major Chemicals	NULL	2021-11-05 00:00:00.000	97.919998
9	WIRE	Encore Wire Corporation Common Stock	1992	Basic Industries	Metal Fabrications	NULL	2021-11-05 00:00:00.000	138.36000
10	WDFC	WD-40 Company Common Stock	1973	Basic Industries	Industrial Specialties	NULL	2021-11-05 00:00:00.000	234.28999
11	VVV	Valvoline Inc. Common Stock	2016	Basic Industries	Automotive Aftermarket	NULL	2021-11-05 00:00:00.000	34.549999
12	VRS	Verso Corporation Common Stock	2016	Basic Industries	Paper	NULL	2021-11-05 00:00:00.000	23.469999
13	VNTR	Venator Materials PLC Ordinary Shares	2017	Basic Industries	Major Chemicals	NULL	2021-11-05 00:00:00.000	3.4000000

TOP으로 상위 N개 데이터 검색하기

특정 조건에 해당하는 데이터 중 상위 N개의 데이터만 보고 싶다면 SELECT 문에 TOP을 조합한다. 예를 들어 `SELECT TOP 10`과 같은 방식으로 검색하려는 행의 수를 추가해 사용한다. TOP의 경우 상위 N개의 데이터를 반환하므로 정렬 우선순위가 중요하다. 다음은 `ipo_year`에서는 내림차순으로, `symbol`에서는 오름차순으로 정렬한 다음 상위 10개의 데이터를 검색하는 쿼리이다.

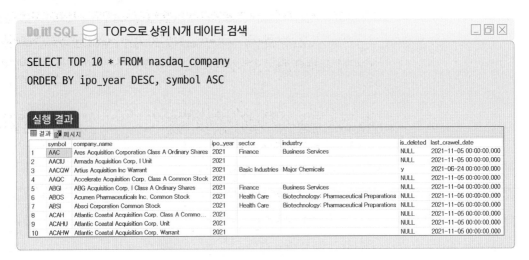

상위 N개의 데이터를 검색할 때는 반드시 ORDER BY 문을 사용하는 것이 좋다. 정렬하지 않으면 어떤 값을 기준으로 정렬한 상위 N개의 데이터가 출력되었는지 알 수 없기 때문이다. 필자의 경우 TOP은 테이블에 어떤 데이터가 어떻게 저장되어 있는지 확인할 때 자주 사용한다. 해당 테이블의 열 이름이나 필터링에 사용할 조건이 애매한 경우 데이터를 가볍게 보는 용도로 적합하다.

OFFSET… FETCH NEXT로 지정한 개수만큼 행 건너뛰고 검색하기

ORDER BY로 데이터를 정렬한 다음, 상위나 하위가 아닌 특정 구간의 데이터를 검색해야 하는 경우도 있다. 게시판을 예로 들면 최근에 작성한 글이 첫 페이지에 나타나기 마련인데 2페이지나 3페이지에 있는 데이터를 보고 싶은 경우를 말한다. 이럴 때는 OFFSET… FETCH NEXT를 사용한다. OFFSET은 검색 결과에서 지정한 행 개수만큼 건너뛰고 출력한다.

다음은 `symbol`을 기준으로 정렬한 다음 1,000개의 데이터를 건너뛰고 1,001번째 데이터부터 출력하는 쿼리이다.

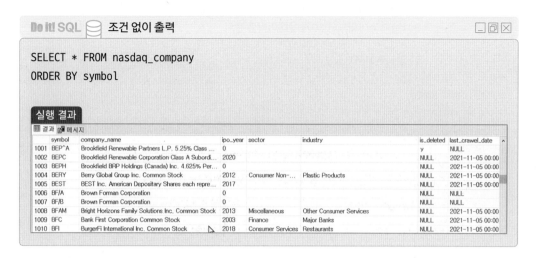

Do it! SQL 조건 없이 출력

```sql
SELECT * FROM nasdaq_company
ORDER BY symbol
```

실행 결과

	symbol	company_name	ipo_year	sector	industry	is_deleted	last_crawel_date
1001	BEP^A	Brookfield Renewable Partners L.P. 5.25% Class ...	0			y	NULL
1002	BEPC	Brookfield Renewable Corporation Class A Subordi...	2020			NULL	2021-11-05 00:00
1003	BEPH	Brookfield BRP Holdings (Canada) Inc. 4.625% Per...	0			NULL	2021-11-05 00:00
1004	BERY	Berry Global Group Inc. Common Stock	2012	Consumer Non-...	Plastic Products	NULL	2021-11-05 00:00
1005	BEST	BEST Inc. American Depositary Shares each repre...	2017			NULL	2021-11-05 00:00
1006	BF/A	Brown Forman Corporation	0			NULL	NULL
1007	BF/B	Brown Forman Corporation	0			NULL	NULL
1008	BFAM	Bright Horizons Family Solutions Inc. Common Stock	2013	Miscellaneous	Other Consumer Services	NULL	2021-11-05 00:00
1009	BFC	Bank First Corporation Common Stock	2003	Finance	Major Banks	NULL	2021-11-05 00:00
1010	BFI	BurgerFi International Inc. Common Stock	2018	Consumer Services	Restaurants	NULL	2021-11-05 00:00

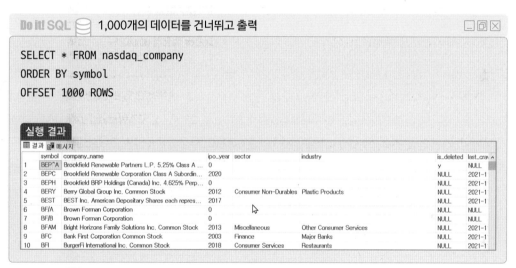

Do it! SQL 1,000개의 데이터를 건너뛰고 출력

```sql
SELECT * FROM nasdaq_company
ORDER BY symbol
OFFSET 1000 ROWS
```

실행 결과

	symbol	company_name	ipo_year	sector	industry	is_deleted	last_craw
1	BEP^A	Brookfield Renewable Partners L.P. 5.25% Class A ...	0			y	NULL
2	BEPC	Brookfield Renewable Corporation Class A Subordin...	2020			NULL	2021-1
3	BEPH	Brookfield BRP Holdings (Canada) Inc. 4.625% Perp...	0			NULL	2021-1
4	BERY	Berry Global Group Inc. Common Stock	2012	Consumer Non-Durables	Plastic Products	NULL	2021-1
5	BEST	BEST Inc. American Depositary Shares each repres...	2017			NULL	2021-1
6	BF/A	Brown Forman Corporation	0			NULL	NULL
7	BF/B	Brown Forman Corporation	0			NULL	NULL
8	BFAM	Bright Horizons Family Solutions Inc. Common Stock	2013	Miscellaneous	Other Consumer Services	NULL	2021-1
9	BFC	Bank First Corporation Common Stock	2003	Finance	Major Banks	NULL	2021-1
10	BFI	BurgerFi International Inc. Common Stock	2018	Consumer Services	Restaurants	NULL	2021-1

출력 결과를 유심히 살펴보면 조건 없이 출력한 결과의 1,001번째 데이터가 OFFSET 조건을 넣어 출력한 결과의 1번째 데이터와 같다. 주의할 점은 OFFSET은 반드시 ORDER BY 문을 함께 사용해야 한다는 것이다.

계속해서 FETCH NEXT를 알아보자. FETCH NEXT는 반드시 OFFSET과 함께 사용해야 하며, 출력할 행의 개수를 지정할 수 있다. 게시판을 예로 들면 한 페이지에 10개만 보여 주는 기능과 같다. 다음은 1,001번째 데이터부터 10개의 데이터를 출력하는 쿼리이다.

Do it! SQL 🗄 1,001번째 데이터부터 10개의 데이터를 출력   _ � ⨯

```
SELECT * FROM nasdaq_company
ORDER BY symbol
OFFSET 1000 ROWS
FETCH NEXT 10 ROWS ONLY
```

실행 결과

▦ 결과 ▧ 메시지

	symbol	company_name	ipo_year	sector	industry	is_deleted	last_crawel_date	open_price
1	BEP^A	Brookfield Renewable Partners L.P. 5.25% Class A...	0			y	NULL	NULL
2	BEPC	Brookfield Renewable Corporation Class A Subordi...	2020			NULL	2021-11-05 00:00:00.000	42.24000
3	BEPH	Brookfield BRP Holdings (Canada) Inc. 4.625% Per...	0			NULL	2021-11-05 00:00:00.000	25.13999
4	BERY	Berry Global Group Inc. Common Stock	2012	Consumer Non-Durables	Plastic Products	NULL	2021-11-05 00:00:00.000	67.75
5	BEST	BEST Inc. American Depositary Shares each repres...	2017			NULL	2021-11-05 00:00:00.000	1.299999
6	BF/A	Brown Forman Corporation	0			NULL	NULL	NULL
7	BF/B	Brown Forman Corporation	0			NULL	NULL	NULL
8	BFAM	Bright Horizons Family Solutions Inc. Common Stock	2013	Miscellaneous	Other Consumer Services	NULL	2021-11-05 00:00:00.000	146.4900
9	BFC	Bank First Corporation Common Stock	2003	Finance	Major Banks	NULL	2021-11-05 00:00:00.000	73
10	BFI	BurgerFi International Inc. Common Stock	2018	Consumer Services	Restaurants	NULL	2021-11-05 00:00:00.000	8.300000

실전 SQL

퀴즈 4. nasdaq_company 테이블에서 ipo_year 열이 2021년인 데이터 중에 sector 열이 Finance인 데이터를 검색해서 industry 오름차순으로 정렬하고, 같은 industry일 경우 close_price가 높은 순으로 출력하세요.

03-4 와일드카드로 문자열 검색하기

쿼리는 보통 정확하게 조건을 입력해 사용한다. 하지만 어떤 경우에는 자신이 검색할 대상을 몰라서 일부만 검색하기도 한다. 그럴 때 사용하는 것이 LIKE이다. LIKE를 사용하면 와일드 카드로 지정한 패턴과 일치하는 문자열, 날짜, 시간 등을 검색할 수 있다. 다음은 LIKE의 기본 형식이다.

LIKE의 기본 형식

SELECT [열] FROM [테이블] WHERE [열] LIKE [조건값]

① **[열]**: 조건을 적용할 열 이름을 입력한다.
② **[조건값]**: 조건값을 입력한다.

LIKE와 %로 특정 문자열을 포함하는 문자열 검색하기

특정 문자열을 포함하는 문자열을 검색할 때는 %를 사용한다. %는 0개 이상의 문자열과 대치한다. %의 위치에 따라 특정 문자열이 포함된 문자열을 검색할 수 있다.

%의 사용 방법

• A%: A로 시작하는 모든 문자열
• %A: A로 끝나는 모든 문자열
• %A%: A를 포함하는 모든 문자열

다음은 symbol 열에서 A로 시작하는 문자열을 검색하는 쿼리이다. 결과를 보면 첫 번째 글자가 A로 시작하는 문자열을 출력한다.

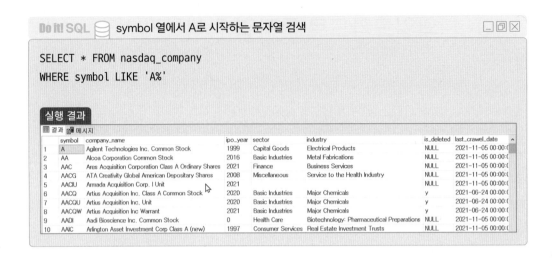

계속해서 다른 예도 살펴보자. 다음은 symbol 열에서 AA로 시작하는 모든 문자열을 검색하는 쿼리이다.

다음은 symbol 열에서 A 또는 AA로 끝나는 모든 문자열을 검색한 쿼리이다.

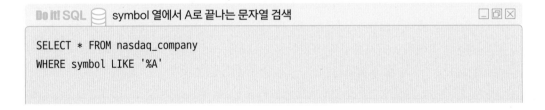

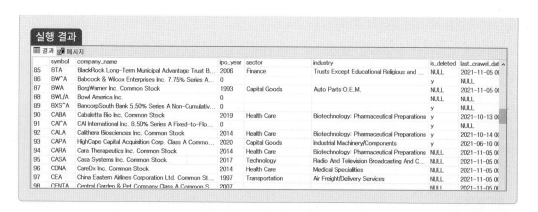

A를 포함한 모든 symbol을 검색하는 쿼리도 입력해 보자.

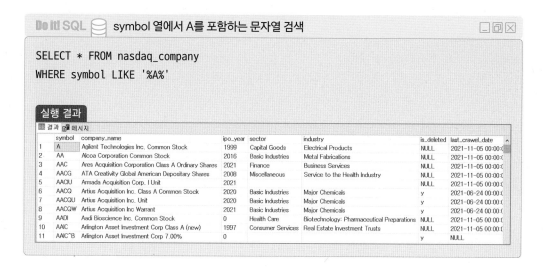

특정 문자열을 제외한 데이터 검색하기

만약 특정 문자열을 제외하고 데이터를 검색하려면 NOT과 LIKE를 조합해 사용한다. 다음은 A로 시작하는 문자열을 제외한 symbol을 검색하는 쿼리이다.

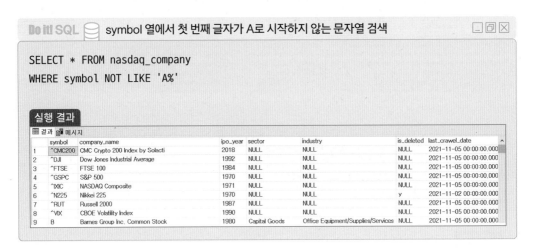

그 외의 패턴은 직접 입력해 실행해 보자.

특수 문자를 포함한 문자열 검색하기

LIKE를 사용해 문자열에 %가 포함된 데이터를 검색하려면 어떻게 해야 할까? %는 예약어이므로 '%'와 같이 입력하는 방법으로는 검색할 수 없다. 그런 경우에는 ESCAPE를 사용한다. 여기서 잠시 실습을 위해 %나 _와 같은 특수 기호를 포함하는 임시 테이블을 생성하자. 이때 임시 테이블은 공통 테이블 식common table expression으로 생성한다(공통 테이블 식은 이후 4장에서 자세히 설명한다). 우선은 임시 테이블 생성을 위해 다음 쿼리를 입력하자.

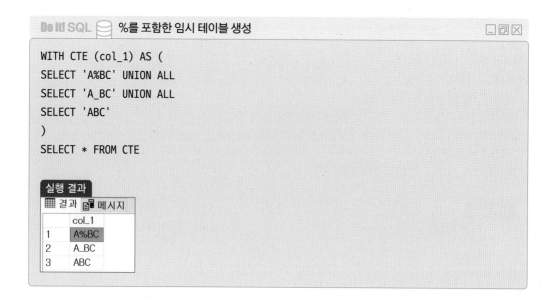

```
WITH CTE (col_1) AS (
SELECT 'A%BC' UNION ALL
SELECT 'A_BC' UNION ALL
SELECT 'ABC'
)
SELECT * FROM CTE
```

이렇게 임시로 생성한 테이블에서 **A%BC**만 검색해 보자. 다음과 같이 쿼리를 작성해 실행하면 어떻게 될까?

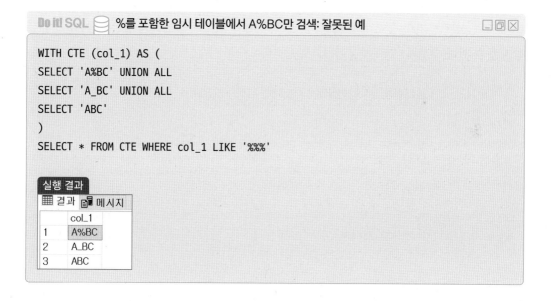

```
WITH CTE (col_1) AS (
SELECT 'A%BC' UNION ALL
SELECT 'A_BC' UNION ALL
SELECT 'ABC'
)
SELECT * FROM CTE WHERE col_1 LIKE '%%%'
```

이 결과는 우리가 원한 결과가 아니다. 왜 이런 결과가 나왔을까? % 기호는 검색할 수 있는 값이 아닌, **0개 이상의 문자를 의미하는 예약어**이기 때문이다. 그렇다면 **A%BC**만 검색하고 싶은 경우 어떻게 해야 할까? 앞서 언급한 대로 ESCAPE를 이용한다.

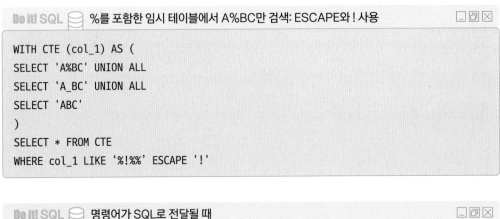

%를 포함한 임시 테이블에서 A%BC만 검색: ESCAPE와 # 사용

```
WITH CTE (col_1) AS (
SELECT 'A%BC' UNION ALL
SELECT 'A_BC' UNION ALL
SELECT 'ABC'
)
SELECT * FROM CTE
WHERE col_1 LIKE '%#%%' ESCAPE '#'
```

실행 결과

⊞ 결과 | 📄 메시지

	col_1
1	A%BC

ESCAPE 문이 쿼리를 실행할 때 #을 제거해 쿼리 명령 단계에서는 '%#%%'이 호출되고 실제 실행할 때는 '%%%'로 해석되어, %를 포함하는 앞뒤 어떠한 문자가 와도 상관없는 데이터가 검색되는 것이다. ESCAPE에 사용할 문자는 # 외에 &, !, / 등 다른 것도 쓸 수 있다. 다만 해당 문자가 실제 문자열에 쓰이지 않는 것이어야 한다. 그래야 의도하지 않은 데이터 오류를 방지할 수 있다.

%를 포함한 임시 테이블에서 A%BC만 검색: ESCAPE와 ! 사용

```
WITH CTE (col_1) AS (
SELECT 'A%BC' UNION ALL
SELECT 'A_BC' UNION ALL
SELECT 'ABC'
)
SELECT * FROM CTE
WHERE col_1 LIKE '%!%%' ESCAPE '!'
```

명령어가 SQL로 전달될 때

```
SELECT * FROM CTE
WHERE col_1 LIKE '%!%%' ESCAPE '!'
```

데이터베이스 엔진이 SQL 명령을 수행할 때

```
SELECT * FROM CTE
WHERE col_1 LIKE '%%%'  ← ESCAPE로 !가 제거되고 실행
```

_로 특정 문자열을 포함하는 특정 길이의 문자열 검색하기

%는 해당 문자열을 포함하는 모든 데이터를 검색한다. 만약 해당 문자열을 포함하는 특정 길이의 문자열을 검색하려면 어떻게 해야 할까? 그럴 때는 _를 사용한다. %를 사용하다 보면 가끔 검색된 데이터양이 매우 많아 원하는 데이터를 빠르게 찾지 못하는 경우가 있다. 이때 찾으려는 문자열 일부와 문자열의 길이를 알고 있다면 _를 사용하자. _의 사용 방법은 다음과 같다.

> **_의 사용 방법**
> * A_: A로 시작하면서 뒤의 글자는 무엇이든 상관없으며 전체 글자 수는 2개인 문자열
> * _A: A로 끝나면서 앞의 문자는 무엇이든 상관없으며 전체 글자 수는 2개인 문자열
> * _A_: 세 글자 중 가운데 글자만 A이며 앞뒤로는 무엇이든 상관없는 문자열

다음은 A로 시작하면서 어떠한 문자열이든 1개만 추가로 허용하는 symbol을 검색한다. 쉽게 말해 검색 결과로는 A를 포함해 문자열의 길이가 2인 symbol만 검색한다.

문자열의 길이가 2인 symbol 검색: A를 포함

```
SELECT * FROM nasdaq_company
WHERE symbol LIKE 'A_'
```

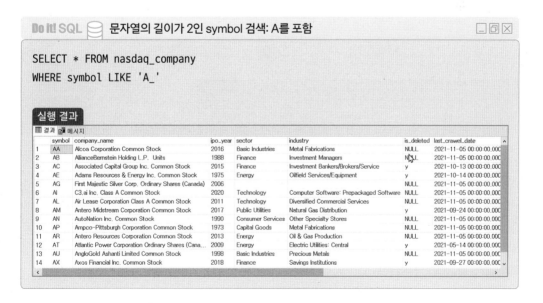

실행 결과

	symbol	company_name	ipo_year	sector	industry	is_deleted	last_crawel_date
1	AA	Alcoa Corporation Common Stock	2016	Basic Industries	Metal Fabrications	NULL	2021-11-05 00:00:00.000
2	AB	AllianceBernstein Holding L.P. Units	1988	Finance	Investment Managers	NULL	2021-11-05 00:00:00.000
3	AC	Associated Capital Group Inc. Common Stock	2015	Finance	Investment Bankers/Brokers/Service	y	2021-10-13 00:00:00.000
4	AE	Adams Resources & Energy Inc. Common Stock	1975	Energy	Oilfield Services/Equipment	y	2021-10-14 00:00:00.000
5	AG	First Majestic Silver Corp. Ordinary Shares (Canada)	2006			NULL	2021-11-05 00:00:00.000
6	AI	C3.ai Inc. Class A Common Stock	2020	Technology	Computer Software: Prepackaged Software	NULL	2021-11-05 00:00:00.000
7	AL	Air Lease Corporation Class A Common Stock	2011	Technology	Diversified Commercial Services	NULL	2021-11-05 00:00:00.000
8	AM	Antero Midstream Corporation Common Stock	2017	Public Utilities	Natural Gas Distribution	y	2021-09-24 00:00:00.000
9	AN	AutoNation Inc. Common Stock	1990	Consumer Services	Other Specialty Stores	NULL	2021-11-05 00:00:00.000
10	AP	Ampco-Pittsburgh Corporation Common Stock	1973	Capital Goods	Metal Fabrications	NULL	2021-11-05 00:00:00.000
11	AR	Antero Resources Corporation Common Stock	2013	Energy	Oil & Gas Production	NULL	2021-11-05 00:00:00.000
12	AT	Atlantic Power Corporation Ordinary Shares (Cana...	2009	Energy	Electric Utilities: Central	y	2021-05-14 00:00:00.000
13	AU	AngloGold Ashanti Limited Common Stock	1998	Basic Industries	Precious Metals	NULL	2021-11-05 00:00:00.000
14	AX	Axos Financial Inc. Common Stock	2018	Finance	Savings Institutions	y	2021-09-27 00:00:00.000

다음은 A로 끝나면서 문자열의 길이가 2인 symbol을 검색한다.

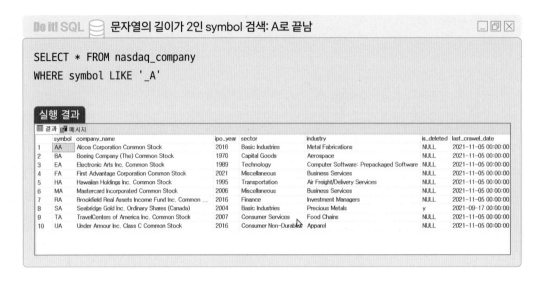

다음은 A로 시작하고 C로 끝나면서 문자열이 4개인 symbol을 검색한다.

_와 %를 조합해 문자열 검색하기

특정 문자열로 시작하면서 특정 범위에는 사용자가 원하는 문자열을 포함하는 데이터를 검색하려면 _와 %를 조합한다. 다음은 A_C로 시작하면서 이후로는 어떤 문자열이 오더라도 상관없는 symbol을 검색한다.

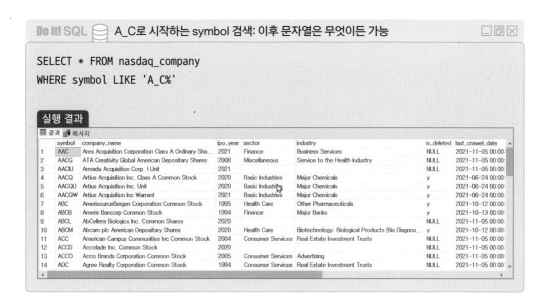

다음은 __F로 시작하면서 이후에는 어떤 문자열이라도 상관없는 symbol을 검색한다.

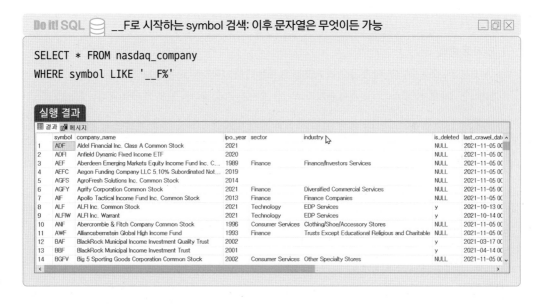

다음은 A로 시작하고, 마지막은 L_이기만 하면 되는 symbol을 검색한다.

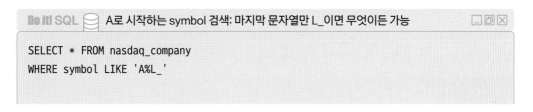

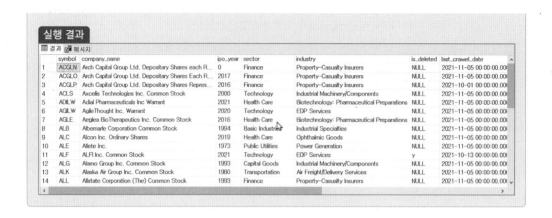

[]로 문자나 문자 범위를 지정해 문자열 검색하기

%나 _를 사용한 검색은 모든 문자열을 대상으로 한다. 만약 모든 문자열이 아닌 A나 B를 포함한 문자열을 검색하고 싶다면 어떨까? 그럴 때는 문자나 문자 범위를 지정해 문자열을 검색할 수 있는 [ ]를 사용한다. 다음은 [ ]의 사용 방법이다.

> **[ ]의 사용 방법**
> - [A, B, C]% 또는 [A-C]%: 첫 글자가 A 또는 B 또는 C로 시작하는 모든 문자열 검색
> - %[A, B, C] 또는 %[A-C]: 마지막 글자가 A 또는 B 또는 C로 끝나는 모든 문자열 검색

다음은 1번째 문자가 A, 2번째 문자가 A 또는 B 또는 C인 symbol을 검색한다.

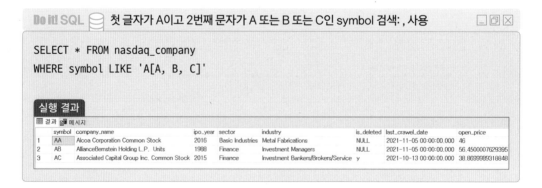

이러한 경우 A부터 C까지 연속된 범위를 제한하므로 ,가 아니라 -를 사용해도 된다. 다음은 같은 결과를 반환하는 쿼리이다.

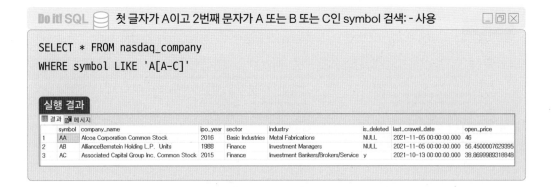

첫 글자가 A이고 2번째 문자가 A 또는 B 또는 C인 symbol 검색: - 사용

```
SELECT * FROM nasdaq_company
WHERE symbol LIKE 'A[A-C]'
```

,와 –를 조합하는 방법도 알아보자. 다음은 A로 시작하면서 2번째 문자가 A-C 또는 G 또는 M-R 인 symbol을 검색한다.

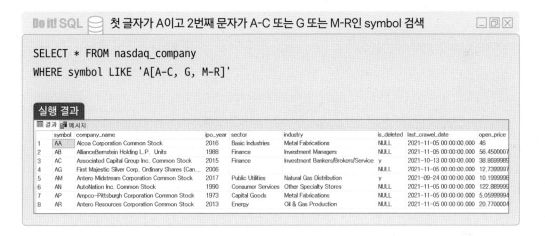

첫 글자가 A이고 2번째 문자가 A-C 또는 G 또는 M-R인 symbol 검색

```
SELECT * FROM nasdaq_company
WHERE symbol LIKE 'A[A-C, G, M-R]'
```

문자나 문자 범위를 제외한 문자열 검색하기

이제 반대의 경우도 알아보자. 앞서 특정 문자열을 제외해 검색할 때는 NOT을 사용했다. 하지만 [ ]는 NOT이 아니라 ^를 사용해야 한다. 예를 들어 [^A]%는 첫 번째 글자가 A가 아닌 모든 문자열을 검색한다. 다음은 A로 시작하면서 2번째 문자가 A, B, C가 아닌 문자열을 검색한다.

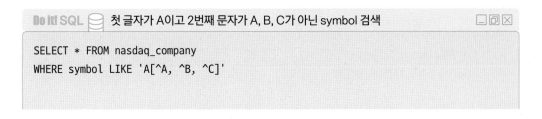

첫 글자가 A이고 2번째 문자가 A, B, C가 아닌 symbol 검색

```
SELECT * FROM nasdaq_company
WHERE symbol LIKE 'A[^A, ^B, ^C]'
```

연속 범위를 포함하지 않으려면 다음과 같이 쿼리를 작성한다.

첫 글자가 A이고 2번째 문자가 A, B, C가 아닌 symbol 검색: 연속 범위 미포함

```sql
SELECT * FROM nasdaq_company
WHERE symbol LIKE 'A[^A-C]'
```

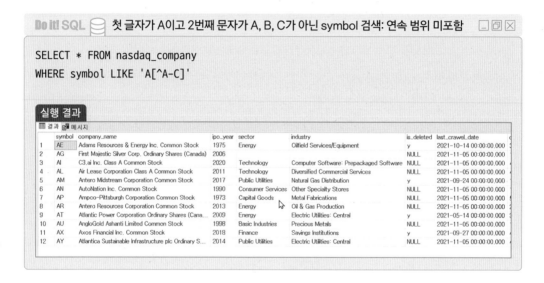

다양한 방법으로 와일드카드 사용하기

앞에서 공부한 와일드카드를 다양하게 조합해 보자. 와일드카드 조합을 사용하면 원하는 데이터를 잘 검색할 수 있다. 다음은 A로 시작하면서 2번째 문자는 C, P를 포함하고 3번째 문자는 T를 포함하지 않으면서 마지막 문자는 W로 끝나는 문자열을 검색한다.

와일드카드를 다양하게 조합한 검색 1

```sql
SELECT * FROM nasdaq_company
WHERE symbol LIKE 'A[C,P][^T]%W'
```

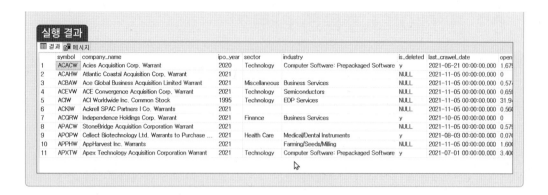

실행 결과

	symbol	company_name	ipo_year	sector	industry	is_deleted	last_crawel_date	open
1	ACACW	Acies Acquisition Corp. Warrant	2020	Technology	Computer Software: Prepackaged Software	y	2021-06-21 00:00:00.000	1.675
2	ACAHW	Atlantic Coastal Acquisition Corp. Warrant	2021			NULL	2021-11-05 00:00:00.000	0
3	ACBAW	Ace Global Business Acquisition Limited Warrant	2021	Miscellaneous	Business Services	NULL	2021-11-05 00:00:00.000	0.574
4	ACEVW	ACE Convergence Acquisition Corp. Warrant	2021	Technology	Semiconductors	NULL	2021-11-05 00:00:00.000	0.655
5	ACIW	ACI Worldwide Inc. Common Stock	1995	Technology	EDP Services	NULL	2021-11-05 00:00:00.000	31.94
6	ACKIW	Ackrell SPAC Partners I Co. Warrants	2021			NULL	2021-11-05 00:00:00.000	0.560
7	ACQRW	Independence Holdings Corp. Warrant	2021	Finance	Business Services	y	2021-10-05 00:00:00.000	0
8	APACW	StoneBridge Acquisition Corporation Warrant	2021			NULL	2021-11-05 00:00:00.000	0.579
9	APOPW	Cellect Biotechnology Ltd. Warrants to Purchase ...	2021	Health Care	Medical/Dental Instruments	y	2021-08-03 00:00:00.000	0.076
10	APPHW	AppHarvest Inc. Warrants	2021		Farming/Seeds/Milling	NULL	2021-11-05 00:00:00.000	1.600
11	APXTW	Apex Technology Acquisition Corporation Warrant	2021	Technology	Computer Software: Prepackaged Software	y	2021-07-01 00:00:00.000	3.400

다음은 1번째 문자는 A, 2번째 문자는 A-C, 3번째 문자는 아무거나, 4번째 문자는 0인 문자열을 검색한다.

Do it! SQL 🔲 와일드카드를 다양하게 조합한 검색 2

```
SELECT * FROM nasdaq_company
WHERE symbol LIKE 'A[A-C]_0%'
```

실행 결과

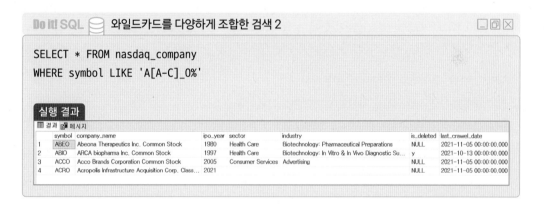

	symbol	company_name	ipo_year	sector	industry	is_deleted	last_crawel_date
1	ABEO	Abeona Therapeutics Inc. Common Stock	1980	Health Care	Biotechnology: Pharmaceutical Preparations	NULL	2021-11-05 00:00:00.000
2	ABIO	ARCA biopharma Inc. Common Stock	1997	Health Care	Biotechnology: In Vitro & In Vivo Diagnostic Su...	y	2021-10-13 00:00:00.000
3	ACCO	Acco Brands Corporation Common Stock	2005	Consumer Services	Advertising	NULL	2021-11-05 00:00:00.000
4	ACRO	Acropolis Infrastructure Acquisition Corp. Class...	2021			NULL	2021-11-05 00:00:00.000

이제 와일드카드 실습이 모두 끝났다. 쿼리를 작성하는 실력을 키우고 싶다면 다양한 관점으로 많이 작성하기 바란다. 앞서 공부한 예제 정도면 다양한 방법으로 와일드카드를 조합해 볼수 있을 것이다.

실전SQL

> **퀴즈 5.** nasdaq_company 테이블에서 company_name이 apple이라는 글자를 포함하는 목록을 출력하세요.
>
> **퀴즈 6.** nasdaq_company 테이블에서 symbol이 AA로 시작하면서 L, Q를 포함하는 목록을 출력하세요.
>
> **퀴즈 7.** nasdaq_company 테이블에서 close_price가 $10 이상, $20 이하이면서, company_name이 A를 포함하지 않으면서, ipo_year가 2017년 이상인 목록을 출력하세요. 이때 close_price 내림차순, ipo_year 오름차순으로 출력하세요.

03-5 데이터 그룹화 다루기

데이터를 검색할 때 공통 그룹의 정보를 확인해야 할 때가 있다. 그리고 그룹의 특정 조건을 필터링해 해당 그룹의 데이터만 검색해야 하는 경우도 많다. 이렇게 데이터를 그룹화할 때는 GROUP BY 문을 사용한다. 또한 그룹을 필터링할 때는 HAVING 문을 사용한다. GROUP BY 문과 HAVING 문은 다음과 같이 사용한다.

GROUP BY 문과 HAVING 문의 기본 형식

SELECT [열] FROM [테이블] WHERE [열] = [조건값] GROUP BY [열] HAVING [열] = [조건값]
　　　　　　　　　　　　　　　　　　　　　　　　　　　　① 　　　② 　③ 　　　　④

---

① **GROUP BY**: 데이터를 그룹화하는 구문이다.

② **[열]**: 그룹화 기준의 열 이름을 지정한다. 1개 이상 그룹화할 수 있다.

③ **[HAVING]**: WHERE와 비슷한 기능을 하며 그룹화된 결과의 필터링 기능을 한다.

④ **[조건값]**: HAVING 필터에 적용할 조건값을 입력한다.

GROUP BY 문으로 데이터 그룹화하기

GROUP BY 문은 지정한 열에 있는 데이터를 그룹화한다. 예를 들어 nasdaq_company 테이블에 저장된 데이터에서 sector 열의 데이터 종류는 무엇이고, 몇 건의 데이터가 있는지 궁금하다면 어떻게 해야 할까? sector 열에 있는 데이터를 모두 검색한 다음, 각 행을 눈으로 하나하나 확인하면서 같은 값을 세야 할까? 하지만 데이터가 1,000개만 되어도 눈으로 일일이 확인하기는 어려울 것이다. 바로 이런 경우 GROUP BY 문을 사용한다. 그리고 GROUP BY는 집계 함수와 함께 자주 사용하는데 이 내용은 그룹화를 제대로 공부한 다음 설명한다.

1개 열 기준으로 그룹화하기

데이터를 그룹화할 때는 반드시 그룹화할 기준 열을 지정해야 한다. 다음은 sector, industry 열을 기준으로 데이터를 각각 그룹화한 것이다. 쉽게 말해 nasdaq_company 테이블에서 sector 열이나 industry 열에 어떤 값이 있는지 확인하는 쿼리이다. 이러한 그룹화는 중복된 결과를 제외해 보여 주므로 참고하자.

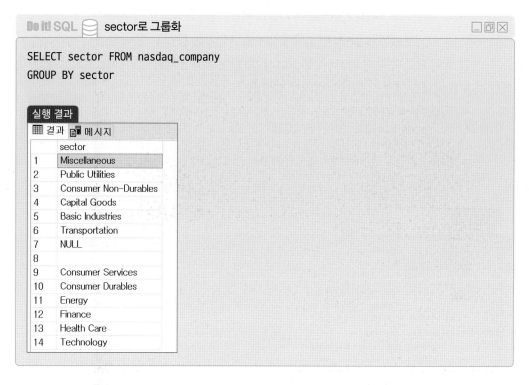

2개 이상의 열 기준으로 그룹화하기

2개 이상의 열 기준으로 그룹화하는 방법도 알아보자. 열을 2개 이상 지정해 그룹화하는 경우에는 GROUP BY에 나열한 열 순서대로 데이터를 그룹화할 뿐이고 전체 결과는 달라지지 않는다. 예를 들어 다음과 같이 sector, industry 열 순서로 그룹화하면 sector 열로 우선 그룹화한 다음 industry 열로 그룹화한 결과를 출력한다.

반대로 industry, sector 열 순서로 그룹화하면 industry 열로 우선 그룹화한 다음 sector 열 순서로 그룹화한 결과를 출력한다.

	sector	industry
1	NULL	NULL
2		
3	Consumer Services	
4	Finance	Accident &Health Insurance
5	Consumer Services	Advertising
6	Technology	Advertising
7	Transportation	Advertising
8	Capital Goods	Aerospace
9	Consumer Durables	Aerospace
10	Transportation	Aerospace
11	Basic Industries	Agricultural Chemicals
12	Transportation	Air Freight/Delivery Services
13	Basic Industries	Aluminum
14	Consumer Non-Durables	Apparel
15	Health Care	Assisted Living Services

쿼리 결과를 보면 모두 같은 개수를 반환했을 것이다.

집계 함수 COUNT로 그룹화한 열의 데이터 개수 확인하기

GROUP BY 문은 집계 함수와 함께 사용하는 경우가 많다고 설명했다. 앞서 실습한 내용은 단순히 특정 열을 기준으로 그룹화했을 때 어떤 데이터가 있는지 확인한 정도였다면 이번에는 각 그룹에 몇 개의 행이 있는지 세어 보는 쿼리를 작성할 것이다. 다음은 sector 열을 기준으로 그룹화한 다음 COUNT 함수로 그룹화한 각 행이 몇 개인지 검색하는 쿼리이다. 이때 COUNT 함수에는 AS cnt를 붙였는데 이는 개수를 센 결과를 출력할 때 열 이름을 cnt로 한다는 뜻이다.

Do it! SQL 🗄 sector 열 기준으로 그룹화한 각 행의 개수 검색 　　　　□⊡⊠

```
SELECT sector, COUNT(*) AS cnt FROM nasdaq_company
GROUP BY sector
```

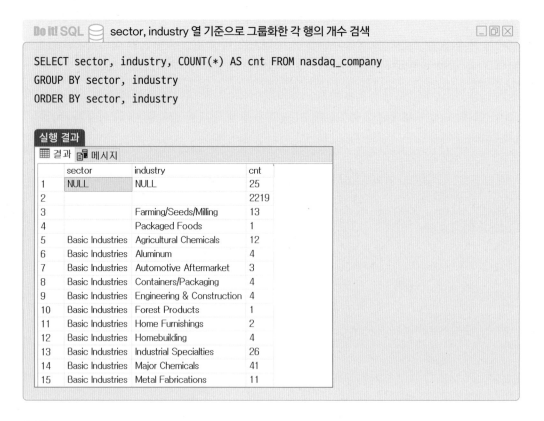

계속해서 다음 쿼리도 입력해 보자. 다음 쿼리는 sector, industry 열을 기준으로 그룹화한
다음 각 그룹에 해당하는 데이터가 몇 개인지 센 것이다. 쿼리 마지막 부분에 ORDER BY 문
을 입력한 이유는 검색한 데이터의 결과를 정렬해 행 개수를 쉽게 확인하려는 것이다. 여기서
는 그룹화한 열 순서에 따라 오름차순으로 정렬했다.

Do it! SQL 🗄 sector, industry 열 기준으로 그룹화한 각 행의 개수 검색

```
SELECT sector, industry, COUNT(*) AS cnt FROM nasdaq_company
GROUP BY sector, industry
ORDER BY sector, industry
```

실행 결과

	sector	industry	cnt
1	NULL	NULL	25
2			2219
3		Farming/Seeds/Milling	13
4		Packaged Foods	1
5	Basic Industries	Agricultural Chemicals	12
6	Basic Industries	Aluminum	4
7	Basic Industries	Automotive Aftermarket	3
8	Basic Industries	Containers/Packaging	4
9	Basic Industries	Engineering & Construction	4
10	Basic Industries	Forest Products	1
11	Basic Industries	Home Furnishings	2
12	Basic Industries	Homebuilding	4
13	Basic Industries	Industrial Specialties	26
14	Basic Industries	Major Chemicals	41
15	Basic Industries	Metal Fabrications	11

GROUP BY 문에 사용한 열 이름이 SELECT 문에 그대로 사용되었음을 파악했을 것이다. 앞서 언급했듯 데이터를 그룹화할 때는 그룹 기준이 되는 열이 필요하므로 GROUP BY 문에 사용한 열을 반드시 SELECT 문에도 사용해야 한다. 만약 GROUP BY 문에 사용한 열을 SELECT 문에 사용하지 않으면 오류가 발생할 것이다.

HAVING 문으로 그룹화한 데이터 필터링하기

그룹화한 데이터에서 데이터를 필터링하려면 HAVING 문을 사용해야 한다. HAVING 문은 WHERE 문과 비슷하지만, WHERE 문은 테이블에 있는 열에 적용하는 것이라면 HAVING 문은 SELECT 문이나 GROUP BY 문에 사용한 열에만 적용할 수 있다. 다음은 sector, industry 열을 기준으로 그룹화한 데이터에서 industry가 'Advertising'인 데이터만 검색한다.

COUNT 함수도 적용해 보자. 다음은 sector 열을 기준으로 그룹화한 다음 그룹화한 데이터의 개수가 1,000보다 큰 것만 검색하는 쿼리이다.

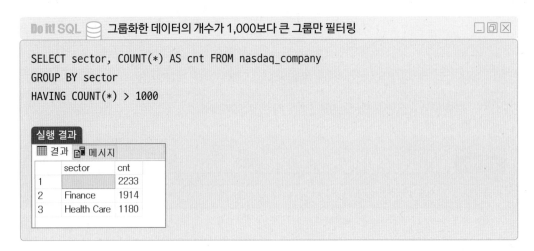

만약 그룹화에 사용하지 않은 열을 HAVING 문에 사용하면 오류가 발생할 것이다.

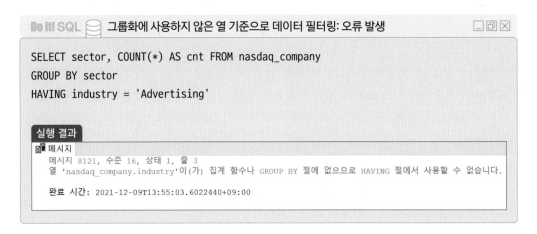

이 오류를 고치려면 HAVING 문에 사용한 열을 SELECT 문, GROUP BY 문에 추가한다.

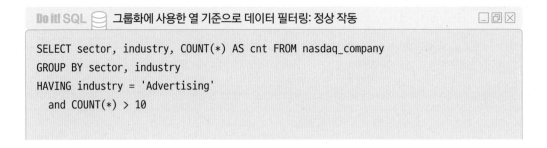

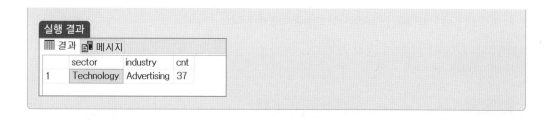

여기서 COUNT 함수로 생긴 열 별칭을 HAVING 문에 사용하면 오류가 발생한다. cnt는 실제 데이터 열이 아닌 별칭이기 때문이다. GROUP BY 문과 HAVING 문은 실제 테이블에 있는 열 이름만 사용할 수 있다.

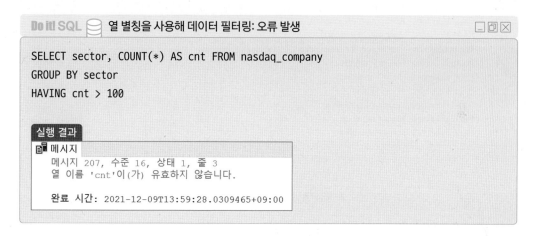

DISTINCT 문으로 중복 데이터 제거하기

앞에서 GROUP BY 문은 중복 데이터를 제거한다고 설명했다. 만약 GROUP BY 문을 사용하지 않고도 중복 데이터를 제거하고 싶다면 DISTINCT 문을 사용한다. DISTINCT 문의 기본 형식은 다음과 같다.

DISTINCT 문의 기본 형식

```
SELECT DISTINCT [열 이름] FROM [테이블 이름]
```

DISTINCT 문은 지정한 열의 중복 데이터를 제거한다. 다음은 DISTINCT 문으로 nasdaq_company 테이블에서 sector, industry 열의 중복을 제거하는 쿼리이다. 결과를 보면 GROUP BY 문으로 얻은 결과와 같다.

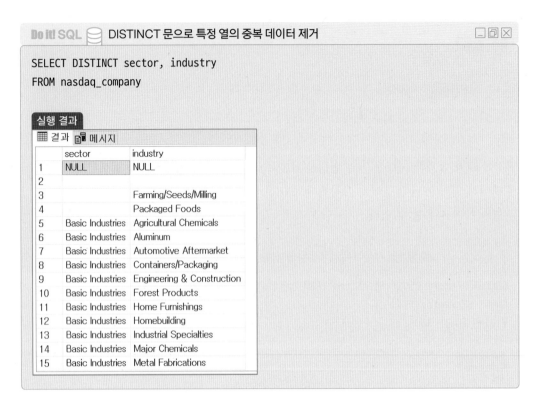

```
SELECT DISTINCT sector, industry
FROM nasdaq_company
```

Do it! SQL — DISTINCT 문으로 특정 열의 중복 데이터 제거

실행 결과

	sector	industry
1	NULL	NULL
2		
3		Farming/Seeds/Milling
4		Packaged Foods
5	Basic Industries	Agricultural Chemicals
6	Basic Industries	Aluminum
7	Basic Industries	Automotive Aftermarket
8	Basic Industries	Containers/Packaging
9	Basic Industries	Engineering & Construction
10	Basic Industries	Forest Products
11	Basic Industries	Home Furnishings
12	Basic Industries	Homebuilding
13	Basic Industries	Industrial Specialties
14	Basic Industries	Major Chemicals
15	Basic Industries	Metal Fabrications

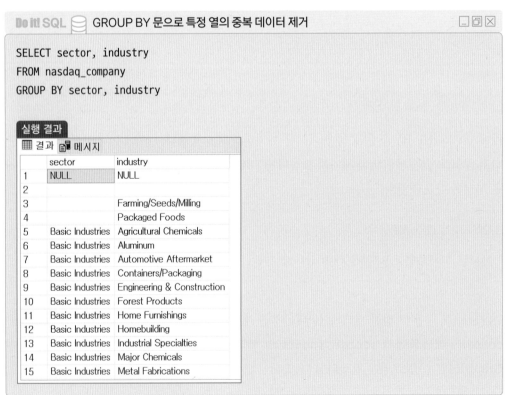

Do it! SQL — GROUP BY 문으로 특정 열의 중복 데이터 제거

```
SELECT sector, industry
FROM nasdaq_company
GROUP BY sector, industry
```

실행 결과

	sector	industry
1	NULL	NULL
2		
3		Farming/Seeds/Milling
4		Packaged Foods
5	Basic Industries	Agricultural Chemicals
6	Basic Industries	Aluminum
7	Basic Industries	Automotive Aftermarket
8	Basic Industries	Containers/Packaging
9	Basic Industries	Engineering & Construction
10	Basic Industries	Forest Products
11	Basic Industries	Home Furnishings
12	Basic Industries	Homebuilding
13	Basic Industries	Industrial Specialties
14	Basic Industries	Major Chemicals
15	Basic Industries	Metal Fabrications

GROUP BY 문과 결과가 같다고 해서 GROUP BY 문과 DISTINCT 문이 같다고 착각해서는 안 된다. DISTINCT 문은 중복을 제거할 뿐이지 집계하거나 계산을 할 수는 없다. 만약 집계나 계산이 필요하다면 GROUP BY 문을 사용하자.

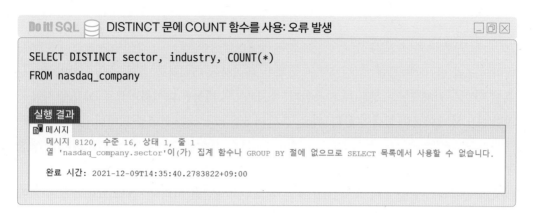

```
SELECT DISTINCT sector, industry, COUNT(*)
FROM nasdaq_company
```

실행 결과

📧 메시지
메시지 8120, 수준 16, 상태 1, 줄 1
열 'nasdaq_company.sector'이(가) 집계 함수나 GROUP BY 절에 없으므로 SELECT 목록에서 사용할 수 없습니다.

완료 시간: 2021-12-09T14:35:40.2783822+09:00

실전 SQL

퀴즈 8. nasdaq_company 테이블에서 ipo_year 그룹별로 등록된 symbol 개수를 출력하세요.

퀴즈 9. nasdaq_company 테이블에서 IPO 연도별로 등록된 symbol 개수가 20개 이상인 sector 목록을 내림차순(symbol 개수가 많은 순서)으로 출력하세요.

03-6 테이블 생성하고 데이터 조작하기

데이터 조작 언어^{data manipulation language, DML}는 테이블에 데이터를 검색^{SELECT}, 삽입^{INSERT}, 수정^{UPDATE}, 삭제^{DELETE} 하는 데 사용한다. 즉, DML의 대상은 테이블이므로 DML을 사용하려면 반드시 테이블이 있어야 한다. 바로 그 테이블을 조작하는 언어를 데이터 정의 언어^{data definition language, DDL}라 한다. DDL은 데이터베이스, 테이블, 뷰, 인덱스 등의 개체를 생성^{CREATE}, 삭제^{DROP}, 변경^{ALTER}한다.

DDL을 공부하기에 앞서 이 책은 DDL을 깊게 다루지 않음을 미리 알린다. DDL의 경우 데이터베이스 관리자만 사용하며, 이 책은 데이터베이스 관리자로서 알아야 할 SQL을 배우는 데 목적을 두지 않기 때문이다. DDL은 기초 내용만 빠르게 짚고 넘어가겠다.

▶ 데이터 조작 언어는 DML, 데이터 정의 언어는 DDL이라 한다.

데이터베이스 생성하고 삭제하기

데이터베이스를 생성하려면 CREATE 문을 사용한다. CREATE 문은 ANSI SQL로 대부분의 데이터베이스에서 작동한다. 다만 데이터베이스 제조업체마다 CREATE 문에 제공하는 옵션이 다르므로 주의해야 한다. SQL Server의 CREATE 문과 옵션은 다음과 같다.

▶ CREATE 문의 자세한 사용 방법이 궁금하다면 마이크로소프트 공식 문서(https://docs.microsoft.com/)를 읽어 보자.

마이크로소프트 공식 문서에 소개된 CREATE 문

```
CREATE DATABASE database_name
[ CONTAINMENT = { NONE | PARTIAL } ]
[ ON
  [ PRIMARY ] <filespec> [ , ···n ]
  [ , <filegroup> [ , ···n ] ]
  [ LOG ON <filespec> [ , ···n ] ]
]
[ COLLATE collation_name ]
```

```
[ WITH <option> [ , …n ] ]
[;]

<option>::=
{
  FILESTREAM ( <filestream_option> [ , …n ] )
  (…생략…)
    ¦ PERSISTENT_LOG_BUFFER=ON ( DIRECTORY_NAME='<Filepath to folder on DAX for-
matted volume>' )
}

(…생략…)
```

이러한 문서는 대부분의 명세를 포함하므로 매우 복잡해 보인다. 하지만 실습을 위해 데이터 베이스를 생성하는 쿼리는 다음과 같이 아주 간단하다.

데이터베이스를 생성하는 CREATE 문의 기본 형식

```
CREATE DATABASE [데이터베이스 이름]
```

CREATE 문으로 데이터베이스 생성하기

그러면 앞에서 살펴본 기본 형식을 이용해 TestDB라는 데이터베이스를 만들어 보자. 쿼리가 잘 실행되면 개체 탐색기에 TestDB가 생성된 것을 확인할 수 있다. 만약 쿼리가 잘 실행되었 는데도 개체 탐색기에 데이터베이스가 보이지 않는다면 개체 탐색기에서 데이터베이스를 오 른쪽 클릭한 다음 〈새로 고침〉을 누르자.

Do it! SQL 🗄 CREATE 문으로 데이터베이스 생성: TestDB   ⬜◻✕

```
CREATE DATABASE TestDB
```

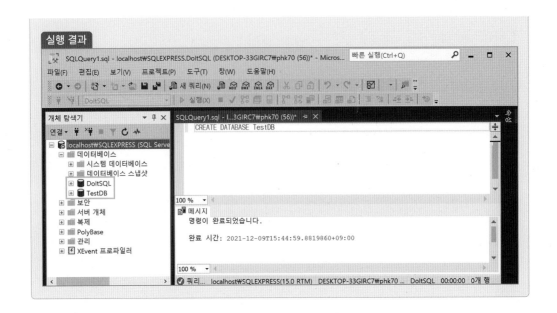

DROP 문으로 데이터베이스 삭제하기

데이터베이스를 삭제하려면 DROP 문을 사용한다. 쿼리가 잘 실행되면 개체 탐색기에서 데이터베이스가 사라진다. 만약 사라지지 않는다면 개체 탐색기의 데이터베이스를 새로 고침하자. 필자의 경우도 쿼리가 제대로 실행되었지만 개체 탐색기에서는 사라지지 않아 새로 고침 했다.

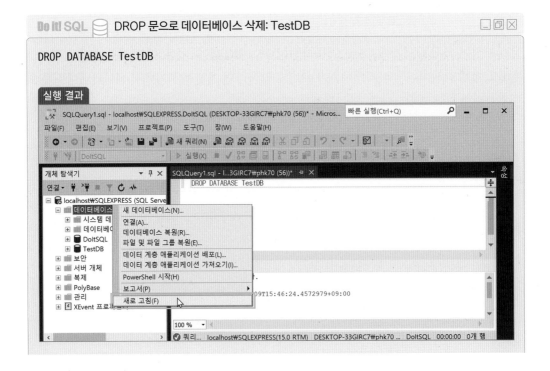

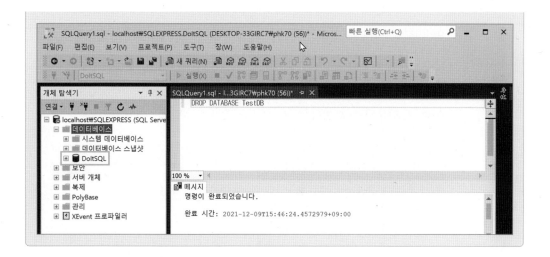

DROP DATABASE TestDB 명령어가 실행되지 않으면?

가끔 데이터베이스를 삭제할 때 오류가 발생하는 경우가 있다. 데이터베이스는 데이터를 관리하는 최상위 논리 그룹이므로 누군가 데이터베이스를 사용한다면 데이터베이스를 삭제할 수 없다. 다음은 SSMS에서 TestDB가 선택된 상태에서 TestDB를 삭제하려고 해 오류가 발생한 것이다.

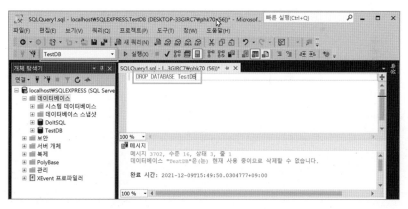

DROP DATABASE TestDB 명령어가 실패한 예

이 경우 SSMS의 다른 쿼리 창에서 TestDB를 사용하는지 확인하고 해당 쿼리 창을 종료하거나, 해당 쿼리 창에 지정한 데이터베이스를 다른 것으로 바꾼 뒤 실행한다. 물론 실무에서는 여러 프로그램이 데이터베이스에 접속하는 경우가 많으므로 데이터베이스를 삭제하는 일은 드물다.

USE 문으로 데이터베이스 선택

데이터베이스는 다음 화면에서 보듯 SSMS에서 드롭다운 메뉴를 이용해 선택할 수
도 있지만 USE 문을 사용해도 된다. 참고로 USE 문은 ANSI SQL이므로 모든 데이
터베이스에서 사용할 수 있다.

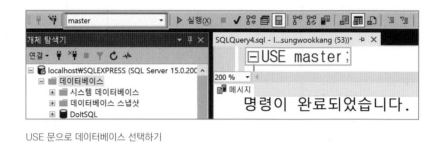

USE 문으로 데이터베이스 선택하기

테이블 생성하고 삭제하기

테이블을 생성하려면 CREATE 문을 사용하지만, 테이블은 데이터베이스 내부에 생성해야
하므로 반드시 테이블이 위치할 데이터베이스를 먼저 선택해야 한다. 현재 각자 DoItSQL 데
이터베이스를 선택했을 것이므로 여기에 테이블을 생성하거나 삭제한다. 혹시 DoItSQL 데
이터베이스에 있지 않다면 다음 쿼리로 DoItSQL 데이터베이스를 선택하자.

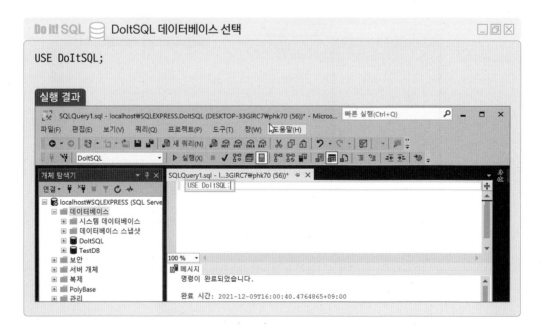

CREATE 문으로 테이블 생성하기

마이크로소프트 공식 문서에서 소개하는 테이블 생성 관련 문법은 옵션이 매우 복잡하다. 하지만 이 책에서는 옵션을 다 사용하지 않을 것이다. 실습을 위한 테이블 생성 쿼리는 다음과 같이 간단하다. 또한 열 이름은 테이블 안에서 고유해야 한다.

테이블을 생성하는 CREATE 문의 기본 형식

```
CREATE TABLE 테이블 이름 (
열1 자료형,
열2 자료형,
(...생략...)
)
```

다음은 **doit_create_table**이라는 이름의 테이블을 생성한다. 열 이름은 **col_1 ~ col_3**까지 3개의 열을 생성하며 각 열의 자료형은 숫자, 문자, 날짜형이다. 쿼리를 실행한 다음 개체 탐색기를 열어 테이블이 생성되었는지 확인해 보자.

▶ DoItSQL 데이터베이스에서 테이블을 생성했는지, 선택한 데이터베이스를 꼭 다시 확인하자.

Do it! SQL   CREATE 문으로 테이블 생성

```
CREATE TABLE doit_create_table (
col_1 INT,
col_2 NVARCHAR(50),
col_3 DATETIME
)
```

실행 결과

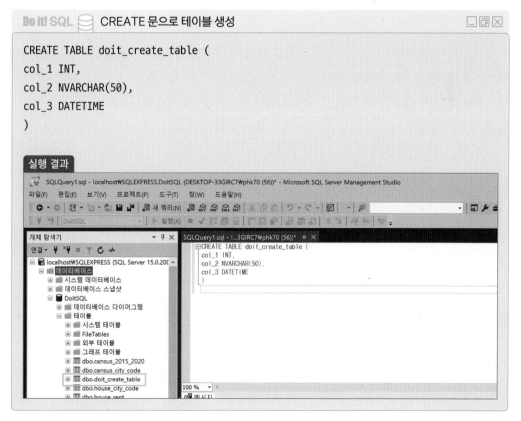

DROP 문으로 테이블 삭제하기

테이블 삭제는 DROP 문을 사용한다. 테이블 삭제의 경우 데이터베이스 삭제와 다르게 즉시 실행되므로 주의해야 한다.

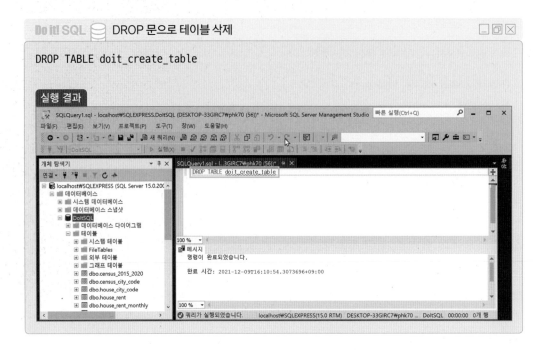

가끔 테이블이 삭제되지 않는 경우가 있는데 **현재 삭제하려는 테이블이 다른 테이블과 종속 관계이면서 부모 테이블인 경우 삭제에 실패**한다. 종속 관계에서 부모 테이블을 삭제하고 싶다면 자식 테이블과의 종속 관계를 제거한 뒤 자식 테이블을 모두 삭제해야 한다. 물론 우리는 아직 종속 관계를 지정한 적이 없으므로 삭제는 무리 없이 실행될 것이다.

테이블에 데이터 삽입, 수정, 삭제하기

INSERT 문으로 데이터 삽입하기

데이터를 삽입하려면 INSERT 문을 사용한다. 기본 형식은 다음과 같다.

INSERT 문의 기본 형식

```
INSERT INTO 테이블 [열1, 열2, …] VALUES [값1, 값2, …]
```

데이터를 삽입, 수정, 삭제하려면 테이블이 필요하다. 다음은 **doit_dml**이라는 이름의 테이블을 생성하고 각 열에 데이터를 입력하는 쿼리이다.

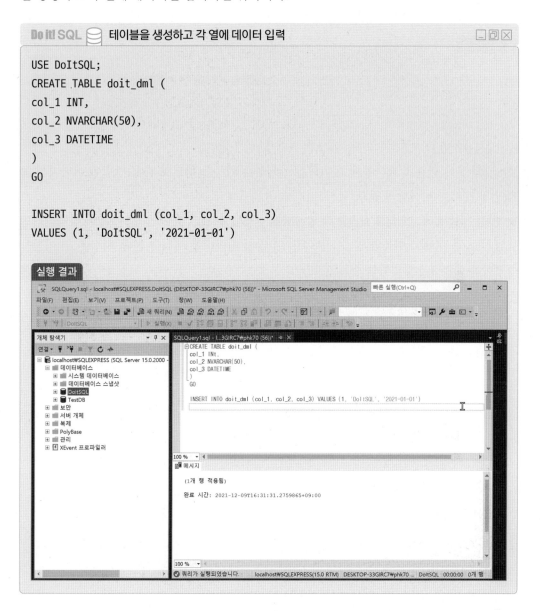

쿼리를 실행한 다음 **doit_dml** 테이블을 검색하면 방금 삽입한 데이터를 볼 수 있다.

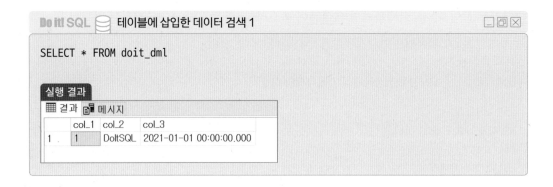

Do it! SQL 테이블에 삽입한 데이터 검색 1

```
SELECT * FROM doit_dml
```

실행 결과

	col_1	col_2	col_3
1	1	DoItSQL	2021-01-01 00:00:00.000

INSERT 문은 단순히 테이블에 데이터를 삽입하는 기능을 하므로 사용 방법이 어렵지는 않
지만 몇 가지 특이 사항이 있다.

첫 번째는 테이블에 데이터를 삽입할 때 열 이름을 생략할 수 있다. 하지만 열 이름을 생략하려면
VALUES 문 뒤에 테이블의 열 순서와 개수에 맞춰 데이터를 채워야 한다. 다음은 열 이름을
생략하고 데이터를 삽입하는 쿼리이다.

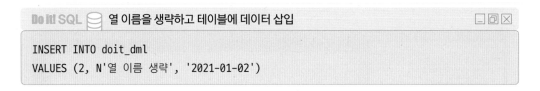

Do it! SQL 열 이름을 생략하고 테이블에 데이터 삽입

```
INSERT INTO doit_dml
VALUES (2, N'열 이름 생략', '2021-01-02')
```

쿼리를 실행한 뒤 결과를 보면 열 이름을 생략했음에도 데이터가 잘 삽입된 것을 확인할 수
있다.

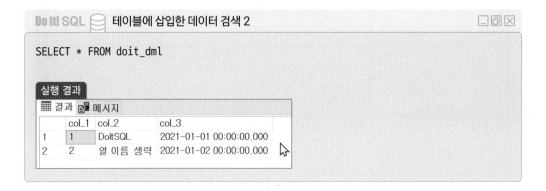

Do it! SQL 테이블에 삽입한 데이터 검색 2

```
SELECT * FROM doit_dml
```

실행 결과

	col_1	col_2	col_3
1	1	DoItSQL	2021-01-01 00:00:00.000
2	2	열 이름 생략	2021-01-02 00:00:00.000

만약 col_3 위치에 해당하는 값을 입력하지 않으면 테이블의 열 개수와 입력한 값의 개수가
일치하지 않아 오류가 발생한다.

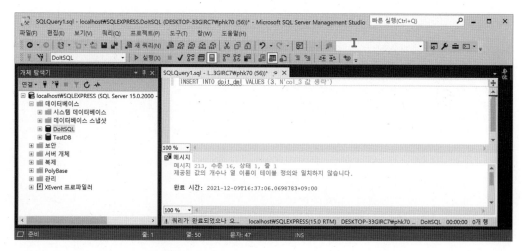

테이블의 열 개수와 입력한 값의 개수 불일치로 오류 발생

그렇다면 col_1, col_2 열에만 데이터를 삽입하려면 어떻게 해야 할까? 테이블 이름 다음에
삽입 대상 열만 소괄호로 나열한다. 다음 쿼리를 실행해 확인해 보자. **앞으로 결과를 확인하는 쿼**
리는 생략한다.

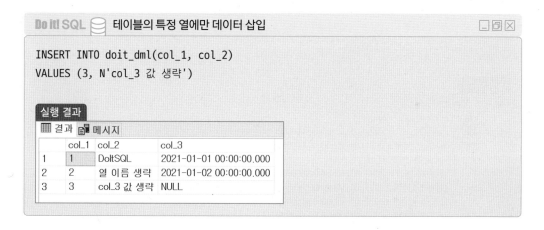

이를 응용하면 삽입하려는 데이터의 순서를 바꿀 수도 있다. 다음과 같이 대상 열과 삽입할
데이터를 맞춰 소괄호에 나열한다.

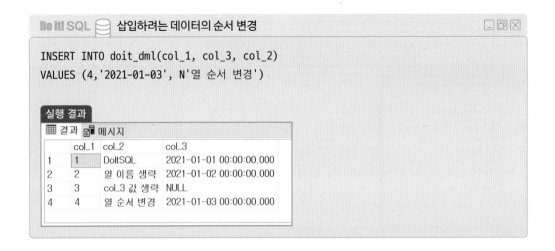

Do it! SQL 삽입하려는 데이터의 순서 변경

```sql
INSERT INTO doit_dml(col_1, col_3, col_2)
VALUES (4,'2021-01-03', N'열 순서 변경')
```

실행 결과

	col_1	col_2	col_3
1	1	DoItSQL	2021-01-01 00:00:00.000
2	2	열 이름 생략	2021-01-02 00:00:00.000
3	3	col_3 값 생략	NULL
4	4	열 순서 변경	2021-01-03 00:00:00.000

여러 데이터를 한 번에 삽입하고 싶다면 INSERT 문을 여러 번 작성한다. 하지만 다음과 같이 삽입할 값을 소괄호로 묶어 쉼표로 구분하는 방법이 효율적이다.

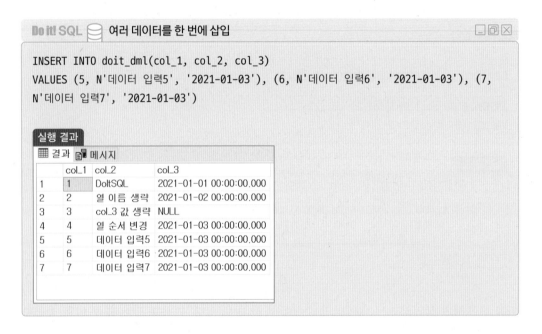

Do it! SQL 여러 데이터를 한 번에 삽입

```sql
INSERT INTO doit_dml(col_1, col_2, col_3)
VALUES (5, N'데이터 입력5', '2021-01-03'), (6, N'데이터 입력6', '2021-01-03'), (7, N'데이터 입력7', '2021-01-03')
```

실행 결과

	col_1	col_2	col_3
1	1	DoItSQL	2021-01-01 00:00:00.000
2	2	열 이름 생략	2021-01-02 00:00:00.000
3	3	col_3 값 생략	NULL
4	4	열 순서 변경	2021-01-03 00:00:00.000
5	5	데이터 입력5	2021-01-03 00:00:00.000
6	6	데이터 입력6	2021-01-03 00:00:00.000
7	7	데이터 입력7	2021-01-03 00:00:00.000

데이터를 삽입할 때 자료형과 맞지 않으면 오류가 발생한다. 다음은 숫자형 열에 문자형을 삽입해 오류가 발생한 것이다.

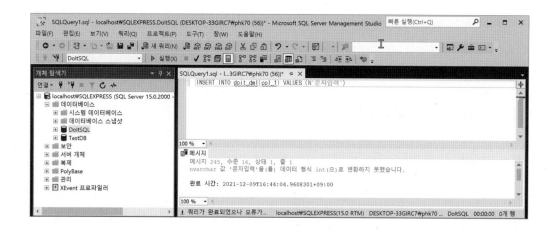

NULL을 허용하지 않도록 테이블을 생성하면?

바로 앞의 실습 결과를 보면 NULL값이 눈에 띈다. 이전에 NULL은 **어떠한 값도 정의되지 않은 상태**라고 설명했다. 테이블에 NULL이 생성된 이유는 무엇일까? 앞에서 테이블을 생성할 때 NULL을 허용했기 때문이다. 만약 NULL을 허용하지 않도록 열을 정의하면 NULL을 삽입할 때 오류가 발생한다. 다음은 col_2에 NULL을 허용하지 않도록 설정하고 col_2에 NULL을 삽입해 오류를 발생시키는 쿼리이다.

Do it! SQL 🗄 NULL을 허용하지 않도록 테이블 생성하고 NULL 삽입하기: 오류 발생

```
CREATE TABLE doit_notnull (
col_1 INT,
col_2 NVARCHAR(50) NOT NULL
)
GO

INSERT INTO doit_notnull (col_1) VALUES (1)
```

실행 결과

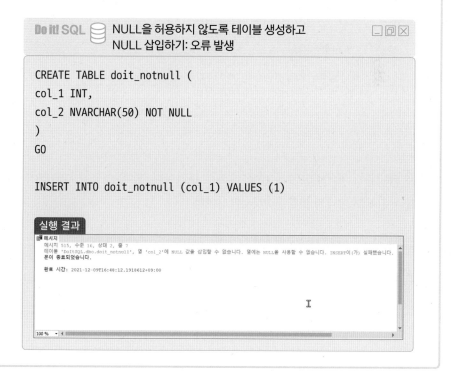

UPDATE 문으로 데이터 수정하기

테이블에 삽입된 데이터를 수정하려면 UPDATE 문을 사용한다. UPDATE 문의 기본 형식은 다음과 같다.

UPDATE 문의 기본 형식

```
UPDATE [테이블 이름] SET [열1 = 값1, 열2 = 값2, …]
WHERE [열] = [조건]
```

UPDATE 문은 사용 방법이 매우 간단하며 WHERE 문을 생략할 수 있다. 하지만 **WHERE 문의 조건을 누락하면 테이블의 전체 데이터를 수정하므로 사용할 때 항상 주의해야 한다.** 다음은 col_1이 4인 행의 col_2 열 값을 변경하는 쿼리이다.

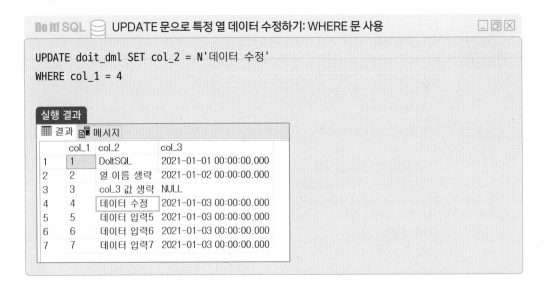

다음은 테이블 전체의 col_1에 10을 더하는 쿼리이다. 앞서 언급한 WHERE 문이 없으므로 테이블의 전체 데이터가 영향을 받는 쿼리이다.

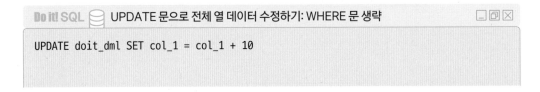

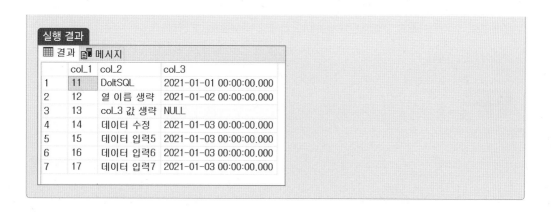

DELETE 문으로 데이터 삭제하기

입력된 데이터를 삭제하려면 DELETE 문을 사용한다. DELETE 문의 사용 방법은 UPDATE 문과 비슷하다.

DELETE 문의 기본 형식

```
DELETE [테이블 이름] WHERE [열] = [조건]
```

DELETE 문도 UPDATE 문과 마찬가지로 WHERE 문의 조건이 누락되면 전체 데이터를 삭제하므로 사용할 때 주의해야 한다. 다음은 col_1이 14인 데이터만 삭제하는 쿼리이다.

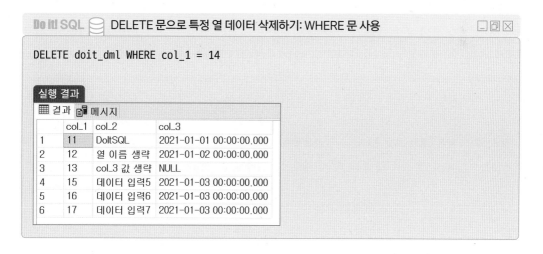

테이블에 있는 전체 데이터를 삭제하려면 WHERE 문의 조건을 제거하고 쿼리를 실행한다. 다음 쿼리를 실행하면 테이블에 데이터가 하나도 남지 않은 것을 확인할 수 있다.

```
DELETE doit_dml
```

실행 결과

⊞ 결과 📑 메시지

col_1	col_2	col_3

다음 실습을 진행하기 전에 앞에서 실습한 테이블을 삭제하자.

```
DROP TABLE doit_dml
```

외래키로 연결된 데이터 입력, 삭제하기

앞에서 관계형 데이터베이스를 설명할 때 테이블 간 참조 관계를 언급했고, 이런 데이터베이스를 관계형 데이터베이스라고 부른다고 했다. **관계형 데이터베이스는 데이터의 무결성을 유지해야 하므로 부모 테이블에 없는 데이터를 자식 테이블이 가지면 안 되는 것이 원칙이다.** 이 원칙을 유지하면 데이터가 잘못 입력되거나 삭제되는 것을 방지할 수 있다.

여기서는 테이블의 종속 관계가 있을 때 외래키가 지정된 상황을 가정한 실습을 진행한다. 구체적으로는 외래키를 가진 자식 테이블 때문에 데이터 및 테이블 삭제를 실패하는 실습을 해 볼 것이다.

[회원]

회원 번호	회원 이름	회원 주소
1000	이지스	서울
1001	퍼블리싱	대전
1002	주식회사	제주도

[주문]

주문 번호	회원 번호	주문 상품	배송 주소
100	1000	Do it! SQL	서울
101	1001	Do it! SQL	대전
102	1000	Do it! Python	서울

외래키는 테이블이 관계를 구성할 때 참조하는 열을 의미한다. 앞의 그림에서는 회원 테이블의 회원 번호 열이 기본키[primary key]이고 주문 테이블의 회원 번호 열이 외래키[foreign key]이다.

실습을 위해 다음과 같이 2개의 테이블을 생성한다. 이때 하나는 부모 역할, 하나는 자식 역할을 하도록 구성했다.

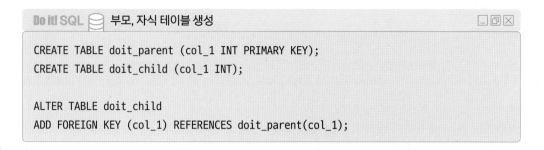

Do it! SQL 🖳 부모, 자식 테이블 생성

```
CREATE TABLE doit_parent (col_1 INT PRIMARY KEY);
CREATE TABLE doit_child (col_1 INT);

ALTER TABLE doit_child
ADD FOREIGN KEY (col_1) REFERENCES doit_parent(col_1);
```

다음은 자식 테이블에 데이터를 입력할 때 부모 테이블에 해당 데이터가 없는 상태라서 오류가 발생해 데이터 입력에 실패하는 쿼리이다.

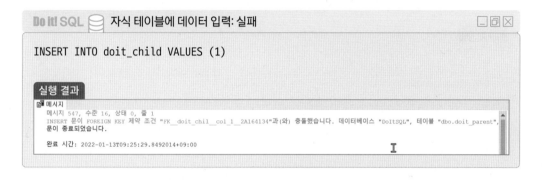

Do it! SQL 🖳 자식 테이블에 데이터 입력: 실패

```
INSERT INTO doit_child VALUES (1)
```

실행 결과

메시지
메시지 547, 수준 16, 상태 0, 줄 1
INSERT 문이 FOREIGN KEY 제약 조건 "FK__doit_chil__col_1__2A164134"과(와) 충돌했습니다. 데이터베이스 "DoItSQL", 테이블 "dbo.doit_parent",
문이 종료되었습니다.

완료 시간: 2022-01-13T09:25:29.8492014+09:00

이러한 오류는 부모 테이블에 데이터를 먼저 입력해야 해결할 수 있다. 부모 테이블에 데이터를 입력하고 같은 데이터를 자식 테이블에 입력하면 정상적으로 데이터를 입력할 수 있다.

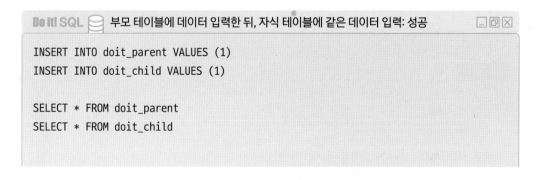

Do it! SQL 🖳 부모 테이블에 데이터 입력한 뒤, 자식 테이블에 같은 데이터 입력: 성공

```
INSERT INTO doit_parent VALUES (1)
INSERT INTO doit_child VALUES (1)

SELECT * FROM doit_parent
SELECT * FROM doit_child
```

이번에는 부모 테이블의 데이터만 삭제해 보자. 이때도 외래키 제약 조건 때문에 오류가 발생하며 데이터 삭제에 실패한다.

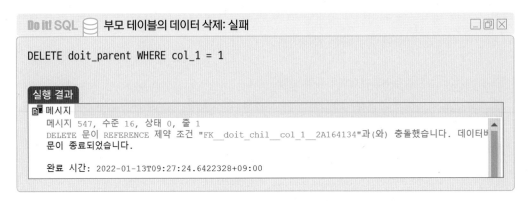

Do it! SQL 부모 테이블의 데이터 삭제: 실패

```
DELETE doit_parent WHERE col_1 = 1
```

실행 결과

메시지

메시지 547, 수준 16, 상태 0, 줄 1
DELETE 문이 REFERENCE 제약 조건 "FK__doit_chil__col_1__2A164134"과(와) 충돌했습니다. 데이터베
문이 종료되었습니다.

완료 시간: 2022-01-13T09:27:24.6422328+09:00

이러한 오류를 수정하려면 자식 테이블의 데이터를 먼저 삭제하고 부모 테이블의 데이터를 삭제한다. 그래야 정상적으로 데이터를 삭제할 수 있다.

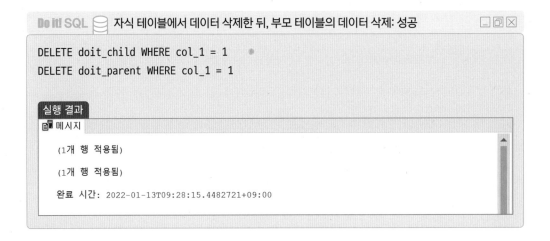

Do it! SQL 자식 테이블에서 데이터 삭제한 뒤, 부모 테이블의 데이터 삭제: 성공

```
DELETE doit_child WHERE col_1 = 1
DELETE doit_parent WHERE col_1 = 1
```

실행 결과

메시지

(1개 행 적용됨)

(1개 행 적용됨)

완료 시간: 2022-01-13T09:28:15.4482721+09:00

이번에는 데이터가 아니라 테이블을 삭제해 보자. 앞에서는 입력하는 데이터가 부모 테이블에 있는지 여부에 따라 입력과 삭제가 영향을 받았다. 하지만 테이블 삭제의 경우 데이터가 없고 외래키 설정만 되어 있어도 오류가 발생한다. 여기까지 실습을 잘 따라 했다면 외래키 설정만 되어 있고 실제 데이터는 입력되지 않은 상태일 것이다. 다음은 부모 테이블을 삭제할 때 오류가 발생하는 쿼리이다.

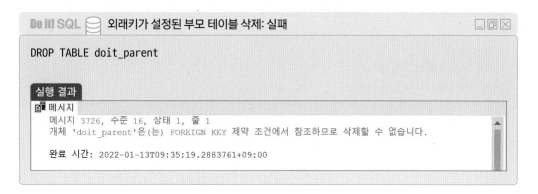

만약 외래키가 설정된 테이블을 삭제하려면 자식 테이블, 부모 테이블 순서로 삭제해야 한다.

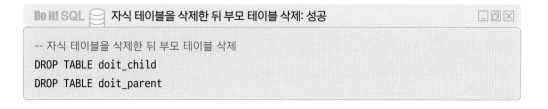

그런데 자식 테이블의 데이터는 유지하면서 부모 테이블을 삭제하고 싶다면 제약 조건을 제거해 테이블 삭제를 진행하는 방법도 있다. 다음 쿼리를 입력해 보자. 참고로 조금 전 실습으로 인해 제약 조건을 가진 테이블이 삭제되었으므로 테이블 생성부터 다시 시작한다. 제약 조건을 삭제하는 명령어는 DROP CONSTRAINT를 사용하는데 이때 제약 조건의 이름을 명시해야 한다. 제약 조건의 이름은 각자 다를 수 있으므로 자신의 제약 조건의 이름을 확인해 입력한다.

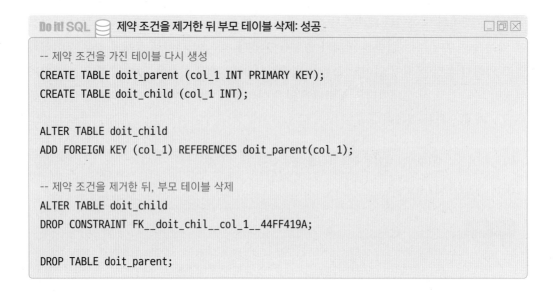

Do it! SQL 🗄 제약 조건을 제거한 뒤 부모 테이블 삭제: 성공 ⬜⬜⬛⬛⬛

```
-- 제약 조건을 가진 테이블 다시 생성
CREATE TABLE doit_parent (col_1 INT PRIMARY KEY);
CREATE TABLE doit_child (col_1 INT);

ALTER TABLE doit_child
ADD FOREIGN KEY (col_1) REFERENCES doit_parent(col_1);

-- 제약 조건을 제거한 뒤, 부모 테이블 삭제
ALTER TABLE doit_child
DROP CONSTRAINT FK__doit_chil__col_1__44FF419A;

DROP TABLE doit_parent;
```

제약 조건과 제약 조건 이름을 확인하고 싶다면 sp_help [테이블 이름]을 입력하거나 또는
테이블 이름을 드래그한 상태에서 Alt + F1 을 눌러 실행하면 확인할 수 있다. 다음의 경우
doit_parent 테이블을 다시 생성한 다음 sp_help를 입력해 해당 테이블의 제약 조건을 확인
한 것이다.

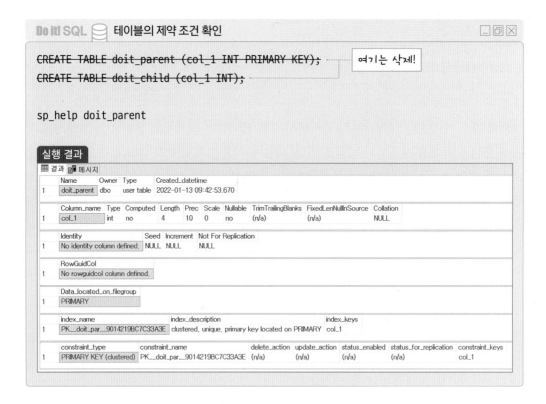

지금까지 외래키 관련 실습을 진행했다. 외래키를 생성하거나 테이블을 삭제하는 등의 작업은 해당 테이블을 사용하는 여러 서비스에 영향을 줄 수 있으므로 대부분 DBA가 권한을 가지고 작업한다. 비록 간단하게 다루기는 했지만 이런 기능과 문법이 있다는 점 정도는 학습 차원에서 알아 두면 좋을 것이다.

다음 실습을 진행하기 전에 외래키 관련 실습에 사용한 테이블을 삭제한다.

Do it! SQL 🗄 테이블 삭제   🗕 🗖 ✕

```
DROP TABLE doit_child
```

다른 테이블에 검색 결과 입력하기

데이터를 다루다 보면 검색 결과를 다른 테이블에 입력하고 싶을 수 있다. INSERT … SELECT 문을 조합하면 검색 결과를 다른 테이블에 입력할 수 있다. 검색 결과를 다른 테이블에 입력하는 방법은 다음과 같다.

INSERT … SELECT 문의 기본 형식

```
INSERT 대상 테이블
SELECT 열 FROM 기존 테이블
```

다음은 stock 테이블에서 symbol이 'MSFT'이면서 2021년 1월 1일부터 2021년 1월 31일까지의 데이터를 doit_stock 테이블에 저장하는 쿼리이다. 이렇게 하면 많은 양의 데이터를 쉽게 옮길 수 있을 것이다.

Do it! SQL 🗄 다른 테이블에 검색 결과를 입력   🗕 🗖 ✕

```
-- 데이터를 저장할 테이블 생성
CREATE TABLE doit_stock (
date DATETIME,
symbol NVARCHAR(255),
[open] FLOAT,
[high] FLOAT,
[low] FLOAT,
[close] FLOAT,
adj_close FLOAT,
volume bigint
```

```
);

-- 검색된 데이터 입력
INSERT doit_stock
SELECT * FROM stock
WHERE symbol = 'MSFT'
    and date >='2021-01-01' and date < '2021-02-01';

-- 데이터 확인
SELECT * FROM doit_stock;

-- 테이블 삭제
DROP TABLE doit_stock;
```

실행 결과

▦ 결과 ▦ 메시지

	date	symbol	open	high	low	close	adj_close	volume
1	2021-01-29 00:00:00.000	MSFT	235.990005493164	238.020004272461	231.350006103516	231.960006713867	231.426986694336	42468900
2	2021-01-28 00:00:00.000	MSFT	235.610000610352	242.639999389648	235.089996337891	238.929992675781	238.380966186523	49111200
3	2021-01-27 00:00:00.000	MSFT	238	240.440002441406	230.139999389648	232.899993896484	232.364822387695	69870600
4	2021-01-26 00:00:00.000	MSFT	231.860000610352	234.179992675781	230.080001831055	232.330001831055	231.796142578125	49169600
5	2021-01-25 00:00:00.000	MSFT	229.119995117188	229.779998779297	224.220001220703	229.529998779297	229.0025634765563	33152100
6	2021-01-22 00:00:00.000	MSFT	227.080001831055	230.070007324219	225.800003051758	225.949996948242	225.430786132813	30172700
7	2021-01-21 00:00:00.000	MSFT	224.699996948242	226.300003051758	222.419998168945	224.970001220703	224.453048706055	30749600
8	2021-01-20 00:00:00.000	MSFT	217.699996948242	225.789993286133	217.289993286133	224.339996337891	223.824493408203	37777300
9	2021-01-19 00:00:00.000	MSFT	213.75	216.979995727539	212.630004882813	216.440002441406	215.942642211914	30480900
10	2021-01-15 00:00:00.000	MSFT	213.520004272461	214.509994506836	212.029998779297	212.649993896484	212.161346435547	31746500
11	2021-01-14 00:00:00.000	MSFT	215.910003662109	217.460006713867	212.740005493164	213.020004272461	212.530517578125	29480800
12	2021-01-13 00:00:00.000	MSFT	214.020004272461	216.759994506836	213.929992675781	216.339996337891	215.842880249023	20087100
13	2021-01-12 00:00:00.000	MSFT	216.5	217.100006103516	213.320007324219	214.929992675781	214.436111450195	23249300
14	2021-01-11 00:00:00.000	MSFT	218.470001220703	218.910003662109	216.729995727539	217.490005493164	216.990234375	23047000
15	2021-01-08 00:00:00.000	MSFT	218.679992675781	220.580001831055	217.029998779297	219.619995117188	219.115341186523	22956200
16	2021-01-07 00:00:00.000	MSFT	214.039993286133	219.339996337891	213.710006713867	218.289993286133	217.788391113281	27694500
17	2021-01-06 00:00:00.000	MSFT	212.169998168945	216.490005493164	211.940002441406	212.25	211.762268066406	35930700
18	2021-01-05 00:00:00.000	MSFT	217.259994506836	218.520004272461	215.699996948242	217.899993896484	217.399291992188	23823000

INSERT … SELECT 문으로 데이터를 입력할 때는 앞에서 배운 INSERT 문과 마찬가지로 열 개수와 자료형이 일치해야 한다. 데이터를 입력할 때 특정 열 데이터만 입력하려면 INSERT 문에도 열 이름을 명시하고, SELECT 문에도 INSERT 문에 나열한 열 이름과 같은 순서로 열을 사용해야 한다.

새 테이블을 생성하며 검색 결과 입력하기

앞에서는 검색 결과를 다른 테이블로 입력했다. 즉, 저장하려는 대상 테이블이 이미 생성된 경우를 가정한 실습이었다. 하지만 검색 결과가 여러 테이블에서 조인한 것이고 열의 개수가 많으면, 매번 자료형을 확인하고 테이블을 생성한 다음 검색 결과를 입력하기란 쉽지 않다. 여기서는 테이블의 데이터를 복사할 때 자주 사용하는 방법을 알아본다. SELECT 문으로 검색한 데이터를 입력할 때 사용자가 정의한 테이블 이름으로 테이블을 자동으로 생성하고 데이터를 입력한다. 기본 형식을 확인하고 넘어가자.

SELECT … INTO 기본 형식

```
SELECT 열 INTO 새로운 테이블 FROM 기존 테이블
```

다음은 stock 테이블에서 symbol이 'MSFT'이면서 2021년 1월 1일부터 2021년 1월 31일까지의 데이터를, doit_stock2 테이블을 자동으로 생성한 뒤 저장한다. 이후 doit_stock2 테이블을 사용하지는 않을 것이므로 테이블 삭제 쿼리도 입력한다. 쿼리를 실행할 때 참고하자.

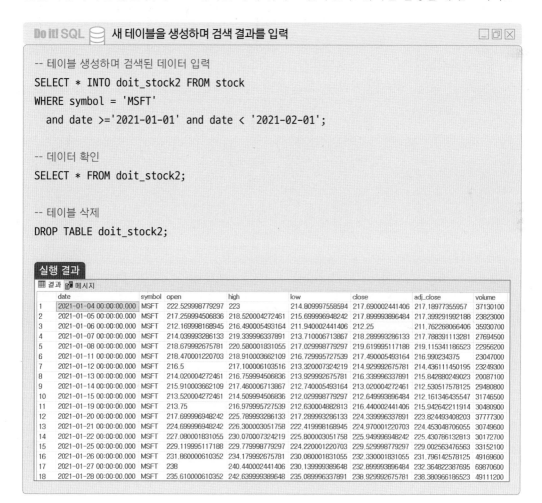

Do it! SQL 새 테이블을 생성하며 검색 결과를 입력

```
-- 테이블 생성하며 검색된 데이터 입력
SELECT * INTO doit_stock2 FROM stock
WHERE symbol = 'MSFT'
   and date >='2021-01-01' and date < '2021-02-01';

-- 데이터 확인
SELECT * FROM doit_stock2;

-- 테이블 삭제
DROP TABLE doit_stock2;
```

실행 결과

결과 | 메시지

	date	symbol	open	high	low	close	adj_close	volume
1	2021-01-04 00:00:00.000	MSFT	222.529998779297	223	214.809997558594	217.690002441406	217.18977355957	37130100
2	2021-01-05 00:00:00.000	MSFT	217.259994506836	218.520004272461	215.699996948242	217.899993896484	217.399291992188	23823000
3	2021-01-06 00:00:00.000	MSFT	212.169998168945	216.490005493164	211.940002441406	212.25	211.762268066406	35930700
4	2021-01-07 00:00:00.000	MSFT	214.039993286133	219.339996337891	213.710006713867	218.289993286133	217.788391113281	27694500
5	2021-01-08 00:00:00.000	MSFT	218.679992675781	220.580001831055	217.029998779297	219.619995117188	219.115341186523	22956200
6	2021-01-11 00:00:00.000	MSFT	218.470001220703	218.910003662109	216.729995727539	217.490005493164	216.990234375	23047000
7	2021-01-12 00:00:00.000	MSFT	216.5	217.100006103516	213.320007324219	214.929992675781	214.436111450195	23249300
8	2021-01-13 00:00:00.000	MSFT	214.020004272461	216.759994506836	213.929992675781	216.339996337891	215.842880249023	20087100
9	2021-01-14 00:00:00.000	MSFT	215.910003662109	217.460006713867	212.740005493164	213.020004272461	212.530517578125	29480800
10	2021-01-15 00:00:00.000	MSFT	213.520004272461	214.509994506836	212.029998779297	212.649993896484	212.161346435547	31746500
11	2021-01-19 00:00:00.000	MSFT	213.75	216.979995727539	212.630004882813	216.440002441406	215.942642211914	30480900
12	2021-01-20 00:00:00.000	MSFT	217.699996948242	225.789993286133	217.289993286133	224.339996337891	223.824493408203	37777300
13	2021-01-21 00:00:00.000	MSFT	224.699996948242	226.300003051758	222.419998168945	224.970001220703	224.453048706055	30749600
14	2021-01-22 00:00:00.000	MSFT	227.080001831055	230.070007324219	225.800003051758	225.949996948242	225.430786132813	30172700
15	2021-01-25 00:00:00.000	MSFT	229.119995117188	229.779998779297	224.220001220703	229.529998779297	229.002563476563	33152100
16	2021-01-26 00:00:00.000	MSFT	231.860000610352	234.179992675781	230.080001831055	232.330001831055	231.796142578125	49169600
17	2021-01-27 00:00:00.000	MSFT	238	240.440002441406	230.139999389648	232.899993896484	232.364822387695	69870600
18	2021-01-28 00:00:00.000	MSFT	235.610000610352	242.639999389648	235.089996337891	238.929992675781	238.380966186523	49111200

퀴즈 10. 숫자 형식의 열 3개(col_1, col_2, col_3)를 가진 doit_quiz 테이블을 생성하세요.

퀴즈 11. doit_quiz 테이블에 col_1, col_2, col_3 열 순서대로 (5, 3, 7) 데이터와 (1, 4, 9) 데이터를 삽입하세요.

퀴즈 12. doit_quiz 테이블에서 col_2의 값이 3인 데이터를 5로 수정하세요.

퀴즈 13. doit_quiz 테이블에서 col_1의 값이 5인 데이터를 삭제하세요.

퀴즈 14. doit_quiz 테이블을 삭제하세요.

03-7 SQL Server에서 다루는 자료형 정리하기

앞에서 데이터 삽입을 공부하며 삽입하려는 데이터의 자료형이 열에 지정한 자료형과 맞지 않으면 오류가 발생한다고 했다. SQL Server는 숫자형, 문자형, 날짜형, 지리형, 공간형 등 다양한 자료형을 제공한다. 이 책은 자주 사용하는 자료형인 숫자형, 문자형, 날짜형만 다루 겠다. 참고로 자료형은 데이터를 효율적으로 다루는 정도로 공부하면 되며, 모든 자료형을 다 외울 필요는 없다. 만약 자료형 관련 지식이 필요하다면 검색해 참고하자.

숫자형 알아보기

숫자형은 정수, 실수 등의 숫자를 말한다. 다음 표는 숫자형의 정보를 간단히 정리한 것이다. 잠시 확인하고 넘어가자. SQL Server는 숫자형에 더 많은 기능을 제공하므로 추가 정보는 공식 문서를 읽어 공부하자.

표 3-4 SQL Server가 제공하는 숫자형 정보

자료형	데이터 크기 (byte)	숫자 범위	설명
bit	1	0, 1, NULL	불리언(Boolean) 형식으로 참(True, 1) 또는 거짓(False, 0)으로 사용
tinyint	1	0 ~ 255	정수 데이터를 사용하는 정확한 숫자 자료형으로 숫자를 저장할 때 가장 많이 사용
smallint	2	-32,768 ~ 32,767	
int	4	-2^31(약 -21억) ~ 2^31-1(약 21억)	
bigint	8	-2^63 ~ 2^63-1	
decimal(p,s)	5 ~ 17	-10^38+1 ~ 10^38-1	전체 자릿수와 소수 자릿수가 고정된 숫자로, 최대 38자리 사용
numeric(p,s)	5 ~ 17	-10^38+1 ~ 10^38-1	
float(n)	4 ~ 8	-1.79E+308 ~ 1.79E+308	
real	4	-3.40E+38 ~ 3.40E+38	부동 소수점 숫자 데이터에 사용하는 근사 숫자 자료형
smallmoney	4	약 -21억 ~ 21억	통화 단위에 주로 사용하며 1/10000까지 정확하게 표현 가능
money	8	-2^63 ~ 2^63-1	

숫자형 데이터를 사용할 때는 형 변환type casting에 주의해야 한다. 형 변환이란 암시적, 명시적으로 자료형을 변경하는 것이다. **암시적 형 변환**이란 직접 자료형을 변경하지 않아도 실행 환경에서 자동으로 자료형을 변경하는 것을 말하고, **명시적 형 변환**이란 사용자가 직접 자료형을 변경하는 것을 말한다. 예를 들어 10/3을 계산하면 10은 정수, 3은 정수이므로 결괏값은 정수인 3이 반환되지만, 10/3.0을 계산하면 3.0은 실수이므로 정수가 아닌 실수 3.33333이 반환된다. 이 경우는 10이라는 정수가 3.33333인 실수로, 즉 암시적 형 변환이 발생한 것이다.

▶ 명시적 형 변환은 CATST, CONVERT 등의 함수를 사용해 자료형을 변환하는 것을 말한다.

▶ 암시적 형 변환은 연산 대상의 자료형이 다를 경우 데이터 우선순위에 따라 시스템이 상위 자료형으로 변경하므로 오류나 성능에 문제가 발생하기 쉬운 만큼 주의해야 한다.

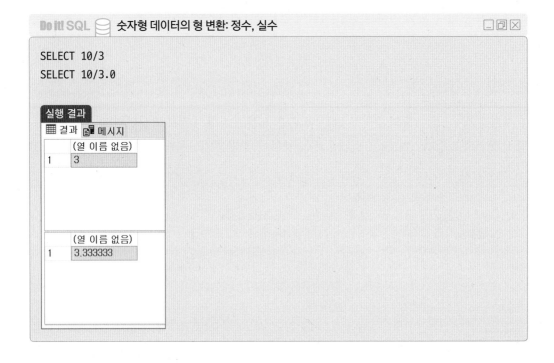

일치하지 않는 자료형은 SQL Server에서 호환할 수 있는 형식으로 암시적으로 변환되는데, 우선순위가 정의된 프로세스에 따라 수행된다. 우선순위가 낮은 자료형은 우선순위가 높은 자료형으로 변환된다. 다음 표는 실무에서 많이 사용한 데이터의 우선순위를 정리했다.

▶ 만약 자료형의 우선순위를 더 자세히 알고 싶다면 https://docs.microsoft.com/ko-kr/sql/t-sql/data-types/data-type-precedence-transact-sql?view=sql-server-ver15에 접속해 공식 문서를 읽어 보자. '자료형 우선순위'로 검색하면 문서를 조금 더 쉽게 찾을 수 있다.

표 3-5 자료형 우선순위

순위	자료형
(...생략...)	
6	datetime
(...생략...)	
10	float
11	real
12	decimal
13	money
14	smallmoney
15	bigint
16	int
17	smallint
18	tinyint
(...생략...)	
25	nvarchar (including nvarchar(max))
26	nchar
27	varchar (including varchar(max))
28	char
(...생략...)	

숫자형 데이터는 합, 평균, 나누기 등 다양한 집계 함수에서 자주 사용한다. 실무에서는 여러 지표 보고서에 숫자형 데이터를 많이 사용하므로, 데이터를 처리할 때 발생할 수 있는 오류를 예방하려면 자료형과 형 변환을 반드시 이해해야 한다.

문자형 알아보기

문자형은 다양한 문자를 저장할 수 있는 자료형이다. 문자형은 크게 고정 길이와 가변 길이로 구분할 수 있다. **고정 길이**는 실젯값을 입력하지 않아도 지정한 만큼의 저장 공간을 사용하며, **가변 길이**는 실제 입력한 값의 크기만큼만 저장 공간을 사용한다. 유니코드는 한글이나 특수 문자 등을 저장할 때 사용하며 한 글자에 2바이트이다. 그래서 유니코드의 경우 자료형에서 지정한 데이터 크기의 50% 정도만 저장할 수 있다.

표 3-6 SQL Server가 제공하는 문자형 정보

자료형	데이터 크기 (byte)	설명
char(n)	0 ~ 8000	· 고정 길이 문자열
nchar(n)	0 ~ 8000	· 유니코드 고정 길이 문자열로 4000자 입력 가능
varchar(n¦max)	0 ~ 2^31-1 (2GB)	· 가변 길이 문자열로 n만큼의 크기 지정 가능 · max를 지정하면 2GB까지 가능
nvarchar(n¦max)	0 ~ 2^31-1	· 유니코드 가변 길이 문자열
binary(n)	0 ~ 8000	· 고정 길이의 이진 데이터값
varbinary(n¦max)	0 ~ 2^31-1	· 가변 길이 이진 데이터값 · N을 사용하면 1 ~ 8000까지 크기를 지정할 수 있고, max를 지정하면 2GB까지 크기 지정 가능 · 동영상 이미지 등 저장에 사용

다음은 고정 길이 문자열과 가변 길이 문자열, 그리고 유니코드 고정 길이 문자열과 유니코드 가변 길이 문자열 속성을 가진 테이블에 A라는 문자를 삽입한 뒤 실제로 사용하는 저장 공간의 크기를 확인하는 쿼리이다. 문자열 길이를 확인하는 함수는 LEN이며, 문자열 크기를 확인하는 함수는 DATALENGTH를 사용한다. 결과를 보면 삽입된 글자의 길이는 모두 1이지만 실제 저장 공간에 사용한 데이터의 길이는 다르다.

Do it! SQL 데이터의 실제 저장 공간 크기를 확인: 문자열 길이, 문자열 크기

```
CREATE TABLE char_table (
col_1 char(50),
col_2 varchar(50),
col_3 nchar(50),
col_4 nvarchar(50)
)
GO

INSERT INTO char_table VALUES ('A', 'A', N'A', N'A')
GO

SELECT
  col_1,LEN(col_1) AS char_length, DATALENGTH(col_1) AS data_length,
  col_2,LEN(col_2) AS char_length, DATALENGTH(col_2) AS data_length,
```

```
    col_3,LEN(col_3) AS char_length, DATALENGTH(col_3) AS data_length,
    col_4,LEN(col_4) AS char_length, DATALENGTH(col_4) AS data_length
FROM char_table
```

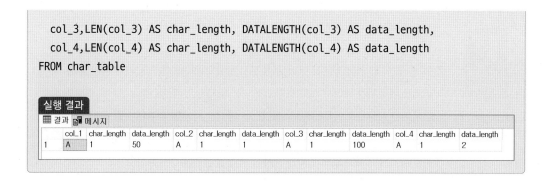

다음은 유니코드를 사용하지 않았을 때 글자가 깨지는 것을 확인하는 쿼리이다. 우리가 현재
사용하는 DoItSQL 데이터베이스의 기본 데이터 정렬 속성은 영어이므로, 유니코드를 사용
하지 않을 경우 결과 화면의 글자가 ?로 깨져 보이는 것을 확인할 수 있다.

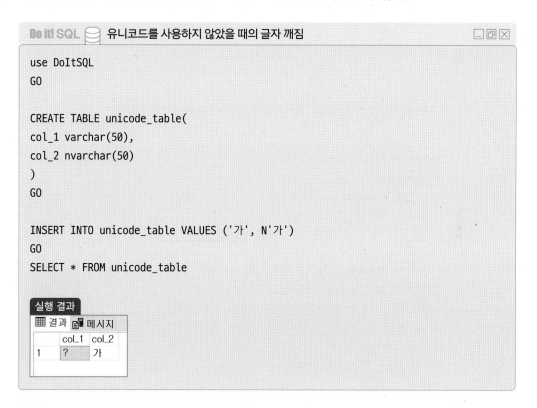

유니코드란?

국가마다 고유의 언어와 문자가 있듯이, 문자 형식의 데이터를 저장하고 관리할 때 국가별 코드 페이지가 달라서 서로 호환되지 않는 문제가 있다. 즉, 한국어 데이터베이스에 한국어만 사용하고, 영어 데이터베이스에 영어만 사용할 경우에는 큰 문제가 발생하지 않지만, 하나의 데이터베이스에 영어, 한국어, 중국어 등 여러 나라의 언어를 함께 저장해 사용할 때는 코드에 따른 문자가 서로 달라 문제가 발생한다.

이러한 문제점을 해결하고자 유니코드 형식을 사용하는데 전 세계에서 사용되는 대부분의 문자에서 단일 인코딩하는 방법을 정의한다. 유니코드는 다음과 같은 특징이 있다.

유니코드 문자열을 저장하려면 한 글자당 2바이트의 공간이 필요하다. 그래서 CHAR(4)는 4바이트이지만 NCHAR(4)는 8바이트의 공간이 필요하다. 유니코드로 저장하려면 자료형도 유니코드 형태여야 하지만, 데이터를 입력할 때 유니코드라는 것을 알려 주고자 문자열 앞에 반드시 대문자 N을 사용한다. 유니코드는 문자에만 해당되므로 숫자나 날짜 등에는 해당되지 않는다.

다음은 유니코드 형식의 열과 그렇지 않은 열에 데이터를 삽입한 뒤의 결과이다.

Do it! SQL 유니코드 형식의 열과 그렇지 않은 열에 데이터 삽입

```
-- 테이블 생성
CREATE TABLE doit_unicode (
col_1 varchar(50),
col_2 nvarchar(50)
)

-- 데이터 입력
INSERT doit_unicode VALUES ('ABC', 'ABC')
INSERT doit_unicode VALUES ('가나다', '가나다')
INSERT doit_unicode VALUES ('가나다', N'가나다')

-- 데이터 검색
SELECT * FROM doit_unicode

-- 테이블 삭제
DROP TABLE doit_unicode
```

결과를 살펴보면 유니코드 형식이 아닌 열에 한글을 입력했을 경우 글자가 깨진 것을 확인했으며, 유니코드 형식의 열인데도 유니코드라는 것을 가리키는 대문자 N을 생략하면 한글이 깨지는 것을 알 수 있다. 유니코드 자료형의 경우에도 N을 지칭하지 않으면 일반 코드로 입력되는 것을 알 수 있다.

날짜형과 시간형 알아보기

날짜와 시간 자료형에는 날짜 또는 시간만 저장하는 타입도 있고, 날짜와 시간을 함께 저장하는 타입도 있다. 정확도에 따라 데이터 크기와 형식이 조금씩 다르다.

표 3-7 SQL Server가 제공하는 날짜형/시간형 정보

자료형	데이터 크기 (byte)	정확도	설명
time	3 ~ 5	100나노초	00:00:00.0000000 ~ 23:59:59.9999999까지 저장
date	3	1일	0001-01-01 ~ 9999-12-31까지 저장되며 날짜만 저장
smalldatetime	4	1분	1900-01-01 00:00:00 ~ 2079-06-06 23:59:59까지 저장
datetime	8	0.00333초	1753-01-01 00:00:00.000 ~ 9999-12-31 23:59:59.997 까지 저장
datetime2	6 ~ 8	100나노초	DATETIME 형식에서 확장된 형식 0001-01-01 00:00:00.0000000 ~ 9999-12-31 23:59:59.9999999까지 저장
datetimeoffset	8 ~ 10	100나노초	0001-01-01 00:00:00.0000000 ~ 9999-12-31 23:59:59.9999999까지 저장 타임존 시간을 함께 저장

다음 쿼리는 날짜 형식의 테이블을 생성한 다음 현재 시간을 각 열에 같게 입력해 데이터가 어떻게 저장되는지 확인한다. 정확도에 따라 초 단위에서 소수점 자릿수가 다른 것을 알 수 있다.

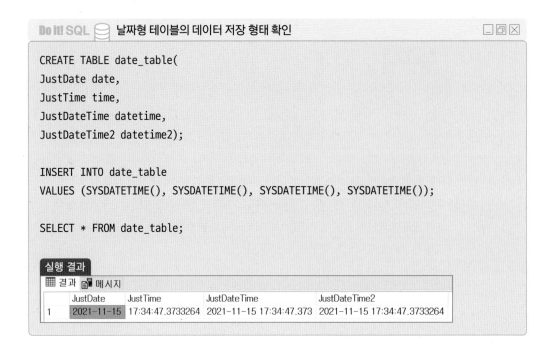

```
CREATE TABLE date_table(
JustDate date,
JustTime time,
JustDateTime datetime,
JustDateTime2 datetime2);

INSERT INTO date_table
VALUES (SYSDATETIME(), SYSDATETIME(), SYSDATETIME(), SYSDATETIME());

SELECT * FROM date_table;
```

실행 결과

	JustDate	JustTime	JustDateTime	JustDateTime2
1	2021-11-15	17:34:47.3733264	2021-11-15 17:34:47.373	2021-11-15 17:34:47.3733264

문자와 날짜 형식도 형 변환을 할 수 있다. 다음 표는 문자 형 변환을 할 수 있는 데이터 유형을 나타낸 것으로, 행의 각 자료형이 열의 각 자료형으로 변환할 수 있는지를 나타낸다.

from \ to	DATATIME	FLOAT	DECIMAL	INT	BIT	NVARVCHAR	VARCHAR
DATATIME		×	×	×	×	O	O
FLOAT	O		O	O	O	O	O
DECIMAL	O	O		O	O	O	O
INT	O	O	O		O	O	O
BIT	O	O	O	O		O	O
NVARVCHAR	O	O	O	O	O		O
VARCHAR	O	O	O	O	O	O	

문자 형 변환을 할 수 있는 데이터 유형

04

테이블을 서로 통합하는 조인 알아보기

조인은 2개 이상의 테이블을 통합해 검색한다. 예를 들어 stock 테이블과 nasdaq_company 테이블에서 A사의 주식을 검색할 때 조인을 하면 2개 테이블에 존재하는 열 데이터를 한 번에 확인할 수 있다. 지금까지는 하나의 테이블에서 데이터를 검색했지만, 조인을 알고 잘 활용하면 여러 테이블에 흩어진 데이터를 손쉽게 통합해 분석할 수 있다.

04-1 조인

지금까지 1개의 테이블에서 쿼리를 작성하는 방법을 알아보았다. 이제는 2개 이상의 테이블에서 쿼리를 작성하는 방법인 조인^{join}을 알아볼 것이다. 그런데 2개 이상의 테이블에서 조인한다는 것은 구체적으로 어떤 의미일까?

테이블을 2개 이상 조인한다는 의미

보통 잘 설계한 관계형 데이터베이스의 테이블은 1가지 이상의 엔티티^{entity}를 포함한다. 예를 들어 DoItSQL 데이터베이스의 **nasdaq_company** 테이블에는 기업의 종목 코드(**symbol**)나 기업 이름(**company_name**) 등의 정보가 저장되어 있고, **stock** 테이블에는 **symbol**에 따른 일별 가격 정보가 저장되어 있다.

▶ 엔티티(entity)는 저장되고 관리되어야 할 데이터로, 현재 실습에서 엔티티는 날짜나 종목 코드 등과 같은 식별자 정보를 의미한다.

stock	
date	날짜
symbol	종목 코드
open	시작가
high	최고가
low	최저가
close	종가
adj_close	시간 외 종가
volume	거래량

symbol ←

nasdaq_company	
symbol	종목 코드
company_name	기업 이름
ipo_year	ipo 연도
sector	산업군
industry	산업 종류
is_deleted	삭제 데이터 유무
last_crawel_date	데이터 수집 날짜
open_price	일 시작가
high_price	일 최고가
low_price	일 최저가
close_price	일 종가
adj_close_price	일 종료 후 조정가

이 책의 실습 데이터 ERD 구성

그러면 다음과 같이 일별 거래가를 검색할 때 기업 이름을 함께 표시하려면 어떻게 해야 할까? 현재는 테이블이 분리된 상황이므로 테이블의 데이터를 조합해야 할 것이다.

표 4-1 분리된 테이블에서 원하는 테이블의 데이터 조합

date	symbol	(...생략...)	volume	company_name
2021-12-22	FB	…	1200	facebook
2021-12-21	FB	…	1000	facebook
2021-12-20	FB	…	1400	facebook

이럴 때 사용하는 것이 조인이다. 조인은 테이블 A의 열과 테이블 B의 정보를 포함해 검색할 수 있게 만들어 준다. 이쯤 되면 '테이블을 만들 때 처음부터 stock 테이블에 company_name 열을 만들면 조인할 필요가 없는 것 아닌가요?'라고 생각할 수도 있다. 맞는 말이다. 하지만 그렇게 테이블을 만들면 stock 테이블에도 nasdaq_company 테이블에도 company_name이 있는 셈이니 데이터가 중복 저장되는 문제가 생긴다.

데이터를 중복 저장하면 저장할 공간이 더 필요한 문제와, 중복·저장한 열 데이터를 수정할 경우 해당 열을 가진 테이블의 데이터를 모두 찾아 수정해야 하는 문제가 발생한다. 결국 데이터 중복을 최소화하는 설계는 피할 수 없으므로, 조인을 사용해 2개 이상의 테이블을 조합한 결과를 검색하는 방식이 효율적일 것이다.

▶ 데이터 중복 없이 구성한 데이터 구조를 데이터 모델링에서는 '정규화 2단계'라고 한다. 반면 데이터를 중복해 저장하는 데이터 구조를 '반정규화' 또는 '역정규화 테이블'이라고 한다.

데이터 모델링과 정규화

데이터 모델링^{data modeling}이란 주어진 상황에서 논리 데이터 모델을 구성하는 작업을 말한다. 데이터 모델링이 끝나면 논리 데이터 모델을 물리 데이터 모델로 바꾼 다음 실제 데이터베이스에 반영하는 작업을 진행한다. 정규화는 논리 데이터 모델의 중복을 제거해 일관성 있고 안정적인 자료구조를 만드는 단계이다.

정규화는 세부적으로 1차 정규형부터 5차 정규형, BCNF 정규형을 포함하는데 일반적으로는 3차 정규형을 사용한다. 3차 정규형은 데이터 모델이 적절한 일관성을 유지하면서도 중복이 없는 논리 데이터 모델을 구성하는 것을 말한다. 정규화의 세부 형태가 궁금하다면 '데이터 모델링' 또는 '데이터베이스 모델링' 키워드로 검색을 하면 다양한 자료를 확인할 수 있다.

내부 조인

조인은 상황에 따라 여러 종류로 구분해 사용한다. 먼저 알아볼 조인은 가장 많이 사용하는 조인인 내부 조인INNER JOIN으로, 보통 조인이라고 하면 내부 조인을 가리킬 만큼 널리 쓰이는 형태이다.

내부 조인은 조인키에 해당하는 각 테이블의 열값을 비교해 조건에 맞는 값을 검색한다. 다음은 이러한 내부 조인의 기본 형식이다.

내부 조인의 기본 형식

```
SELECT [열 이름]
FROM [테이블 1]
INNER JOIN [테이블 2] ON [테이블 1.열] = [테이블 2.열]
WHERE [검색 조건]
```

그러면 실습과 함께 내부 조인을 알아보자. 이후로는 내부 조인이라는 용어와 실제 쿼리에서 사용할 INNER JOIN을 혼용할 것이므로 참고하기 바란다.

INNER JOIN 문의 기본 개념 알아보기

다음 그림은 INNER JOIN을 벤 다이어그램으로 표현한 것이다.

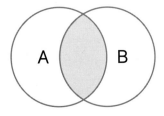

INNER JOIN 벤 다이어그램

아직은 INNER JOIN의 개념이 추상적으로 느껴질 것이다. 간단한 데이터를 이용해 INNER JOIN을 설명해 보겠다. 다음과 같은 테이블을 생각해 보자.

표 4-2 고객 테이블과 주문 테이블

고객 번호	고객 이름
0001	박현규
0002	김은숙
0003	한승우

주문 번호	고객 번호	주문 날짜
100	0001	2021-11-16
101	0002	2021-11-17
102	0004	2021-11-18

왼쪽은 고객 테이블, 오른쪽은 주문 테이블이다. 고객 테이블에는 고객 번호와 고객 이름이 저장되어 있고, 주문 테이블에는 주문 번호, 고객 번호, 주문 날짜가 저장되어 있다. 만약 고객의 주문 내역을 모두 확인하려면 어떻게 해야 할까? 고객 테이블과 주문 테이블을 조인하되 고객 번호를 조인 조건으로 삼아야 할 것이다. 다음은 INNER JOIN 과정을 보여 준다.

표 4-3 고객 테이블과 주문 테이블의 INNER JOIN

고객 번호	고객 이름
0001	박현규
0002	김은숙
0003	한승우

주문 번호	고객 번호	주문 날짜
100	0001	2021-11-16
101	0002	2021-11-17
102	0004	2021-11-18

내부 조인(INNER JOIN)

고객 번호	고객 이름	주문 번호	고객 번호	주문 날짜
0001	박현규	100	0001	2021-11-16
0002	김은숙	101	0002	2021-11-17

결과를 보면 INNER JOIN으로 두 테이블을 조합해 총 2건의 데이터를 검색했다. 즉, 두 테이블의 고객 번호가 서로 같은 0001과 0002에 해당하는 데이터만 조합해 검색했다. 그 결과 조인 조건이 고객 번호인 것도 알 수 있다. 앞서 살펴본 예에 INNER JOIN 문을 적용하면 다음과 같다.

Do it! SQL 🖘 INNER JOIN 문을 적용한 쿼리 　　　　　　　　　　　　　　　□◻☒

```
SELECT
    [고객.고객 번호], [고객], [고객 이름], [주문.주문 번호], [주문.고객 번호], [주문.주문 날짜]
FROM [고객]
    INNER JOIN [주문] ON [고객.고객 번호] = [주문.고객 번호]
```

INNER JOIN 문 사용하기(2개 테이블 조인)

조인은 2개 이상의 테이블을 전제로 하며, 실제 쿼리를 작성할 때는 SELECT 문에 다른 문을 추가하는 것이 아니라 FROM 문에 조인할 테이블을 나열한다. 다음은 nasdaq_company 테이블과 stock 테이블을 INNER JOIN 문으로 조인해 symbol이 'MSFT'인 기업 정보와 해당 기업의 2021년 10월 일별 주가 데이터를 검색한 쿼리다.

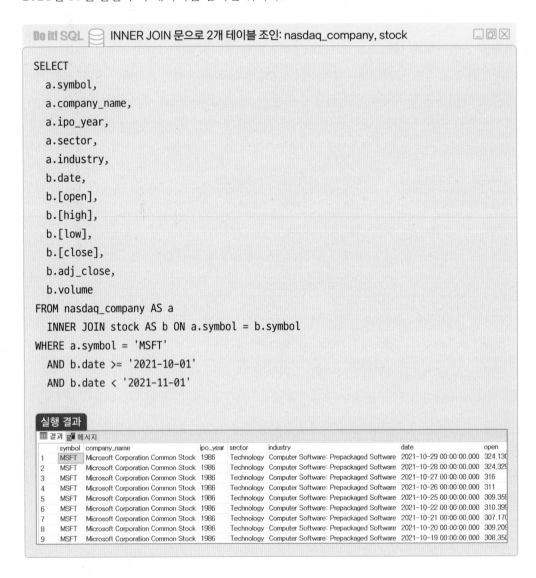

쿼리를 보면 SELECT 문에는 각 테이블에 검색할 열을 나열했다. 이때 테이블의 열 이름이 유일하다면 별칭을 사용하지 않아도 되지만 현재는 두 테이블에 같은 이름의 열이 있으므로 별칭을 사용했다. 만약 별칭을 사용하지 않으면 데이터베이스 엔진은 어떤 테이블의 열을 검색

할지 판단할 수 없어 오류가 발생한다. FROM 문에는 조인할 테이블 이름을 입력한다. 쿼리를 보면 테이블 이름 뒤에 AS a라고 별칭을 붙였다. 이는 'nasdaq_company 테이블을 a라고 부른다'라는 뜻이다. 이처럼 테이블에 별칭을 부여하면 쿼리에 테이블 이름 대신 별칭을 사용할 수 있다. 특히 별칭은 테이블 이름이 길거나 중복될 경우 대체해 사용하기 좋다. ON 문은 테이블을 조인할 때 조인 조건으로 사용할 열을 지정한다. 이 예에서는 symbol 열을 조인 조건으로 사용했다. 더 자세히 말하자면 symbol 열이 'MSFT'인 값만 검색하도록 조건을 추가했으며, 10월 데이터만 검색하고자 date 조건에 날짜 연산도 추가했다.

▶ 조인 조건을 조인키라고 부르기도 한다.

ON 문과 WHERE 문의 차이

많은 사람이 조인을 학습할 때 ON 문과 WHERE 문의 역할을 혼동한다. 두 구문은 데이터를 필터링한다는 점에서는 역할이 비슷해 보이지만 실제는 완전히 다르다. ON 문은 조인할 때 조인 조건을 위해 사용하며, WHERE 문은 조인을 완료한 상태에서 조건에 맞는 값을 가져오고자 사용한다. 물론 ON 문에 조건을 다양하게 부여해 WHERE 문과 같은 효과를 내게 할 수도 있지만 조인 조건을 만족하는 데이터 매칭 과정에서 오차가 발생하므로 그렇게 해서는 안 된다. 반드시 ON 문과 WHERE 문의 성격을 분리해 사용하자.

별칭을 사용하지 않으면?

조인을 할 때 열 이름이 유일하지 않으면 데이터베이스 엔진은 '무슨 테이블의 열을 검색해야 하는지 판단할 수 없으므로 오류가 발생한다. 앞서 살펴본 예는 nasdaq_company 테이블과 stock 테이블 모두 symbol이라는 열을 갖고 있으므로 오류가 발생한다.

Do it! SQL 🗄 조인할 때 열 이름이 같으면 오류 발생

```
SELECT
  symbol
FROM nasdaq_company AS a
  INNER JOIN stock AS b ON a.symbol = b.symbol
WHERE a.symbol = 'MSFT'
  AND b.date >= '2021-10-01'
```

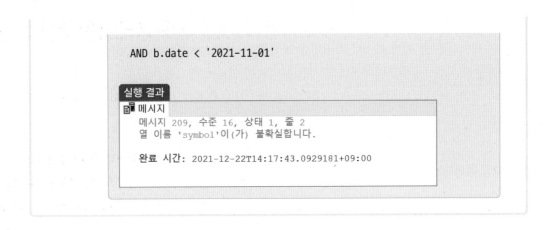

INNER JOIN 문 사용하기(2개 이상의 조건 적용)

조인 조건으로 2개 이상의 열을 사용할 수도 있다. 이때 조건은 AND, OR 등을 사용해 여러 조건을 조합할 수도 있다. 다음은 각 테이블의 symbol 열과 date, last_crawel_date 열이라는 두 쌍의 열을 조건으로 사용한 쿼리이다. 이때 조건으로 사용한 열값이 같은 데이터를 INNER JOIN해서 검색한다.

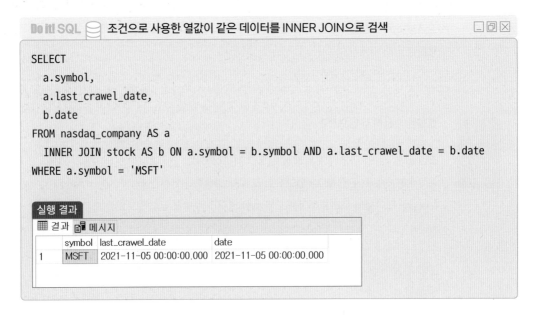

두 조인 조건을 만족하는 데이터가 검색되었다. 눈치가 빠르다면 조인 조건의 열이 달라도 상관없음을 알았을 것이다. 조인 조건의 열 이름이 같을 필요는 없다. 다만 비교를 위해 데이터 형이 같아야 할 뿐이다. 하지만 조인 조건은 비교할 열을 지정하는 것이므로, 다른 열을 사용

한다면 전혀 다른 데이터가 검색될 수 있는 만큼 비교 열을 정확히 구분할 수 있도록 한다.

▶ 조인 조건에 사용한 열의 데이터형이 서로 다르면 어떻게 될까? 암시적 형 변환을 할 수 있는 경우라면 형 변환과 조인이 무사히 진행된다. 하지만 이는 데이터베이스 시스템 성능 저하의 요인이므로 주의해야 한다.

INNER JOIN 문 사용하기(3개 이상의 테이블 조인)

이제 3개 이상의 테이블을 조인해 보자. 3개 이상의 테이블을 조인할 때는 두 테이블의 관계가 다대다 관계인 경우가 많다. 이런 상황을 생각해 보자.

표 4-4 다대다 관계인 테이블

nasdaq_company	
symbol	종목 코드
company_name	기업 이름
ipo_year	ipo 연도
sector	산업군
industry	산업 종류
is_deleted	삭제 데이터 유무
last_crawel_date	데이터 수집 날짜
open_price	일 시작가
high_price	일 최고가
low_price	일 최저가
close_price	일 종가
adj_close_price	일 종료 후 조정가

industry_group_symbol	
num	구분 코드
symbol	종목 코드

industry_group	
num	구분키
industry	산업 종류
comments	

이 상황은 nasdaq_company 테이블의 다양한 symbol 정보를 본인의 관심 분야에 따라 편리하게 검색하려고 industry_group 테이블과 industry_group_symbol 테이블의 정보를 별도 테이블에 저장하는 것이다. Industry_group 테이블은 관심 분야에 따른 industry 정보를 저장하며, industry_group_symbol 테이블은 관심 종목의 symbol 정보를 저장한다.

3개 이상의 테이블을 조인하는 방법은 앞에서 살펴본 2개 테이블을 조인하는 방법과 같다.

3개 이상 테이블의 INNER JOIN 기본 형식

```
SELECT [열 이름]
FROM [테이블 1]
INNER JOIN [테이블 2] ON [테이블 1.열] = [테이블 2.열]
INNER JOIN [테이블 3] ON [테이블 2.열] = [테이블 3.열]
WHERE [검색 조건]
```

다음은 industry_group 테이블에서 industry가 '자동차'인 그룹에 어떠한 symbol이 포함되며 해당 symbol의 company_name, ipo_year, sector는 무엇인지 검색하는 쿼리이다.

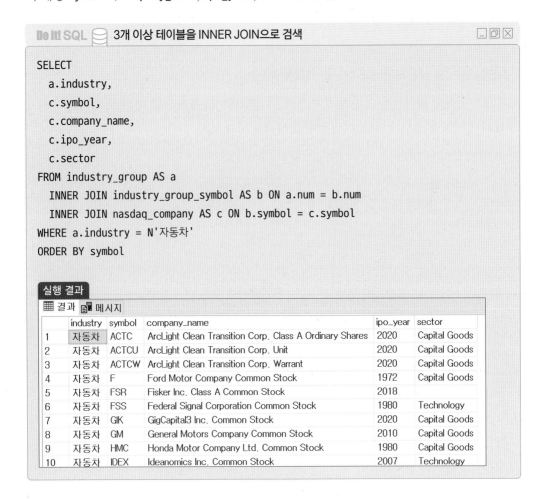

Do it! SQL   3개 이상 테이블을 INNER JOIN으로 검색

```
SELECT
  a.industry,
  c.symbol,
  c.company_name,
  c.ipo_year,
  c.sector
FROM industry_group AS a
  INNER JOIN industry_group_symbol AS b ON a.num = b.num
  INNER JOIN nasdaq_company AS c ON b.symbol = c.symbol
WHERE a.industry = N'자동차'
ORDER BY symbol
```

실행 결과

결과 | 메시지

	industry	symbol	company_name	ipo_year	sector
1	자동차	ACTC	ArcLight Clean Transition Corp. Class A Ordinary Shares	2020	Capital Goods
2	자동차	ACTCU	ArcLight Clean Transition Corp. Unit	2020	Capital Goods
3	자동차	ACTCW	ArcLight Clean Transition Corp. Warrant	2020	Capital Goods
4	자동차	F	Ford Motor Company Common Stock	1972	Capital Goods
5	자동차	FSR	Fisker Inc. Class A Common Stock	2018	
6	자동차	FSS	Federal Signal Corporation Common Stock	1980	Technology
7	자동차	GIK	GigCapital3 Inc. Common Stock	2020	Capital Goods
8	자동차	GM	General Motors Company Common Stock	2010	Capital Goods
9	자동차	HMC	Honda Motor Company Ltd. Common Stock	1980	Capital Goods
10	자동차	IDEX	Ideanomics Inc. Common Stock	2007	Technology

쿼리를 살펴보면 SELECT 문의 industry 열은 industry_group 테이블과 nasdaq_company 테이블이 공통으로 가지며, symbol 열은 industry_group_symbol 테이블과 nasdaq_company 테이블이 공통으로 가진다. 즉, 현재는 3개 이상의 테이블이 짝지어 조인할 때 서로 열이 중복된다.

이런 경우에는 어떻게 조인해야 할까? 우선 INNER JOIN은 조건에 맞는 데이터만 검색하므로 NULL 데이터가 발생하지는 않는다. 따라서 열이 중복된 상태에서 고려할 부분은 '성능'이다. 성능을 높이려면 인덱스가 형성된 열을 우선 사용하는 것이 좋다. 예를 들어 industry 열이 인덱스가 형성되어 있다면 이 열로 우선 INNER JOIN을 하고 이후 symbol 열로 INNER JOIN을 한다. 인덱스란 데이터베이스에서 데이터 검색 성능을 높일 때 사용하는 것으로 책

의 차례와 같다고 보면 된다. 또는 데이터양이 적은 열을 조인 조건으로 우선 사용하는 것이
좋다.

> ▶ 인덱스란 데이터베이스 검색 성능의 속도를 높이고자 사용하는 것으로, 별도 공간에 데이터를 정렬해 저장된다. 인덱스의 예를
> 들자면 책에서 차례를 생각할 수 있다. 차례에는 제목(카테고리 또는 키워드)이 정렬되어 있고, 각 제목에 해당하는 페이지 번호가
> 기록된다. 데이터베이스 인덱스도 이러한 역할을 한다. 이 책 앞부분에서 SELECT 문을 많이 사용하지만 어렵다고 했던 이유는
> 데이터를 검색할 때 다양한 조인과 조건에 따라 검색 속도가 매우 느려지기 때문이다. 따라서 데이터를 검색할 때는 좀 더 유의해서
> 다뤄야 한다는 점을 기억하자.

실제로 쿼리를 실행했을 때 데이터가 처리되는 순서는 쿼리에 작성된 순서가 아닌, 데이터베
이스 엔진에서 판단한 순서다. 앞에서 중복된 열의 사용 우선순위와 인덱스를 단순하게 설명
했지만 사실 모든 경우에 이러한 설명이 들어맞지는 않는다. 해당 내용은 튜닝에 관한 것으로
이 책의 성격과는 맞지 않으므로 여기서는 다루지 않는다.

외부 조인

INNER JOIN은 두 테이블을 조인해 조인 조건으로 사용한 열에 있는 같은 값을 조합해 검색
했다. 하지만 다른 테이블에 있는 행에서 일치 항목이 아닌 행을 조합해 검색해야 할 때도 있
다. 그런 경우에 외부 조인OUTER JOIN을 사용한다. 예를 들어 상품을 주문한 고객과 주문하지
않은 고객을 포함해 주문 내역을 함께 검색하고 싶다면 외부 조인을 사용할 수 있다. 정리하
자면 외부 조인은 열의 일치 항목을 고려하지 않고, 한쪽 테이블을 다른 쪽 테이블에 조합할
때 사용한다.
다음은 외부 조인의 기본 형식이다. < >로 감싼 항목은 1개만 선택해야 한다는 뜻이다.

외부 조인의 기본 형식

```
SELECT [열 이름]
FROM [테이블 1]
<LEFT, RIGHT, FULL> OUTER JOIN [테이블 2] ON [테이블 1.열] = [테이블 2.열]
WHERE [검색 조건]
```

그러면 실습하면서 외부 조인을 알아보자. 이후로는 외부 조인이라는 용어와 실제 쿼리에서
사용할 OUTER JOIN을 혼용할 것이므로 참고하기 바란다.

LEFT OUTER JOIN 문의 기본 개념 알아보기

기본 형식에서 봤듯이 OUTER JOIN은 LEFT, RIGHT, FULL 중 한 옵션을 지정해야 한다.
LEFT, RIGHT는 기준 테이블을 정하는 것이다. 예를 들어 A, B 테이블이 좌우에 있다고 생
각했을 때 A 테이블을 기준으로 B 테이블을 조인하고 싶다면 LEFT를 사용하고, B 테이블을
기준으로 A 테이블을 조인하고 싶다면 RIGHT를 사용한다.

다음 그림은 LEFT OUTER JOIN을 벤 다이어그램으로 표현한 것이다.

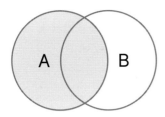

LEFT OUTER JOIN 벤 다이어그램

아직은 OUTER JOIN이 무엇인지 명확하게 감이 안 올 수도 있다. 실제 데이터를 놓고 LEFT
OUTER JOIN을 진행하는 과정을 살펴보자. 현재 테이블은 고객 테이블이 왼쪽, 주문 테이
블이 오른쪽에 있다고 가정한다.

고객 번호	고객 이름
1	부엉이
2	독수리
3	비둘기

주문 번호	고객 번호	주문 날짜
100	1	2021-11-16 10:57:23.700
200	4	2021-11-16 10:57:23.700
300	3	2021-11-16 10:57:23.700

LEFT OUTER JOIN
on 고객 번호

고객 번호	고객 이름	주문 번호	고객 번호	주문 날짜
1	부엉이	100	1	2021-11-16 10:57:23.700
2	독수리	NULL	NULL	NULL
3	비둘기	300	3	2021-11-16 10:57:23.700

고객 테이블과 주문 테이블의 LEFT OUTER JOIN

LEFT OUTER JOIN에서 고객 테이블은 우선 결과에 포함한다. 그런 다음 고객 테이블의 고

객 번호와 주문 테이블의 고객 번호를 비교해 고객 테이블에 있는 고객 번호만 주문 테이블에서 골라 결과에 포함시키고, 없는 것은 NULL로 처리한다. 결과를 살펴보면 고객 테이블의 데이터는 모두 표시가 된 상태이다. 그리고 주문 테이블에서 고객 번호가 1, 3인 행은 표시가 되었고, 고객 번호가 2인 행은 주문 테이블에 없으므로 NULL로 표시했다. 이처럼 LEFT OUTER JOIN은 왼쪽 테이블 기준으로 모든 행을 표시하고, 오른쪽 테이블에 존재하지 않는 데이터는 NULL로 표시된다. 이 과정에 해당하는 쿼리는 다음과 같다.

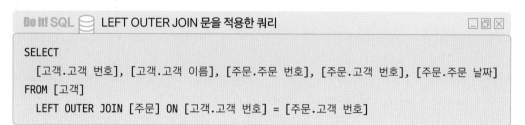

```
Do it! SQL  🗄  LEFT OUTER JOIN 문을 적용한 쿼리                    ⎕⧉⊠

SELECT
   [고객.고객 번호], [고객.고객 이름], [주문.주문 번호], [주문.고객 번호], [주문.주문 날짜]
FROM [고객]
   LEFT OUTER JOIN [주문] ON [고객.고객 번호] = [주문.고객 번호]
```

LEFT OUTER JOIN 문 사용하기

다음은 nasdaq_company 테이블과 industry_group_symbol 테이블을 LEFT OUTER JOIN한 것이다. 결과는 nasdaq_company 테이블이 기준이 될 것이다.

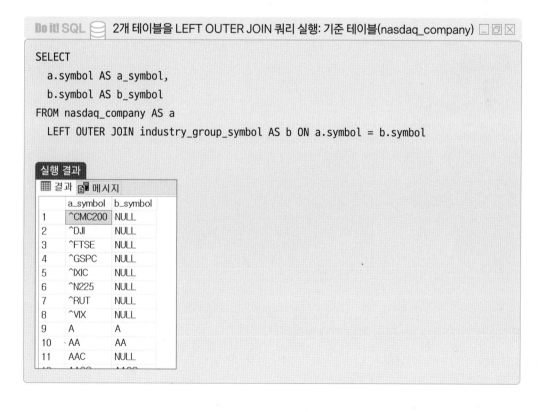

```
Do it! SQL  🗄  2개 테이블을 LEFT OUTER JOIN 쿼리 실행: 기준 테이블(nasdaq_company)  ⎕⧉⊠

SELECT
   a.symbol AS a_symbol,
   b.symbol AS b_symbol
FROM nasdaq_company AS a
   LEFT OUTER JOIN industry_group_symbol AS b ON a.symbol = b.symbol
```

실행 결과

⊞ 결과 📄 메시지

	a_symbol	b_symbol
1	^CMC200	NULL
2	^DJI	NULL
3	^FTSE	NULL
4	^GSPC	NULL
5	^IXIC	NULL
6	^N225	NULL
7	^RUT	NULL
8	^VIX	NULL
9	A	A
10	AA	AA
11	AAC	NULL

만약 다음 벤 다이어그램에 해당하는 데이터, 즉 기준 테이블에 있는 데이터만 추출하려면 LEFT OUTER JOIN 결과에서 NULL 데이터만 추출하면 된다.

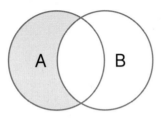

LEFT OUTER JOIN에서 기준 테이블의 데이터만 추출한 벤 다이어그램

다음은 nasdaq_company 테이블과 industry_group_symbol 테이블을 LEFT OUTER JOIN 한 다음 nasdaq_company 테이블에 있는 데이터만 검색한 것이다.

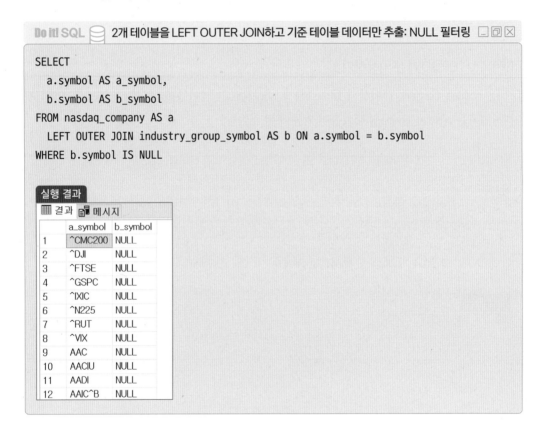

RIGHT OUTER JOIN 문의 기본 개념 알아보기

RIGHT OUTER JOIN은 LEFT OUTER JOIN과 원리는 같고 방향만 다르다. 다음은

RIGHT OUTER JOIN을 벤 다이어그램으로 표현한 것이다.

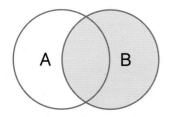

RIGHT OUTER JOIN 벤 다이어그램

INNER JOIN에서 예시로 설명했던 데이터를 기준으로 RIGHT OUTER JOIN을 살펴보자.
역시 같은 테이블 예로 RIGHT OUTER JOIN 과정을 설명한다.

고객 번호	고객 이름
1	부엉이
2	독수리
3	비둘기

주문 번호	고객 번호	주문 날짜
100	1	2021-11-16 10:57:23.700
200	4	2021-11-16 10:57:23.700
300	3	2021-11-16 10:57:23.700

RIGHT OUTER JOIN
on 고객 번호

고객 번호	고객 이름	주문 번호	고객 번호	주문 날짜
1	부엉이	100	1	2021-11-16 10:57:23.700
NULL	NULL	200	4	2021-11-16 10:57:23.700
3	비둘기	300	3	2021-11-16 10:57:23.700

고객 테이블과 주문 테이블의 RIGHT OUTER JOIN

그림을 보면 오른쪽의 주문 테이블은 모두 결과에 포함되었고, 주문 테이블에서 고객 번호가
일치한 주문 테이블의 데이터만 표시되었다. 주문 테이블에는 있지만 고객 테이블에 없는 데
이터는 NULL로 표시되었다.

RIGHT OUTER JOIN 문 사용하기

다음은 LEFT OUTER JOIN에 사용했던 쿼리를 RIGHT OUTER JOIN으로 변경한 것이다.

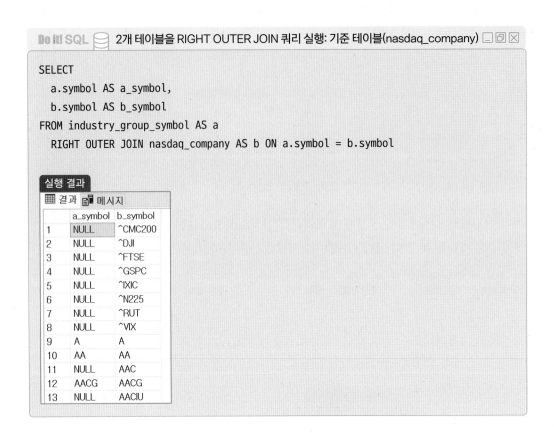

```
SELECT
    a.symbol AS a_symbol,
    b.symbol AS b_symbol
FROM industry_group_symbol AS a
    RIGHT OUTER JOIN nasdaq_company AS b ON a.symbol = b.symbol
```

실행 결과

	a_symbol	b_symbol
1	NULL	^CMC200
2	NULL	^DJI
3	NULL	^FTSE
4	NULL	^GSPC
5	NULL	^IXIC
6	NULL	^N225
7	NULL	^RUT
8	NULL	^VIX
9	A	A
10	AA	AA
11	NULL	AAC
12	AACG	AACG
13	NULL	AACIU

다음 벤 다이어그램에 해당하는 데이터만 추출하려면 NULL 데이터를 필터링한다.

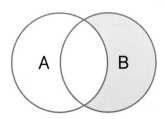

RIGHT OUTER JOIN에서 기준 테이블의 데이터만 추출한 벤 다이어그램

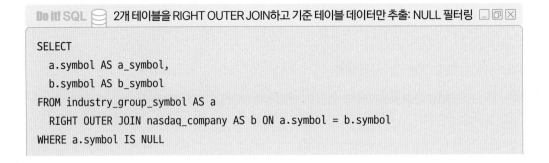

```
SELECT
    a.symbol AS a_symbol,
    b.symbol AS b_symbol
FROM industry_group_symbol AS a
    RIGHT OUTER JOIN nasdaq_company AS b ON a.symbol = b.symbol
WHERE a.symbol IS NULL
```

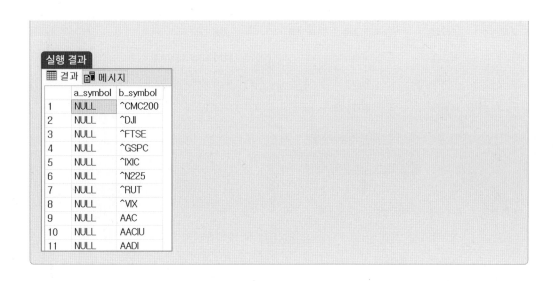

FULL OUTER JOIN 문의 기본 개념 알아보기

FULL OUTER JOIN은 LEFT OUTER JOIN과 RIGHT OUTER JOIN을 합친 것이다. FULL OUTER JOIN의 경우 양쪽 테이블의 일치하지 않는 행도 모두 검색한다. 즉, 조인 조건에 일치하지 않는 항목과 일치하는 항목 모두가 표시된다. 하지만 FULL OUTER JOIN을 실제로 사용하는 일은 드물다. 가끔 데이터베이스 디자인이나 데이터에 몇 가지 문제가 있을 때, 또는 데이터의 누락이나 오류를 찾아낼 때 사용한다. 예를 들어 잘못된 고객 번호로 주문 내역이 기록된 것이 없는지 확인하고 싶다면 FULL OUTER JOIN이 적절하다.

다음은 FULL OUTER JOIN을 벤 다이어그램으로 표현한 것이다.

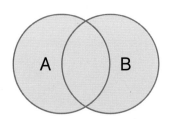

FULL OUTER JOIN 벤 다이어그램

앞에서 설명한 내용을 잘 이해했다면 FULL OUTER JOIN은 금방 이해할 것이다. 다음은 고객 번호를 조인 조건으로 FULL OUTER JOIN하는 과정이다. 결과에서 보듯 고객 테이블과 주문 테이블을 표시하고 각 테이블에서 존재하지 않는 데이터는 NULL로 표시한다.

고객 번호	고객 이름
1	부엉이
2	독수리
3	비둘기

주문 번호	고객 번호	주문 날짜
100	1	2021-11-16 10:57:23.700
200	4	2021-11-16 10:57:23.700
300	3	2021-11-16 10:57:23.700

FULL OUTER JOIN
on 고객 번호

고객 번호	고객 이름	주문 번호	고객 번호	주문 날짜
1	부엉이	100	1	2021-11-16 10:57:23.700
2	독수리	NULL	NULL	NULL
3	비둘기	300	3	2021-11-16 10:57:23.700
NULL	NULL	200	4	2021-11-16 10:57:23.700

고객 테이블과 주문 테이블의 FULL OUTER JOIN

다음은 이 과정을 쿼리로 표현한 것이다.

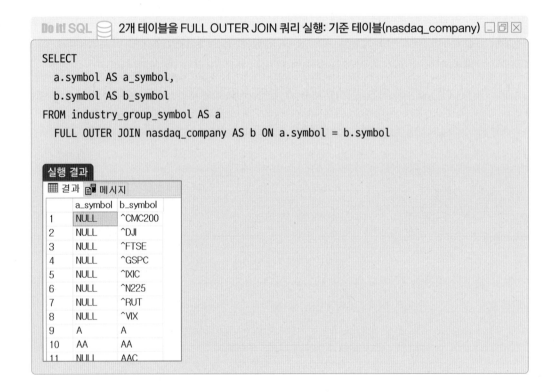

Do it! SQL 🔵 2개 테이블을 FULL OUTER JOIN 쿼리 실행: 기준 테이블(nasdaq_company) ⬛🔲⊠

```
SELECT
  a.symbol AS a_symbol,
  b.symbol AS b_symbol
FROM industry_group_symbol AS a
  FULL OUTER JOIN nasdaq_company AS b ON a.symbol = b.symbol
```

실행 결과

결과 📋 메시지

	a_symbol	b_symbol
1	NULL	^CMC200
2	NULL	^DJI
3	NULL	^FTSE
4	NULL	^GSPC
5	NULL	^IXIC
6	NULL	^N225
7	NULL	^RUT
8	NULL	^VIX
9	A	A
10	AA	AA
11	NULL	AAC

다음 벤 다이어그램과 같이 FULL OUTER JOIN을 사용해 LEFT 테이블과 RIGHT 테이블에 있는 데이터만 추출하려면 NULL 데이터를 필터링해서 원하는 결과를 검색할 수 있다.

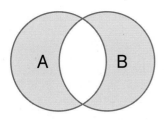

FULL OUTER JOIN에서 양쪽 테이블의 데이터만 추출한 벤 다이어그램

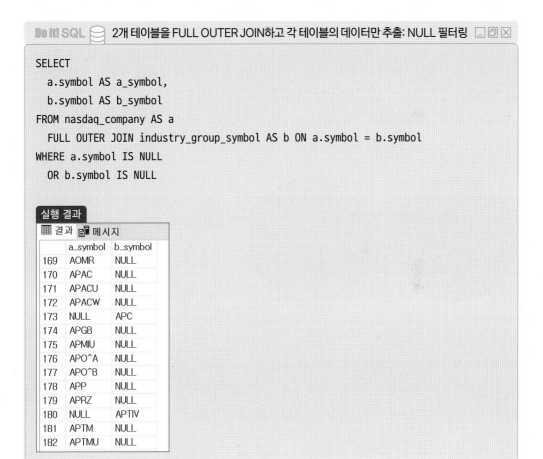

Do it! SQL 🗄 2개 테이블을 FULL OUTER JOIN하고 각 테이블의 데이터만 추출: NULL 필터링 ▢⧉⊠

```
SELECT
  a.symbol AS a_symbol,
  b.symbol AS b_symbol
FROM nasdaq_company AS a
  FULL OUTER JOIN industry_group_symbol AS b ON a.symbol = b.symbol
WHERE a.symbol IS NULL
  OR b.symbol IS NULL
```

실행 결과

▦ 결과 🗎 메시지

	a_symbol	b_symbol
169	AOMR	NULL
170	APAC	NULL
171	APACU	NULL
172	APACW	NULL
173	NULL	APC
174	APGB	NULL
175	APMIU	NULL
176	APO^A	NULL
177	APO^B	NULL
178	APP	NULL
179	APRZ	NULL
180	NULL	APTIV
181	APTM	NULL
182	APTMU	NULL

교차 조인

자주 사용하지는 않지만, 각 테이블의 모든 경우의 수를 조합한 데이터가 필요할 경우 교차 조인CROSS JOIN을 사용할 수 있다. 교차 조인은 카르테시안 곱cartesian product이라고도 한다. 다음은 교차 조인의 기본 형식이다.

교차 조인의 기본 형식

```
SELECT [열 이름]
FROM [테이블 1]
    CROSS JOIN [테이블 2]
WHERE [검색 조건]
```

기본 형식을 자세히 보면 FROM 문에는 조인 조건이 없다. 한 테이블에 저장된 모든 행이 다른 테이블의 행을 조인하므로 조인 조건이 필요 없다.

다음은 교차 조인을 표현한 그림이다. 1, 2, 3은 테이블 A의 행이고 a, b, c는 테이블 B의 행을 의미한다.

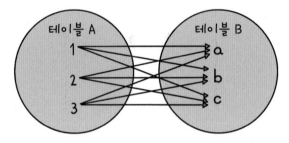

교차 조인의 개념

이 그림은 조금 추상적이라 바로 이해하기 어려울 수도 있다. 조금 더 자세한 그림으로 교차 조인을 설명해 보겠다. 다음은 두 테이블로 교차 조인하는 과정을 보여 준다. 이후로는 교차 조인이라는 용어와 실제 쿼리에서 사용할 CROSS JOIN을 혼용할 것이므로 참고하기 바란다.

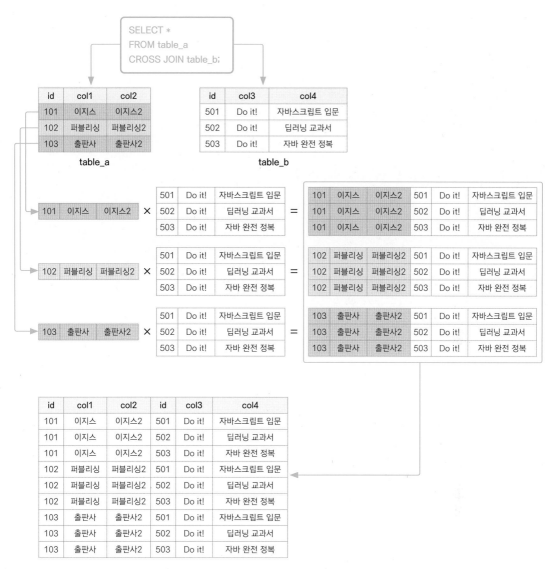

두 테이블을 교차 조인하는 과정

결과를 보면 테이블 A과 테이블 B의 데이터를 서로 조합해 총 9건의 결과가 출력되었다. 앞서 언급했듯 CROSS JOIN은 사용할 일이 많지는 않지만, 샘플 데이터를 만들거나 각 행에 같은 숫자의 데이터를 만들어야 할 때 활용할 수 있다. 우선 CROSS JOIN을 위해 샘플 데이터를 생성하자.

```
CREATE TABLE doit_cross1(num INT);
CREATE TABLE doit_cross2(name NVARCHAR(10));
INSERT INTO doit_cross1 VALUES (1), (2), (3);
INSERT INTO doit_cross2 VALUES ('Do'), ('It'), ('SQL');
```

샘플 데이터를 생성한 다음 CROSS JOIN 쿼리를 작성해 실행해 보자.

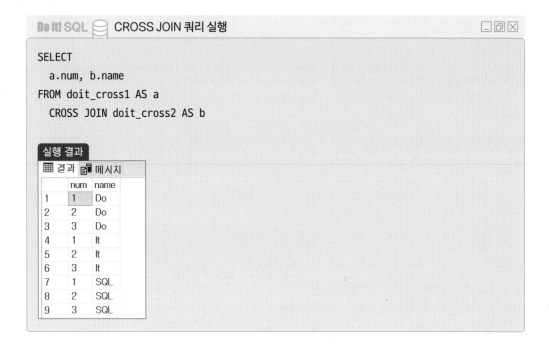

CROSS JOIN에 WHERE 문을 사용하는 과정도 진행해 보자.

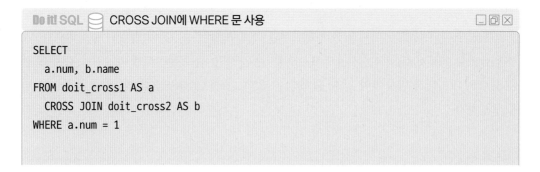

다음 실습을 진행하기 전에 CROSS JOIN을 실습할 때 사용한 테이블을 삭제한다.

```
DROP TABLE doit_cross1
DROP TABLE doit_cross2
```

셀프 조인

셀프 조인SELF JOIN은 같은 테이블을 사용하는 특수한 조인이다. 셀프 조인을 사용하는 방법은 지금까지 배운 조인과 같다. 용어 그대로 자기 자신을 조인에 사용한다는 것만 기억하자. 한 가지 주의 사항은 반드시 별칭을 사용해야 한다는 것이다. 만약 별칭을 사용하지 않으면 오류가 발생한다.

▶ 별칭을 사용하지 않아 발생하는 오류는 직접 쿼리를 입력, 실행하며 경험해 보자.

다음은 별칭을 사용해 셀프 조인한 것이다. 이후로는 셀프 조인이라는 용어와 실제 쿼리에서 사용할 SELF JOIN을 혼용할 것이므로 참고하기 바란다.

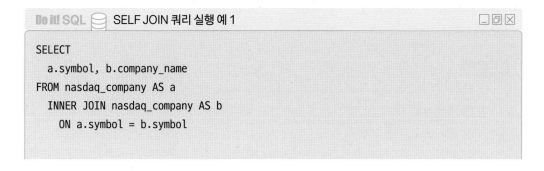

```
SELECT
  a.symbol, b.company_name
FROM nasdaq_company AS a
  INNER JOIN nasdaq_company AS b
    ON a.symbol = b.symbol
```

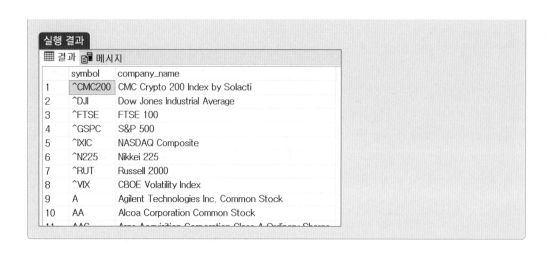

이 쿼리는 의미 없이 셀프 조인의 실행 결과를 보려고 작성한 것이므로 다른 쿼리도 작성해 보자. 다음은 stock 테이블에서 symbol이 'MSFT'인 주식의 일별 가격이 전일 대비 얼마나 올랐는지 확인하는 쿼리이다.

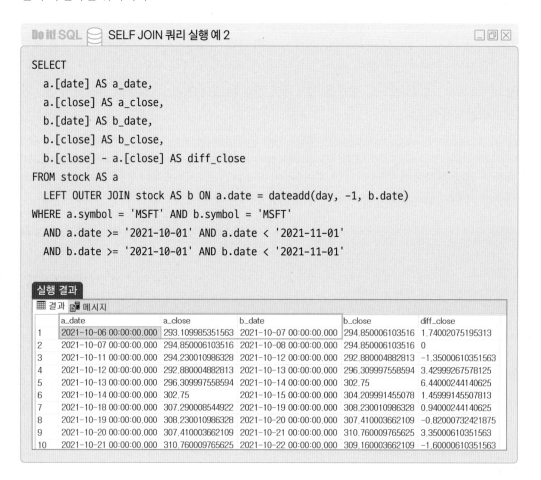

Do it! SQL   SELF JOIN 쿼리 실행 예 2

```
SELECT
  a.[date] AS a_date,
  a.[close] AS a_close,
  b.[date] AS b_date,
  b.[close] AS b_close,
  b.[close] - a.[close] AS diff_close
FROM stock AS a
  LEFT OUTER JOIN stock AS b ON a.date = dateadd(day, -1, b.date)
WHERE a.symbol = 'MSFT' AND b.symbol = 'MSFT'
  AND a.date >= '2021-10-01' AND a.date < '2021-11-01'
  AND b.date >= '2021-10-01' AND b.date < '2021-11-01'
```

실행 결과

	a_date	a_close	b_date	b_close	diff_close
1	2021-10-06 00:00:00.000	293.109985351563	2021-10-07 00:00:00.000	294.850006103516	1.74002075195313
2	2021-10-07 00:00:00.000	294.850006103516	2021-10-08 00:00:00.000	294.850006103516	0
3	2021-10-11 00:00:00.000	294.230010986328	2021-10-12 00:00:00.000	292.880004882813	-1.35000610351563
4	2021-10-12 00:00:00.000	292.880004882813	2021-10-13 00:00:00.000	296.309997558594	3.42999267578125
5	2021-10-13 00:00:00.000	296.309997558594	2021-10-14 00:00:00.000	302.75	6.44000244140625
6	2021-10-14 00:00:00.000	302.75	2021-10-15 00:00:00.000	304.209991455078	1.45999145507813
7	2021-10-18 00:00:00.000	307.290008544922	2021-10-19 00:00:00.000	308.230010986328	0.94000244140625
8	2021-10-19 00:00:00.000	308.230010986328	2021-10-20 00:00:00.000	307.410003662109	-0.82000732421875
9	2021-10-20 00:00:00.000	307.410003662109	2021-10-21 00:00:00.000	310.760009765625	3.35000610351563
10	2021-10-21 00:00:00.000	310.760009765625	2021-10-22 00:00:00.000	309.160003662109	-1.60000610351563

stock 테이블을 2번 사용하는 것이므로 별칭을 사용해 테이블을 구분했다. ON 문을 살펴보면 a.date = dateadd(day, -1, b.date)으로 왼쪽 테이블의 날짜와 오른쪽 테이블의 하루 뒤의 날짜를 나열했고, a 주가와 b 주가의 차이를 계산했다.

실전 SQL

퀴즈 1. industry_group 테이블에서 industry 열의 데이터가 Oil에 해당하는 symbol을 industry_group_symbol 테이블에서 검색한 다음, nasdaq_company 테이블에서 해당 symbol의 company_name을 검색하세요.

퀴즈 2. nasdaq_company 테이블에서 industry_group_symbol 테이블에 포함되지 않는 symbol, industry, company_name 목록을 검색하세요.

04-2 서브 쿼리

서브 쿼리^{subquery}는 쿼리 안에 포함되는 또 다른 쿼리를 말한다. 서브 쿼리는 조인하지 않은 상태에서 다른 테이블과 일치하는 행을 찾거나, 조인 결과를 다시 조인할 때 사용할 수 있다. 서브 쿼리의 특징은 다음과 같다.

▶ 서브 쿼리는 포함 위치에 따라 중첩 서브 쿼리, 스칼라 서브 쿼리, 인라인뷰 서브 쿼리 등으로 구분한다.

> **서브 쿼리의 특징**
> • 반드시 소괄호로 감싸 사용한다.
> • 주 쿼리를 실행하기 전에 1번만 실행된다.
> • 비교 연산자에 서브 쿼리를 사용하는 경우 서브 쿼리를 오른쪽에 기술해야 한다.
> • 내부에는 정렬 구문인 ORDER BY 문을 사용할 수 없다.

그럼 지금부터 본격적으로 알아보자.

WHERE 문에 서브 쿼리 사용하기

서브 쿼리 중에서도 WHERE 문에 사용하는 서브 쿼리를 중첩 서브 쿼리^{nested subquery}라고 부른다. 중첩 서브 쿼리는 조건문의 일부로 사용한다. 다시 말해 중첩 서브 쿼리는 또 다른 SELECT 문을 사용한 결과를 주 쿼리의 조건값으로 사용한다. 그리고 서브 쿼리를 **비교 연산자 =, <, <=, >, >=, <>와 함께 사용할 때는 반드시 서브 쿼리의 반환 결과가 1건 이하여야** 한다. 만약 서브 쿼리의 **반환 결과가 2건 이상인 경우에는 비교 연산자가 아닌 다중 행 연산자를 사용**해야 한다. 이후 중첩 서브 쿼리라는 용어는 필요한 경우 따로 언급하며 설명한다.

▶ 중첩 서브 쿼리는 WHERE 문 외에 HAVING 문에도 같은 방식으로 사용할 수 있다.

표 4-5 다중 행 연산자의 종류

다중 행 연산자	설명
IN	서브 쿼리의 결과에 존재하는 임의의 값과 같은 조건 검색
ANY	서브 쿼리의 결과에 존재하는 어느 하나의 값이라도 만족하는 조건 검색
EXISTS	서브 쿼리의 결과를 만족하는 값이 존재하는지 여부 확인
ALL	서브 쿼리의 결과에 존재하는 모든 값을 만족하는 조건 검색

단일 행 서브 쿼리

단일 행 서브 쿼리란 서브 쿼리의 결과가 1행만 반환되는 쿼리이다.

> **WHERE 문에 사용하는 단일 행 서브 쿼리의 기본 형식**
>
> ```
> SELECT [열 이름]
> FROM [테이블]
> WHERE [열] = (SELECT [열] FROM [테이블])
> ```

직접 서브 쿼리를 입력해 결과를 보는 편이 더 이해하기 쉬울 것이다. 다음은 WHERE 문에 사용한 서브 쿼리가 한 행을 반환해 최종으로 1건의 데이터만 검색하는 쿼리이다.

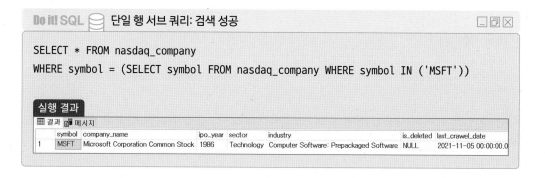

```
SELECT * FROM nasdaq_company
WHERE symbol = (SELECT symbol FROM nasdaq_company WHERE symbol IN ('MSFT'))
```

	symbol	company_name	ipo_year	sector	industry	is_deleted	last_crawel_date
1	MSFT	Microsoft Corporation Common Stock	1986	Technology	Computer Software: Prepackaged Software	NULL	2021-11-05 00:00:00.0

만약 WHERE 문에 사용한 서브 쿼리가 다중 행을 반환하면 비교 연산자 규칙에 어긋나므로 오류가 발생한다.

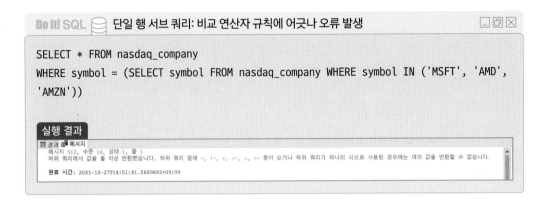

다중 행 서브 쿼리

다중 행 서브 쿼리란 서브 쿼리에서 반환되는 결과가 2행 이상인 경우를 말한다. 이처럼 서브 쿼리가 다중 행을 반환하는 경우 여러 가지 방법을 사용할 수 있다.

IN 문, NOT IN 문

첫 번째로 IN 문을 알아보자. IN 문의 기본 형식은 다음과 같다. 쿼리의 형태를 보면 WHERE 절에 있는 IN 문의 소괄호가 서브 쿼리를 안고 있다.

WHERE 문에 사용하는 다중 행 서브 쿼리의 기본 형식

```
SELECT [열 이름]
FROM [테이블]
WHERE [열] IN (SELECT [열] FROM [테이블])
```

다중 행 서브 쿼리의 사용법은 단일 행 서브 쿼리와 같다. 직접 쿼리를 입력해 결과를 살펴보면 이해하기 더 쉽다.

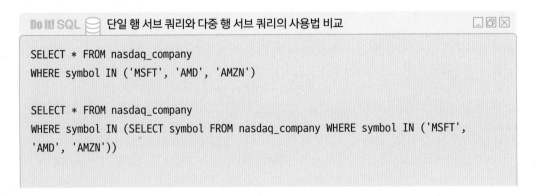

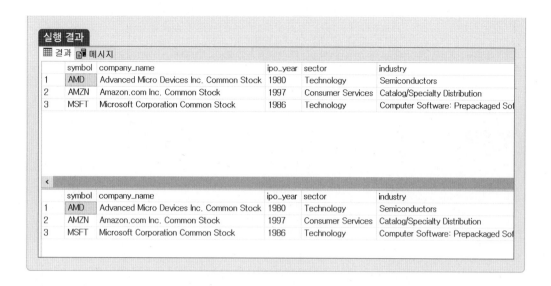

결과를 보면 서브 쿼리에서 검색된 3개의 행이 메인 쿼리의 조건으로 사용된 것을 알 수 있다. 계속해서 다른 경우도 알아보자. 다음은 3개의 테이블을 사용해 조인하는 쿼리를 IN 문 서브 쿼리를 사용해 변경한 것이다. 쿼리를 자세히 보면 WHERE 문에 사용한 서브 쿼리 안에서 2개의 테이블을 조인한 결과 행을 IN 문에 적용했다.

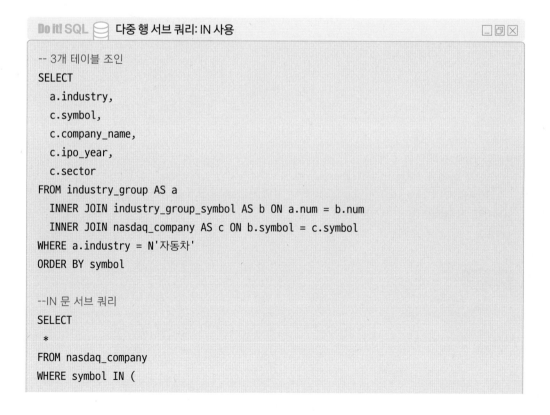

Do it! SQL 🗄 다중 행 서브 쿼리: IN 사용

```
-- 3개 테이블 조인
SELECT
  a.industry,
  c.symbol,
  c.company_name,
  c.ipo_year,
  c.sector
FROM industry_group AS a
  INNER JOIN industry_group_symbol AS b ON a.num = b.num
  INNER JOIN nasdaq_company AS c ON b.symbol = c.symbol
WHERE a.industry = N'자동차'
ORDER BY symbol

--IN 문 서브 쿼리
SELECT
 *
FROM nasdaq_company
WHERE symbol IN (
```

```
SELECT symbol FROM industry_group AS a
   INNER JOIN industry_group_symbol AS b ON a.num = b.num
WHERE a.industry = N'자동차'
)
```

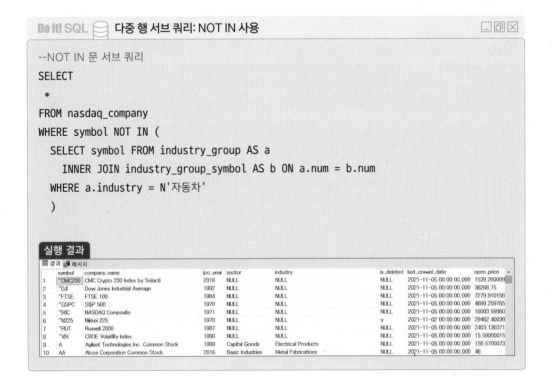

WHERE 문에 사용한 IN 문에 NOT 연산자를 추가해 다른 테이블의 값과 일치하지 않는 행을 찾을 수도 있다. 다음 쿼리는 NOT IN 문으로 industry 그룹이 **'자동차'**가 아닌 행을 검색한 것이다.

Do it! SQL 다중 행 서브 쿼리: NOT IN 사용

```
--NOT IN 문 서브 쿼리
SELECT
 *
FROM nasdaq_company
WHERE symbol NOT IN (
   SELECT symbol FROM industry_group AS a
      INNER JOIN industry_group_symbol AS b ON a.num = b.num
   WHERE a.industry = N'자동차'
   )
```

ANY 문

ANY 문은 서브 쿼리 결과에서 값이 하나라도 만족하는 조건을 검색한다. 언뜻 보면 비교 연산자가 잘못 쓰인 듯 보일 수 있지만, ANY 문을 함께 사용했으므로 서브 쿼리의 결괏값이 여러 개여도 일치하는 모든 행을 주 쿼리에서 검색해 반환할 수 있다. 다음 쿼리에서는 = ANY의 형태로 서브 쿼리 결괏값과 비교해 같은 값을 반환한다.

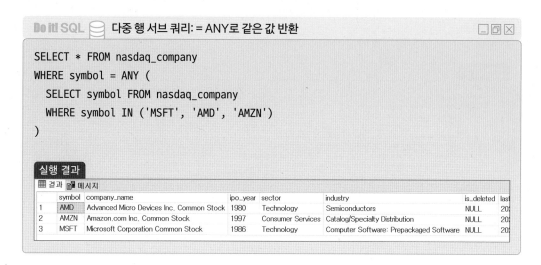

계속해서 다른 형태도 살펴보자. 다음은 < ANY 형태로 서브 쿼리 결과와 비교해 최솟값을 반환한다.

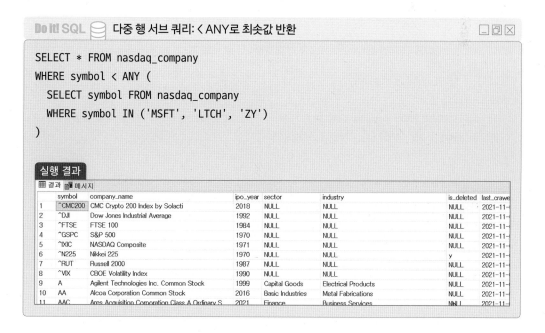

다음은 > ANY 형태로 서브 쿼리 결과와 비교해 최댓값을 반환한다.

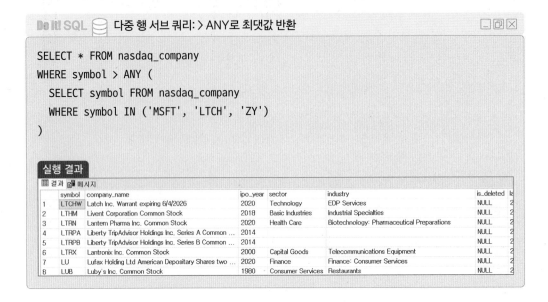

EXISTS 문, NOT EXISTS 문

EXISTS 문은 조건의 결괏값이 있는지 없는지를 확인해 1행이라도 있으면 TRUE, 없으면 FALSE를 반환한다. 다음은 WHERE 문에 EXISTS 문을 사용해 서브 쿼리의 결괏값이 1행이라도 있으면 TRUE가 되어 메인 쿼리를 실행하고, 메인 쿼리에 작성된 전체 데이터를 검색하는 쿼리이다.

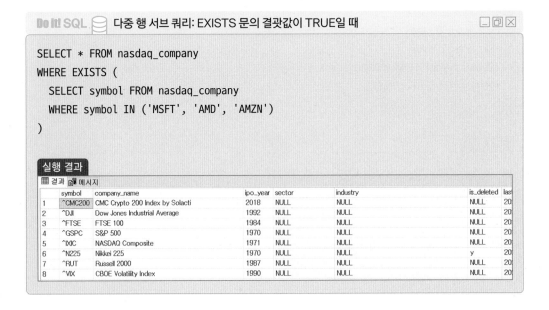

서브 쿼리의 결괏값이 0건 반환되면 FALSE이므로 메인 쿼리가 실행되지 않고 아무것도 나타나지 않을 것이다. 다음 쿼리를 입력해 확인해 보자.

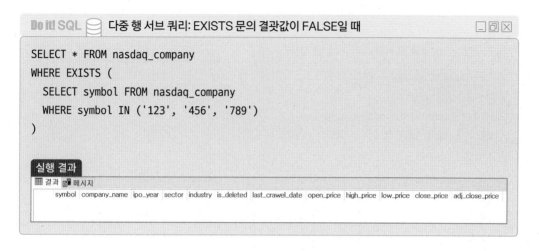

NOT EXISTS는 EXISTS와 반대로 작동한다. 다음은 EXISTS에서 바로 앞서 사용한 쿼리를 반대로 적용한 것이다. 결과는 EXISTS 문을 사용한 첫 번째 쿼리와 같다.

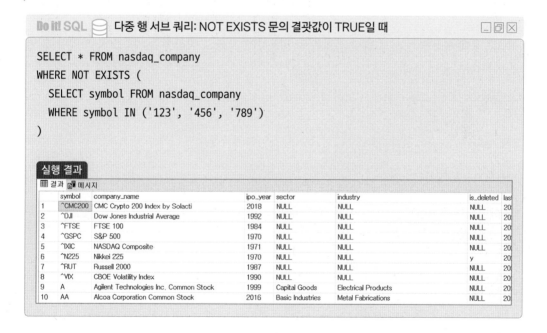

ALL 문

ALL 문은 서브 쿼리와 자주 사용하지는 않지만 어쨌든 사용하는 문법의 하나이므로 소개한다. ALL 문은 서브 쿼리 결괏값에 있는 모든 값을 만족하는 조건을 주 쿼리에서 검색해 결과를 반환한다. 다음 쿼리에서는 서브 쿼리의 결괏값 모두를 만족하는 결과가 주 쿼리의 결괏값에 없으므로 아무것도 나오지 않는다.

Do it! SQL 🗄 다중 행 서브 쿼리: ALL 문 사용 ▫◻▨

```sql
SELECT * FROM nasdaq_company
WHERE symbol = ALL (
  SELECT symbol FROM nasdaq_company
  WHERE symbol IN ('MSFT', 'AMD', 'AMZN')
)
```

실행 결과

	symbol	company_name	ipo_year	sector	industry	is_deleted	last_crawel_date	open_price	high_price	low_price	close_price	adj_close_price
결과 📄 메시지												

FROM 문에 서브 쿼리 사용하기

FROM 문에 사용하는 서브 쿼리 결과는 조인할 수 있으므로 쿼리를 논리적으로 격리할 수 있다. 기본 형식은 다음과 같다. 보통 인라인뷰inline view라고 하며 이후 이 용어를 혼용한다.

▶ 기본 형식에는 INNER JOIN만 표현했지만 OUTER JOIN도 사용할 수 있다.

FROM 문에 사용하는 서브 쿼리의 기본 형식

```sql
SELECT [열 이름]
FROM [테이블] AS a
INNER JOIN (SELECT [열] FROM [테이블] WHERE [열] = [값]) AS b ON [a.열] = [b.열]
WHERE [열] = [값]
```

다음은 INNER JOIN을 인라인뷰에 활용한 것이다. 이때 인라인뷰만, 다시 말해 소괄호로 묶은 쿼리만 따로 드래그해 실행해 보자. 아마 드래그를 제대로 했다면 해당 쿼리는 잘 실행될 것이다. 실행 결과를 보면 FROM 문에 사용한 서브 쿼리는 격리되어 있음을 알 수 있다.

```
-- 테이블 조인
SELECT
  a.symbol, a.company_name, a.ipo_year, a.sector, a.industry,
  b.date, b.[open], b.[high], b.[low], b.[close], b.adj_close, b.volume
FROM nasdaq_company AS a
  INNER JOIN stock AS b ON a.symbol = b.symbol
WHERE a.symbol = 'MSFT'
  AND b.date >= '2021-10-01'
  AND b.date < '2021-11-01'


-- 서브 쿼리
SELECT
  a.symbol, a.company_name, a.ipo_year, a.sector, a.industry,
  b.date, b.[open], b.[high], b.[low], b.[close], b.adj_close, b.volume
FROM nasdaq_company AS a
  INNER JOIN (SELECT symbol, date, [open], [high], [low], [close], adj_close, volume
        FROM stock
        WHERE symbol = 'MSFT'
          AND date >= '2021-10-01'
          AND date < '2021-11-01'
        ) AS b ON a.symbol = b.symbol
```

실행 결과

▦ 결과 ⬚ 메시지

	symbol	company_name	ipo_year	sector	industry	date	open	hig
1	MSFT	Microsoft Corporation Common Stock	1986	Technology	Computer Software: Prepackaged Software	2021-10-27 00:00:00.000	316	32
2	MSFT	Microsoft Corporation Common Stock	1986	Technology	Computer Software: Prepackaged Software	2021-10-26 00:00:00.000	311	31
3	MSFT	Microsoft Corporation Common Stock	1986	Technology	Computer Software: Prepackaged Software	2021-10-25 00:00:00.000	309.359985351563	30
4	MSFT	Microsoft Corporation Common Stock	1986	Technology	Computer Software: Prepackaged Software	2021-10-22 00:00:00.000	310.399993896484	31
5	MSFT	Microsoft Corporation Common Stock	1986	Technology	Computer Software: Prepackaged Software	2021-10-21 00:00:00.000	307.170013427734	31
6	MSFT	Microsoft Corporation Common Stock	1986	Technology	Computer Software: Prepackaged Software	2021-10-20 00:00:00.000	309.209991455078	30
7	MSFT	Microsoft Corporation Common Stock	1986	Technology	Computer Software: Prepackaged Software	2021-10-19 00:00:00.000	308.350006103516	30
8	MSFT	Microsoft Corporation Common Stock	1986	Technology	Computer Software: Prepackaged Software	2021-10-18 00:00:00.000	303.570007324219	30
9	MSFT	Microsoft Corporation Common Stock	1986	Technology	Computer Software: Prepackaged Software	2021-10-15 00:00:00.000	302.339996337891	30
10	MSFT	Microsoft Corporation Common Stock	1986	Technology	Computer Software: Prepackaged Software	2021-10-14 00:00:00.000	299.209991455078	30
11	MSFT	Microsoft Corporation Common Stock	1986	Technology	Computer Software: Prepackaged Software	2021-10-13 00:00:00.000	294.910003662109	29

	symbol	company_name	ipo_year	sector	industry	date	open	hig
1	MSFT	Microsoft Corporation Common Stock	1986	Technology	Computer Software: Prepackaged Software	2021-10-01 00:00:00.000	282.121704101563	28
2	MSFT	Microsoft Corporation Common Stock	1986	Technology	Computer Software: Prepackaged Software	2021-10-06 00:00:00.000	285.779998779297	29
3	MSFT	Microsoft Corporation Common Stock	1986	Technology	Computer Software: Prepackaged Software	2021-10-07 00:00:00.000	295.179992675781	29
4	MSFT	Microsoft Corporation Common Stock	1986	Technology	Computer Software: Prepackaged Software	2021-10-08 00:00:00.000	296.220001220703	29
5	MSFT	Microsoft Corporation Common Stock	1986	Technology	Computer Software: Prepackaged Software	2021-10-11 00:00:00.000	292.920013427734	29
6	MSFT	Microsoft Corporation Common Stock	1986	Technology	Computer Software: Prepackaged Software	2021-10-12 00:00:00.000	295.339996337891	29
7	MSFT	Microsoft Corporation Common Stock	1986	Technology	Computer Software: Prepackaged Software	2021-10-13 00:00:00.000	294.910003662109	29
8	MSFT	Microsoft Corporation Common Stock	1986	Technology	Computer Software: Prepackaged Software	2021-10-14 00:00:00.000	299.209991455078	30
9	MSFT	Microsoft Corporation Common Stock	1986	Technology	Computer Software: Prepackaged Software	2021-10-15 00:00:00.000	302.339996337891	30
10	MSFT	Microsoft Corporation Common Stock	1986	Technology	Computer Software: Prepackaged Software	2021-10-18 00:00:00.000	303.570007324219	30
11	MSFT	Microsoft Corporation Common Stock	1986	Technology	Computer Software: Prepackaged Software	2021-10-19 00:00:00.000	308.350006103516	30

SELECT 문에 서브 쿼리 사용하기

SELECT 문에 사용하는 서브 쿼리는 반드시 1개의 행을 반환해야 하므로 SUM, COUNT, MIN, MAX 등의 집계 함수와 함께 사용하는 경우가 많다. 하지만 이렇게 하면 성능 문제가 생기기 쉬우므로 SELECT 문에서는 서브 쿼리를 집계 함수와 함께 사용하지 않는 게 좋다. SELECT 문에 사용된 서브 쿼리는 스칼라 서브 쿼리 scalar subquery라고 부르며, 스칼라 서브 쿼리는 1개 이상 사용할 수 있다. 다음은 스칼라 서브 쿼리의 기본 형식이다.

스칼라 서브 쿼리의 기본 형식

```
SELECT [열 이름],
  (SELECT <집계 함수> [열 이름] FROM [테이블 2]
  WHERE [테이블 2.열] = [테이블 1.열]) as Alias
FROM [테이블 1]
WHERE [조건]
```

다음은 INNER JOIN으로 작성된 구문과 같은 결과를 나타내는 다른 형식의 쿼리로, SELECT 서브 쿼리로 작성한다.

Do it! SQL 🗄 **INNER JOIN 문을 적용한 쿼리와 스칼라 서브 쿼리 비교**　　　□◻⊠

```
-- 테이블 조인
SELECT
  a.symbol, a.company_name, a.ipo_year, a.sector, a.industry, b.date, b.[open],
  b.[high], b.[low], b.[close], b.adj_close, b.volume
FROM nasdaq_company AS a
  INNER JOIN stock AS b ON a.symbol = b.symbol
WHERE a.symbol = 'MSFT'
  AND b.date >= '2021-10-01'
  AND b.date < '2021-11-01'

-- 서브 쿼리
SELECT
  a.symbol,
  (SELECT company_name FROM nasdaq_company AS b WHERE b.symbol = a.symbol) AS
company_name,
  (SELECT ipo_year FROM nasdaq_company AS b WHERE b.symbol = a.symbol) AS ipo_
year,
```

```
  (SELECT sector FROM nasdaq_company AS b WHERE b.symbol = a.symbol) AS sector,
  (SELECT industry FROM nasdaq_company AS b WHERE b.symbol = a.symbol) AS indus-
try,
  a.date, a.[open], a.[high], a.[low], a.[close], a.adj_close, a.volume
FROM stock AS a
WHERE a.symbol = 'MSFT'
  AND a.date >= '2021-10-01'
  AND a.date < '2021-11-01'
```

실행 결과

	symbol	company_name	ipo_year	sector	industry	date	open	hig
1	MSFT	Microsoft Corporation Common Stock	1986	Technology	Computer Software: Prepackaged Software	2021-10-01 00:00:00.000	282.121704101563	28
2	MSFT	Microsoft Corporation Common Stock	1986	Technology	Computer Software: Prepackaged Software	2021-10-06 00:00:00.000	285.779998779297	29
3	MSFT	Microsoft Corporation Common Stock	1986	Technology	Computer Software: Prepackaged Software	2021-10-07 00:00:00.000	295.179992675781	29
4	MSFT	Microsoft Corporation Common Stock	1986	Technology	Computer Software: Prepackaged Software	2021-10-08 00:00:00.000	296.220001220703	29
5	MSFT	Microsoft Corporation Common Stock	1986	Technology	Computer Software: Prepackaged Software	2021-10-11 00:00:00.000	292.920013427734	29
6	MSFT	Microsoft Corporation Common Stock	1986	Technology	Computer Software: Prepackaged Software	2021-10-12 00:00:00.000	295.339996337891	29
7	MSFT	Microsoft Corporation Common Stock	1986	Technology	Computer Software: Prepackaged Software	2021-10-13 00:00:00.000	294.910003662109	29
8	MSFT	Microsoft Corporation Common Stock	1986	Technology	Computer Software: Prepackaged Software	2021-10-14 00:00:00.000	299.209991455078	30
9	MSFT	Microsoft Corporation Common Stock	1986	Technology	Computer Software: Prepackaged Software	2021-10-15 00:00:00.000	302.339996337891	30
10	MSFT	Microsoft Corporation Common Stock	1986	Technology	Computer Software: Prepackaged Software	2021-10-18 00:00:00.000	303.570007324219	30
11	MSFT	Microsoft Corporation Common Stock	1986	Technology	Computer Software: Prepackaged Software	2021-10-19 00:00:00.000	308.350006103516	30

	symbol	company_name	ipo_year	sector	industry	date	open	hig
1	MSFT	Microsoft Corporation Common Stock	1986	Technology	Computer Software: Prepackaged Software	2021-10-01 00:00:00.000	282.121704101563	28
2	MSFT	Microsoft Corporation Common Stock	1986	Technology	Computer Software: Prepackaged Software	2021-10-06 00:00:00.000	285.779998779297	29
3	MSFT	Microsoft Corporation Common Stock	1986	Technology	Computer Software: Prepackaged Software	2021-10-07 00:00:00.000	295.179992675781	29
4	MSFT	Microsoft Corporation Common Stock	1986	Technology	Computer Software: Prepackaged Software	2021-10-08 00:00:00.000	296.220001220703	29
5	MSFT	Microsoft Corporation Common Stock	1986	Technology	Computer Software: Prepackaged Software	2021-10-11 00:00:00.000	292.920013427734	29
6	MSFT	Microsoft Corporation Common Stock	1986	Technology	Computer Software: Prepackaged Software	2021-10-12 00:00:00.000	295.339996337891	29
7	MSFT	Microsoft Corporation Common Stock	1986	Technology	Computer Software: Prepackaged Software	2021-10-13 00:00:00.000	294.910003662109	29
8	MSFT	Microsoft Corporation Common Stock	1986	Technology	Computer Software: Prepackaged Software	2021-10-14 00:00:00.000	299.209991455078	30
9	MSFT	Microsoft Corporation Common Stock	1986	Technology	Computer Software: Prepackaged Software	2021-10-15 00:00:00.000	302.339996337891	30
10	MSFT	Microsoft Corporation Common Stock	1986	Technology	Computer Software: Prepackaged Software	2021-10-18 00:00:00.000	303.570007324219	30
11	MSFT	Microsoft Corporation Common Stock	1986	Technology	Computer Software: Prepackaged Software	2021-10-19 00:00:00.000	308.350006103516	30

실전 SQL

퀴즈 3. nasdaq_company 테이블에서 sector 열의 값이 Energy인 데이터 중에 industry_group_symbol 테이블에 포함되지 않은 symbol, company_name을 검색하세요.

04-3 공통 테이블 식

공통 테이블 식^{common table expression}은 주로 데이터베이스에 없는 테이블이 필요할 때 사용하며, 바로 다음에 실행할 SELECT 문에만 사용해야 한다는 특징이 있다. 공통 테이블 식은 목적에 따라 일반 공통 테이블 식과 재귀 공통 테이블 식으로 나뉜다. 앞으로 공통 테이블 식은 줄여서 CTE라 부르겠다. 공통 테이블 식은 어렵게 느끼기 쉬운 개념이라 구체적인 예를 들어 설명한다. 이 책에서는 일반 CTE와 재귀 CTE 순서로 설명한다.

일반 CTE

다음은 CTE의 기본 형식이다. CTE 안에서 UNION 문, UNION ALL 문, INTERSECT 문, EXCEPT 문을 사용해 여러 개의 일반 CTE 쿼리를 결합할 수 있다. 일반 CTE는 복잡한 쿼리를 단순하게 만들 때 사용하기 좋다.

CTE의 기본 형식

```
WITH [CTE_테이블 이름] (열 이름 1, 열 이름 2, …)
AS
(
   <SELECT 문>
)
SELECT [열 이름] FROM [CTE_테이블 이름];
```

기본 형식에서 보듯 CTE의 사용 방법은 WITH 문을 입력한 다음에 **CTE_테이블 이름**과 같이 사용할 테이블 이름을 지정하고 그다음에 **(열 이름 1, 열 이름 2, …)**와 같이 열 목록을 정의한다. 열 목록에 입력할 열 이름들은 **AS(…)**에 포함한 **<SELECT 문>**이 반환하는 열을 의미한다. 아마 기본 형식 설명만으로는 CTE를 이해하기 어려울 것이다. 바로 실제 예를 들어 일반 CTE의 사용 방법을 알아보자.

다음은 CTE를 WITH cte_stock_price (date, symbol, price)로 정의하고 SELECT 문에서 `SELECT * FROM cte_stock_price WHERE symbol = 'MSFT'`와 같이 CTE 테이블을 참조해 데

이터를 검색하는 쿼리이다. CTE 관련 절에서는 2021년 1월 1일~2021년 1월 10일의 데이터만 검색해 반환하고, 반환한 테이블을 이후 SELECT 문에서 사용하는 방식이다. 예제에서는 단순한 쿼리를 사용했지만 실제 복잡한 쿼리에서 CTE를 잘 활용하면 쿼리가 단순해질 뿐만 아니라 일부 성능 개선 효과도 기대할 수 있다.

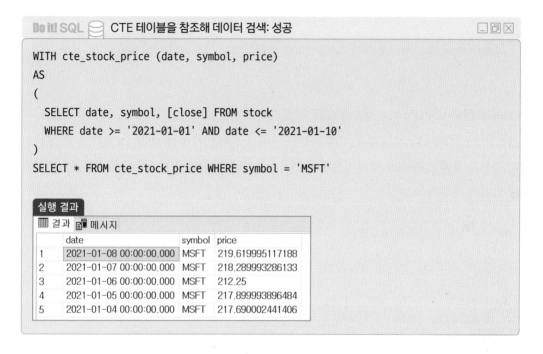

Do it! SQL 🗄 CTE 테이블을 참조해 데이터 검색: 성공

```
WITH cte_stock_price (date, symbol, price)
AS
(
  SELECT date, symbol, [close] FROM stock
  WHERE date >= '2021-01-01' AND date <= '2021-01-10'
)
SELECT * FROM cte_stock_price WHERE symbol = 'MSFT'
```

실행 결과

	date	symbol	price
1	2021-01-08 00:00:00.000	MSFT	219.619995117188
2	2021-01-07 00:00:00.000	MSFT	218.289993286133
3	2021-01-06 00:00:00.000	MSFT	212.25
4	2021-01-05 00:00:00.000	MSFT	217.899993896484
5	2021-01-04 00:00:00.000	MSFT	217.690002441406

만약 CTE에서 정의한 열 개수와 CTE의 SELECT 문에서 얻은 열 목록이 다르면 오류가 발생한다. 다음은 CTE를 정의할 때 열 목록으로 date, symbol, price를 정의하고 SELECT 문에서는 date, symbol, [open], [close]를 사용해 열 개수가 맞지 않아 오류가 발생한 쿼리이다.

Do it! SQL 🗄 CTE 테이블을 참조해 데이터 검색: 열 개수가 맞지 않으면 오류

```
WITH cte_stock_price (date, symbol, price)
AS
(
  SELECT date, symbol, [open], [close] FROM stock
  WHERE date >= '2021-01-01' AND date <= '2021-01-10'
)
SELECT * FROM cte_stock_price WHERE symbol = 'MSFT'
```

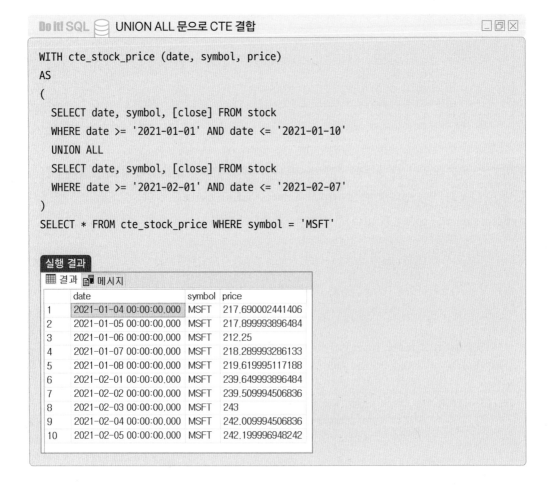

실행 결과

메시지

메시지 8158, 수준 16, 상태 1, 줄 1
'cte_stock_price'에는 열 목록에 지정된 것보다 많은 개수의 열이 있습니다.

완료 시간: 2021-12-28T15:22:07.9580542+09:00

▶ 이 실습 쿼리에서는 [close]처럼 열 이름에 [ ]를 사용했다. close는 SQL Server에서 사용된 예약어라서 여기에서는 예약어가 아닌 열 이름으로 표기하고자 [ ]를 사용한 것이다. 이 외에도 열 이름에 띄어쓰기가 필요하다면 [ ]를 사용한다.

UNION 문과 UNION ALL 문으로 CTE 결합하기

다음은 UNION ALL 문으로 CTE를 결합한 것이다. UNION 문과 UNION ALL 문의 차이점 은 중복을 제거한 행 포함 여부이므로 여기서는 UNION ALL 문만 사용해 보았다. 다음 쿼리 를 입력해 실행해 보자.

Do it! SQL | UNION ALL 문으로 CTE 결합

```
WITH cte_stock_price (date, symbol, price)
AS
(
  SELECT date, symbol, [close] FROM stock
  WHERE date >= '2021-01-01' AND date <= '2021-01-10'
  UNION ALL
  SELECT date, symbol, [close] FROM stock
  WHERE date >= '2021-02-01' AND date <= '2021-02-07'
)
SELECT * FROM cte_stock_price WHERE symbol = 'MSFT'
```

실행 결과

결과 / 메시지

	date	symbol	price
1	2021-01-04 00:00:00.000	MSFT	217.690002441406
2	2021-01-05 00:00:00.000	MSFT	217.899993896484
3	2021-01-06 00:00:00.000	MSFT	212.25
4	2021-01-07 00:00:00.000	MSFT	218.289993286133
5	2021-01-08 00:00:00.000	MSFT	219.619995117188
6	2021-02-01 00:00:00.000	MSFT	239.649993896484
7	2021-02-02 00:00:00.000	MSFT	239.509994506836
8	2021-02-03 00:00:00.000	MSFT	243
9	2021-02-04 00:00:00.000	MSFT	242.009994506836
10	2021-02-05 00:00:00.000	MSFT	242.199996948242

앞서 언급한 것처럼 중복을 제거한 결과를 보고 싶다면 UNION 문을 사용한다. 하지만 중복 데이터를 제거하는 연산을 포함하는 UNION 문 대신 UNION ALL 문을 사용하는 것이 좋다. 아무래도 UNION 문은 성능 문제를 일으키기 쉬우므로 꼭 필요한 경우가 아니라면 사용하지 않는 것이 좋기 때문이다.

UNION ALL 문을 사용하기 전에는?

보통 UNION 문과 UNION ALL 문은 다른 쿼리로 데이터를 어느 정도 거른 다음 사용하는 경우가 많으므로 UNION ALL 문의 사용 빈도가 더 높다. 즉, 되도록이면 다른 쿼리에서 중복을 제거한 다음 UNION ALL 문을 사용하기를 권한다.

INTERSECT 문으로 CTE 결합하기

CTE에서 INTERSECT 문을 사용하는 방법은 내부 조인과 비슷하지만, 내부 조인의 경우 테이블 사이의 조인 조건에 맞는 데이터를 반환하고 INTERSECT 문은 각 쿼리에서 반환한 결과에서 중복 결과를 걸러 내 반환한다는 차이점이 있다. 벤 다이어그램으로는 다음과 같이 표현할 수 있다.

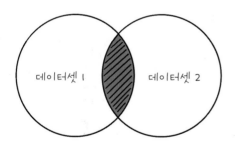

INTERSECT 문으로 CTE 결합한 벤 다이어그램

다음은 INTERSECT 문을 사용해 CTE에 정의한 2개의 SELECT 문 결과에서 중복 결과를 검색하는 쿼리이다.

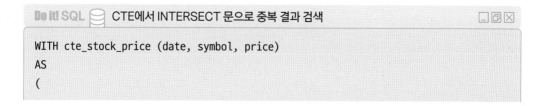

```
WITH cte_stock_price (date, symbol, price)
AS
(
```

```
  SELECT date, symbol, [close] FROM stock
  WHERE date >= '2021-01-01' AND date <= '2021-01-10'
  INTERSECT
  SELECT date, symbol, [close] FROM stock
  WHERE date >= '2021-01-07' AND date <= '2021-01-20'
)
SELECT * FROM cte_stock_price WHERE symbol = 'MSFT'
```

실행 결과

	date	symbol	price
1	2021-01-07 00:00:00.000	MSFT	218.289993286133
2	2021-01-08 00:00:00.000	MSFT	219.619995117188

결과를 살펴보면 CTE 내부 쿼리에서 INTERSECT 문 기준으로 앞쪽 데이터는 2021년 1월 1일부터 2021년 1월 10일까지의 데이터이며, 다음 데이터는 2021년 1월 7일부터 2021년 1월 20일까지의 데이터이다. 즉, 1월 7일부터 1월 10일까지의 데이터가 중복하는 구간이 있으며 CTE는 이렇게 중복된 결과를 반환한다. 그리고 그다음 SELECT에서 CTE 결과 중에 symbol 열의 값이 'MSFT'인 결과만 검색한다.

여기서는 같은 테이블을 사용했지만 만약 서로 다른 테이블을 사용할 때, 예를 들어 지역 A와 지역 B에서 주식 테이블을 따로 관리하는 상황이라면 INTERSECT 문과 CTE로 풀기 복잡한 쿼리를 쉽게 해결할 수 있다. INTERSECT 문과 CTE를 사용하면 각 SELECT 문에서 지역 데이터를 검색한 다음 결과에서 중복된 데이터만 검색할 수 있다.

EXCEPT 문으로 CTE 결합하기

EXCEPT 문으로 CTE를 결합하는 방식은 NOT IN 문과 비슷하지만, EXCEPT 문은 결괏값에서 중복을 제거한 유일한 행을 반환하고 NOT IN 문은 중복을 제거하지 않고 반환하는 점이 다르다. 또한 CTE에서 먼저 작성한 쿼리 기준으로, 그다음 작성한 SELECT 문 쿼리와 중복되지 않는 데이터를 반환한다. 이 역시도 설명이 좀 복잡하게 느껴질 수 있다. 바로 실습을 통해 확인해 보자. 다음 두 쿼리는 거의 같지만 2번째 쿼리는 1번째 쿼리에서 CTE에 정의한 SELECT 문의 순서를 변경한 것이다.

```
WITH cte_stock_price (date, symbol, price)
AS
(
  SELECT date, symbol, [close] FROM stock
  WHERE date >= '2021-01-01' AND date <= '2021-01-10'
  EXCEPT
  SELECT date, symbol, [close] FROM stock
  WHERE date >= '2021-01-07' AND date <= '2021-01-20'
)
SELECT * FROM cte_stock_price WHERE symbol = 'MSFT';

-- CTE 내부의 SELECT 순서 변경
WITH cte_stock_price (date, symbol, price)
AS
(
  SELECT date, symbol, [close] FROM stock
  WHERE date >= '2021-01-07' AND date <= '2021-01-20'
  EXCEPT
  SELECT date, symbol, [close] FROM stock
  WHERE date >= '2021-01-01' AND date <= '2021-01-10'
)
SELECT * FROM cte_stock_price WHERE symbol = 'MSFT';
```

실행 결과

▦ 결과 | 📄 메시지

	date	symbol	price
1	2021-01-04 00:00:00.000	MSFT	217.690002441406
2	2021-01-05 00:00:00.000	MSFT	217.899993896484
3	2021-01-06 00:00:00.000	MSFT	212.25

	date	symbol	price
1	2021-01-11 00:00:00.000	MSFT	217.490005493164
2	2021-01-12 00:00:00.000	MSFT	214.929992675781
3	2021-01-13 00:00:00.000	MSFT	216.339996337891
4	2021-01-14 00:00:00.000	MSFT	213.020004272461
5	2021-01-15 00:00:00.000	MSFT	212.649993896484
6	2021-01-19 00:00:00.000	MSFT	216.440002441406
7	2021-01-20 00:00:00.000	MSFT	224.339996337891

재귀 CTE

재귀 CTE는 CTE 결과를 CTE 내부의 쿼리에서 재사용함으로써 반복 실행하는 쿼리 구조를 갖는다. 재귀 CTE는 주로 계층 데이터를 검색할 때 많이 사용한다. 재귀 CTE는 실행 과정이 복잡하므로 우선 기본 형식을 살펴보며 천천히 설명해 보겠다.

재귀 CTE의 기본 형식

```
WITH [CTE_테이블 이름] (열 이름 1, 열 이름 2, …)
AS(
  <SELECT * FROM 테이블 A> ──── 쿼리 1(앵커 멤버)
  UNION ALL
  <SELECT * FROM 테이블 B JOIN CTE_테이블 이름> ──── 쿼리 2(재귀 멤버)
)
SELECT * FROM [CTE_테이블 이름];
```

기본 형식에서 보듯 재귀 CTE는 적어도 2개의 CTE 쿼리가 필요하다. 이때 각 쿼리는 앵커 멤버anchor member와 재귀 멤버recursive member를 포함해야 한다. 앞의 기본 형식에서는 쿼리 1이 앵커 멤버이고 쿼리 2가 재귀 멤버이다. 앵커 멤버는 자기 자신 CTE를 참조하지 않는 멤버를 의미한다. 주의할 점은 앵커 멤버는 1번째 재귀 멤버 앞에 있어야 한다는 것과, 재귀 멤버의 열 자료형은 반드시 앵커 멤버의 열 자료형과 일치해야 한다는 것이다. 또한 앵커 멤버와 재귀 멤버는 여러 개 정의할 수 있다. 설명이 자칫 어렵게 느껴질 수 있겠지만 재귀 CTE의 실행 순서를 살펴보면 한결 이해하기 쉬울 것이다. 재귀 CTE는 다음 순서로 실행된다.

재귀 CTE의 실행 순서

① 최초에 쿼리 1을 실행한다. 이때 쿼리 2의 기본값은 0으로 초기화된다.

② 이어서 쿼리 2를 실행한다. 이때 쿼리 2의 기본값은 1만큼 증가한다. 쿼리 1의 결과 행 수만큼 쿼리 2에서 CTE_테이블 이름을 재귀 호출하고, 쿼리 2의 기본값이 1씩 증가하면서 쿼리 1의 결과 행 수까지 도달해 결과가 더 없다면 재귀 호출을 중단한다.

③ 외부 SELECT 문에서 과정 ①, ②를 통해 만든 CTE 누적 결과를 검색한다.

다음 쿼리는 재귀 CTE를 실습하는 테이블을 생성하고 기초 데이터를 입력한다. EmployeeID는 직원 번호, FirstName과 LastName은 직원 이름, ManagerID는 직원의 매니저 ID를 나타낸다.

```
IF OBJECT_ID('doit_cte_recursive', 'U') IS NOT NULL
DROP TABLE dbo.doit_cte_recursive
GO
CREATE TABLE dbo.doit_cte_recursive
(
  EmployeeID int NOT NULL PRIMARY KEY,
  FirstName varchar(50) NOT NULL,
  LastName varchar(50) NOT NULL,
  ManagerID int NULL
)
GO
INSERT INTO doit_cte_recursive VALUES (101, 'Ken', 'Sanchez', NULL)
INSERT INTO doit_cte_recursive VALUES (102, 'Terri', 'Duffy', 101)
INSERT INTO doit_cte_recursive VALUES (103, 'Roberto', 'Tamburello', 101)
INSERT INTO doit_cte_recursive VALUES (104, 'Rob', 'Walters', 102)
INSERT INTO doit_cte_recursive VALUES (105, 'Gail', 'Erickson', 102)
INSERT INTO doit_cte_recursive VALUES (106, 'Jossef', 'Goldberg', 103)
INSERT INTO doit_cte_recursive VALUES (107, 'Dylan', 'Miller', 103)
INSERT INTO doit_cte_recursive VALUES (108, 'Diane', 'Margheim', 105)
INSERT INTO doit_cte_recursive VALUES (109, 'Gigi', 'Matthew', 105)
INSERT INTO doit_cte_recursive VALUES (110, 'Michael', 'Raheem', 106)

SELECT * FROM doit_cte_recursive
```

실행 결과

⊞ 결과 🗐 메시지

	EmployeeID	FirstName	LastName	ManagerID
1	101	Ken	Sanchez	NULL
2	102	Terri	Duffy	101
3	103	Roberto	Tamburello	101
4	104	Rob	Walters	102
5	105	Gail	Erickson	102
6	106	Jossef	Goldberg	103
7	107	Dylan	Miller	103
8	108	Diane	Margheim	105
9	109	Gigi	Matthew	105
10	110	Michael	Raheem	106

▶ 이 예제를 살펴보면 GO 문을 사용했음을 알 수 있다. GO는 문단의 끝을 의미하므로, 이 쿼리를 한 번에 실행하더라도 실제 데이터베이스 엔진이 처리할 때는 GO 문을 기준으로 각각 독립된 쿼리처럼 실행한다. CREATE 문은 첫 행에 사용해야 한다는 제약 조건이 있어, GO 문을 사용해 쿼리의 첫 행처럼 작동하도록 처리했다.

이제 재귀 CTE를 실습해 보자. 다음은 앞서 생성한 doit_cte_recursive 테이블에서 Employee ID, ManagerID 값을 확인해 직원의 레벨(EmpLevel)을 구하는 쿼리이다.

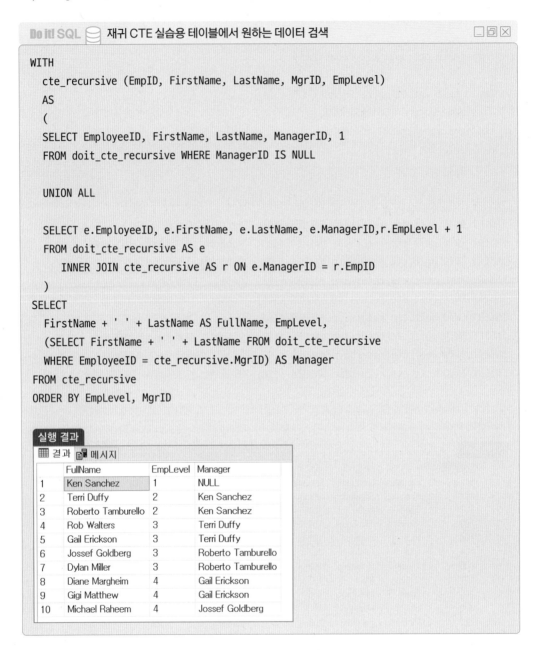

Do it! SQL 재귀 CTE 실습용 테이블에서 원하는 데이터 검색

```
WITH
  cte_recursive (EmpID, FirstName, LastName, MgrID, EmpLevel)
  AS
  (
  SELECT EmployeeID, FirstName, LastName, ManagerID, 1
  FROM doit_cte_recursive WHERE ManagerID IS NULL

  UNION ALL

  SELECT e.EmployeeID, e.FirstName, e.LastName, e.ManagerID,r.EmpLevel + 1
  FROM doit_cte_recursive AS e
      INNER JOIN cte_recursive AS r ON e.ManagerID = r.EmpID
  )
SELECT
  FirstName + ' ' + LastName AS FullName, EmpLevel,
  (SELECT FirstName + ' ' + LastName FROM doit_cte_recursive
  WHERE EmployeeID = cte_recursive.MgrID) AS Manager
FROM cte_recursive
ORDER BY EmpLevel, MgrID
```

실행 결과

결과 | 메시지

	FullName	EmpLevel	Manager
1	Ken Sanchez	1	NULL
2	Terri Duffy	2	Ken Sanchez
3	Roberto Tamburello	2	Ken Sanchez
4	Rob Walters	3	Terri Duffy
5	Gail Erickson	3	Terri Duffy
6	Jossef Goldberg	3	Roberto Tamburello
7	Dylan Miller	3	Roberto Tamburello
8	Diane Margheim	4	Gail Erickson
9	Gigi Matthew	4	Gail Erickson
10	Michael Raheem	4	Jossef Goldberg

1번째 SELECT 문의 SELECT EmployeeID, FirstName, LastName, ManagerID, 1을 보면 최상위 직원을 검색해 EmpLevel을 1로 지정한다. 2번째 SELECT 문은 1번째 SELECT 문이 반환한 값을 doit_cte_recursive 테이블과 조인하면서 바로 앞 행의 EmpLevel에 1을 더하며 재귀

호출한다. 이때 `MangerID`와 `EmpID`가 같은 값을 조인 조건으로 사용해 매니저가 같으면 같은 `EmpLevel`을 지정한다. 재귀 호출은 테이블 행 끝까지 진행한다. 마지막 SELECT 문은 `cte_recursive` 테이블을 검색한다. `FullName`과 `EmpLevel`를 검색하고 각 행의 `Manager` 이름을 검색하려고 스칼라 서브 쿼리를 사용했다.

실전 SQL

퀴즈 4. industry_group 테이블에서 industry 열의 데이터가 Oil에 해당하는 symbol을 industry_group_symbol 테이블에서 검색한 다음, nasdaq_company 테이블에서 해당 symbol의 company_name을 검색하세요(CTE 형식의 코드를 사용해 작성하세요).

05

다양한 SQL 함수
사용하기

05장에서는 데이터를 검색할 때 유용한 SQL 함수를 공부한다. 함수는 크게 문자, 숫자, 날짜, 집계, 수학 관련 함수로 나눌 수 있다. SQL 함수를 잘 활용하면 직접 계산식을 작성하거나 여러 단계로 쿼리를 작성해야 했던 불편함을 쉽게 해소할 수 있고, 작업 능률도 크게 오른다. 함수는 쿼리를 작성하는 데 필수 내용이므로 반드시 여러 번 연습하기를 권장한다.

05-1 문자열 함수

처음 알아볼 SQL 함수는 문자열 함수이다. 문자열 관련 함수에는 문자열 연결, 형식 변환, 공백 제거, 치환 등이 있다.

문자열과 문자열 연결하기: CONCAT 함수

문자열과 문자열은 연결 연산자 +를 사용해 쉽게 연결할 수 있다. 다음 쿼리는 symbol 열과 company_name 열을 연결한다.

연결 연산자 +로 문자열을 연결하는 방법

```
SELECT symbol + ' : ' + company_name FROM nasdaq_company
```

문자열을 연결하는 또 다른 방법은 CONCAT 함수를 사용하는 것이다. CONCAT 함수의 사용 방법은 간단하다. 함수의 인자로 연결할 문자열을 쉼표로 구분해 나열한다.

CONCAT 함수로 문자열을 연결하는 방법

```
SELECT CONCAT('I ', 'Love ', 'SQL')
```

열에 적용할 때도 마찬가지이다. 다음은 열 이름과 문자열을 인자로 전달한 것이다.

Do it! SQL   CONCAT 함수로 열 이름과 문자열 연결   □▣⊠

```
SELECT CONCAT (symbol, ' : ', company_name)
FROM nasdaq_company
```

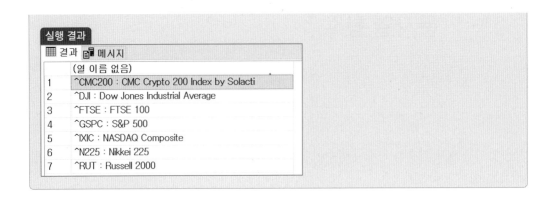

문자열과 숫자 또는 날짜 연결하기: CAST, CONVERT 함수

실무를 하다 보면 문자열이 아닌 값을 문자열에 연결해야 할 때가 많다. 예를 들어 숫자나 날짜 등의 값을 문자열로 변환해 연결하려면 어떻게 해야 할까? 그런 경우에는 변환 함수인 CAST와 CONVERT 함수를 사용한다. 다음은 숫자형 `ipo_year` 열과 `open_price` 열에 어떤 값이 있는지 확인하는 쿼리와, 이들 두 열을 연결하고자 `+`를 사용하는 쿼리이다. 결과 화면에서 이미 눈치챘겠지만 이 쿼리는 우리가 의도한 대로 작동하지 않는다.

```
SELECT ipo_year, open_price FROM nasdaq_company
WHERE symbol = 'MSFT'

SELECT ipo_year + open_price FROM nasdaq_company
WHERE symbol = 'MSFT'
```

결과를 보면 `ipo_year + open_price`의 결과는 문자열 1986338.5100…이 아니라 숫자형을 더한 값 2324.51…이다. CAST 또는 CONVERT 함수는 숫자형이나 날짜형 등의 데이터를 문자열과 같은 자료형으로 변환할 수 있다. CAST 함수는 다음과 같은 형태로 1개의 인자만 넘겨 사용한다.

> **CAST 함수 사용 방법**
>
> ```
> CAST(expression AS datatype(length))
> ```

앞에서 오류가 발생한 쿼리를 CAST 함수를 사용해 수정해 보자. 숫자형을 문자열로 변환한 뒤 +로 문자열을 연결했다.

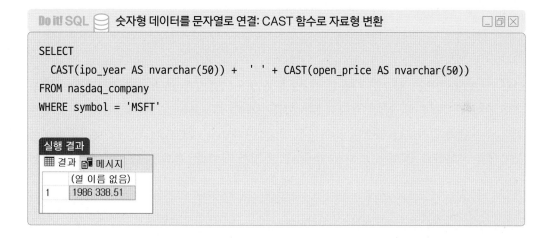

계속해서 CONVERT 함수를 알아보자. CONVERT 함수 사용 방법은 다음과 같은 형태로 2 개의 인자를 넘겨 사용한다.

> **CONVERT 함수 사용 방법**
>
> ```
> CONVERT (data_type [(length)], expression [, style])
> ```

다음 쿼리는 CONVERT 함수를 사용해 숫자 형식을 문자 형식으로 변환해 문자열을 연결 했다.

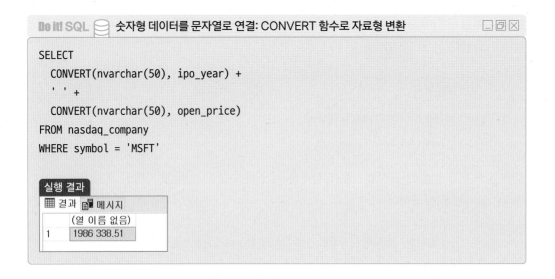

CAST나 CONVERT 함수를 사용할 때 AS nvarchar(50) 또는 nvarchar(50)과 같이 문자열의 길이를 지정할 수 있다. 그리고 문자열을 변환할 때 nvarchar에 지정한 값이 실제 변환할 문자열의 길이보다 작으면 문자열이 잘린다. 다음은 '2021-01-01 23:59:59.999'를 문자열로 변환하되, 문자열 크기를 5byte로 지정한 것이다. 결과를 보면 문자열이 5개만 나타났다.

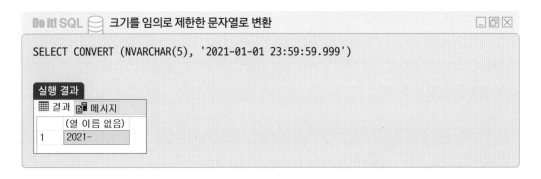

그렇다면 숫자형을 문자열로 변환하되 문자열 크기를 작게 지정하면 어떻게 될까? 아마 지정된 문자열 크기만큼의 숫자가 반환될 것으로 예상했을 것이다. 하지만 실제로는 산술 오버플로 오류가 발생한다.

다음은 10자리 숫자를 5자리 문자열로 변환하는 쿼리이다. 결과를 보면 변환해 할당한 공간의 크기 5가 변환할 대상의 크기 10보다 작아서 산술 오버플로 오류가 발생하는 것을 알 수 있다.

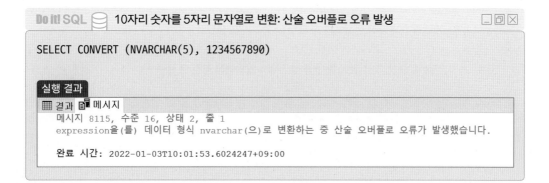

Do it! SQL 🗄 10자리 숫자를 5자리 문자열로 변환: 산술 오버플로 오류 발생 ⬜▢✖

```
SELECT CONVERT (NVARCHAR(5), 1234567890)
```

실행 결과

⊞ 결과 📄 메시지

메시지 8115, 수준 16, 상태 2, 줄 1
expression을(를) 데이터 형식 nvarchar(으)로 변환하는 중 산술 오버플로 오류가 발생했습니다.

완료 시간: 2022-01-03T10:01:53.6024247+09:00

만약 숫자에서 앞의 5자리를 문자열로 반환받고 싶다면 숫자 앞뒤로 ' '를 추가해 문자열로 인식시킨 다음 5자리를 잘라내야 한다.

알아 두면 좋아요!

데이터의 형 우선순위

데이터를 다루다 보면 문자열 자료형의 열에 숫자가 입력된 경우가 있다. 이때 문자열을 연결하면 문자열이 아닌 숫자 형식으로 인식되어, 문자열 연결이 아닌 산술 더하기로 계산되는 경우가 있다. 데이터 우선순위에 따라 숫자가 더 높으므로 문자열 자료형의 열에 입력된 숫자형 문자가 숫자로 묵시적 형 변환되는 것이다.

다음 쿼리는 ipo_year 열의 자료형을 문자열로 변환하고, 숫자 형식의 open_price 열과 문자열을 연결하고자 연결 연산자를 사용했다. 실제로 쿼리를 실행해 보면 문자열 연결이 아닌 숫자로 더하기가 발생한 것을 확인할 수 있다.

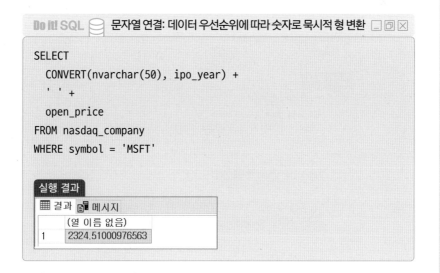

Do it! SQL 🗄 문자열 연결: 데이터 우선순위에 따라 숫자로 묵시적 형 변환 ⬜▢✖

```
SELECT
  CONVERT(nvarchar(50), ipo_year) +
  ' ' +
  open_price
FROM nasdaq_company
WHERE symbol = 'MSFT'
```

실행 결과

⊞ 결과 📄 메시지

	(열 이름 없음)
1	2324.51000976563

다음 쿼리는 숫자 자료형과 날짜 자료형이 있을 때 형 변환을 하며 문자열을 연결한다.

이때 경우에 따라 전혀 예상하지 못한 결과가 발생했다.

Do it! SQL 🗄 문자열 연결: 숫자형 + 날짜형의 각종 형 변환 ⬚⬚⬚

```sql
SELECT
  ipo_year,last_crawel_date
FROM nasdaq_company
WHERE symbol = 'MSFT'


-- 숫자 + 날짜 연결
SELECT
  ipo_year + last_crawel_date
FROM nasdaq_company
WHERE symbol = 'MSFT'


-- 문자(숫자 형식) + 날짜 연결
SELECT
  CONVERT(nvarchar(50), ipo_year) + last_crawel_date
FROM nasdaq_company
WHERE symbol = 'MSFT'


-- 문자(숫자 형식) + 문자(날짜 형식) 연결
SELECT
  CONVERT(nvarchar(50), ipo_year) +
  ' ' +
  CONVERT(nvarchar(50), last_crawel_date, 120)
FROM nasdaq_company
WHERE symbol = 'MSFT'
```

실행 결과

⊞ 결과 📄 메시지

	ipo_year	last_crawel_date
1	1986	2021-11-05 00:00:00.000

	(열 이름 없음)
1	2027-04-14 00:00:00.000

	(열 이름 없음)
1	2107-11-06 00:00:00.000

	(열 이름 없음)
1	1986 2021-11-05 00:00:00

숫자 형식 ipo_year 열을 문자 형식으로 변환한 뒤 날짜 형식 last_crawel_date 열과 서로 연결했더니, last_crawel_date 열에 ipo_year-1900년도에 해당하는 숫자가 연도로 더해진 결과가 검색되었다.

다음 쿼리는 숫자와 문자를 + 연산자로 연결하는데 symbol은 문자형의 숫자가 아닌 문자 데이터이다. 그리고 ipo_year는 숫자형이므로, 데이터 우선순위에 따라 symbol의 데이터가 숫자형으로 암시적 형 변환을 시도했으나 변환할 수 없는 데이터이므로 오류가 발생했다.

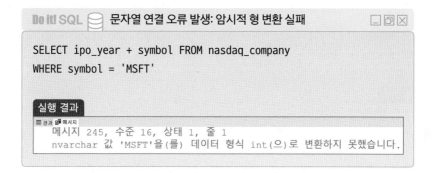

Do it! SQL | 문자열 연결 오류 발생: 암시적 형 변환 실패

```
SELECT ipo_year + symbol FROM nasdaq_company
WHERE symbol = 'MSFT'
```

실행 결과

```
메시지 245, 수준 16, 상태 1, 줄 1
nvarchar 값 'MSFT'을(를) 데이터 형식 int(으)로 변환하지 못했습니다.
```

문자열을 연결할 때는 연결하려는 열의 자료형을 이해하고, 원하는 결과가 나오도록 형 변환에 주의한다.

NULL과 문자열 연결하기: ISNULL, COALESCE 함수

만약 문자열과 연결하려는 값이 NULL이면 결과는 NULL로 반환된다. 그래서 테이블에 NULL이 있다면 문자열 또는 숫자로 자료형을 변환해야 한다. NULL은 ISNULL 함수나 COALESCE 함수로 자료형을 변환한다. ISNULL 함수는 인자로 (**열 이름, 대체할 값**)과 같이 전달하면 해당 열 이름의 NULL을 대체할 값으로 변환하고, COALESCE 함수는 (**열 이름 1, 열 이름 2, …**)와 같이 여러 열 이름을 인자로 전달한다.

ISNULL 함수의 형 변환 기본 형식

```
ISNULL (check_expression, replacement_value)
```

다음은 ISNULL 함수를 사용한 2가지 예이다. 위쪽에 있는 쿼리는 sector 열의 값이 NULL이면 공백 ' '으로 대체하고 아래쪽에 있는 쿼리는 'industry'로 대체한다. ISNULL 함수의 결과 비교를 위해 symbol, sector, industry, open_price 열을 모두 출력한 쿼리도 입력해 두었으니 참고하기 바란다.

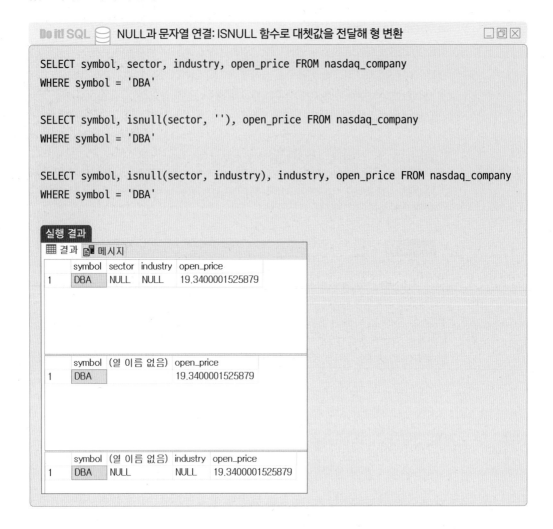

```
Do it! SQL 🗄  NULL과 문자열 연결: ISNULL 함수로 대첫값을 전달해 형 변환        □ ▣ ⊠

SELECT symbol, sector, industry, open_price FROM nasdaq_company
WHERE symbol = 'DBA'

SELECT symbol, isnull(sector, ''), open_price FROM nasdaq_company
WHERE symbol = 'DBA'

SELECT symbol, isnull(sector, industry), industry, open_price FROM nasdaq_company
WHERE symbol = 'DBA'
```

실행 결과

⊞ 결과 📄 메시지

	symbol	sector	industry	open_price
1	DBA	NULL	NULL	19.3400001525879

	symbol	(열 이름 없음)	open_price
1	DBA		19.3400001525879

	symbol	(열 이름 없음)	industry	open_price
1	DBA	NULL	NULL	19.3400001525879

계속해서 COALESCE 함수를 사용해 보자. COALESCE 함수는 첫 번째 인자로 전달한 값이 NULL일 때 이후 쉼표로 구분해 입력한 N개의 인자를 순차 대입한다. 예를 들어 다음 쿼리에서 sector 값이 NULL일 때, 다음 인자인 industry가 NULL이면 그다음 인자인 open_price를 확인해 대입하는 식이다.

▶ 만약 마지막 인자도 NULL이라면 NULL을 반환한다.

Do it! SQL — NULL과 문자열 연결: COALESCE 함수로 대쳇값을 전달해 형 변환

```sql
SELECT symbol, coalesce(sector, industry, open_price), industry, open_price
FROM nasdaq_company
WHERE symbol = 'DBA'
```

실행 결과

⊞ 결과 📄 메시지

	symbol	(열 이름 없음)	industry	open_price
1	DBA	19.3400001525879	NULL	19.3400001525879

문자열을 소문자나 대문자로 변경하기: LOWER, UPPER 함수

LOWER 함수와 UPPER 함수는 각각 문자열을 소문자와 대문자로 변경한다. 사용 방법은 매
우 간단하므로 별다른 설명 없이 다음 함수 설명으로 넘어가겠다.

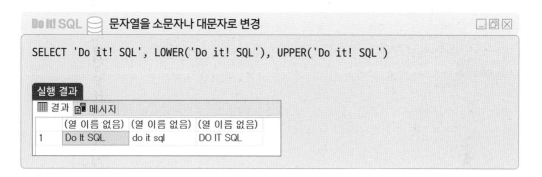

Do it! SQL — 문자열을 소문자나 대문자로 변경

```sql
SELECT 'Do it! SQL', LOWER('Do it! SQL'), UPPER('Do it! SQL')
```

실행 결과

⊞ 결과 📄 메시지

	(열 이름 없음)	(열 이름 없음)	(열 이름 없음)
1	Do It SQL	do it sql	DO IT SQL

문자열 공백 제거하기: LTRIM, RTRIM, TRIM 함수

사용자가 어떤 데이터를 입력할 때 의도치 않게 공백을 입력하거나, 반대로 의도해 공백을 입
력하는 경우가 있다. 데이터를 관리하는 입장에서 공백은 문제를 일으킬 수 있으므로 관리 대
상이다. 예를 들어 사용자가 회원가입을 할 때 실수로 아이디나 비밀번호에 공백을 입력했고
데이터베이스에서 공백을 허용해 저장했다면 다음에 사용자가 로그인을 할 때 제대로 아이
디와 비밀번호를 입력해도 인증 처리가 되지 않을 것이다. 이처럼 실수로 입력한 공백을 없애
는 작업이 종종 필요한데 그럴 때 공백 제거 함수를 사용한다. LTRIM 함수와 RTRIM 함수에
서 L은 왼쪽, R은 오른쪽을 의미하며 각각 문자열의 왼쪽(앞), 오른쪽(뒤)의 공백을 제거한다.
만약 양쪽 공백을 제거하려면 TRIM 함수를 사용한다.

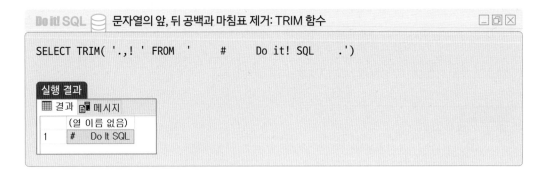

TRIM 함수의 또 다른 기능은 단어 앞, 뒤에 있는 공백과 마침표를 제거하는 것이다. 공백과 마침표 제거 기능은 LTRIM 함수, RTRIM 함수에는 없으므로 알아 두면 요긴하다.

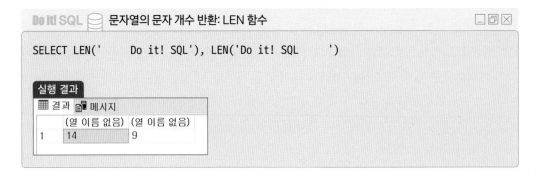

문자열 길이 반환하기: LEN 함수

LEN 함수는 문자열의 문자 개수를 반환한다. LEN 함수의 특징은 문자 개수를 셀 때 앞의 공백은 포함하지만, 뒤의 공백은 포함하지 않는다. 다음 예를 보면 쉽게 이해할 수 있을 것이다.

```
Do it! SQL  문자열의 문자 개수 반환: LEN 함수                    □回⊠

SELECT LEN('    Do it! SQL'), LEN('Do it! SQL      ')
```

실행 결과

	(열 이름 없음)	(열 이름 없음)
1	14	9

테이블 열의 문자열 길이를 반환해 특정 길이의 문자열을 찾는 데 활용할 수 있다.

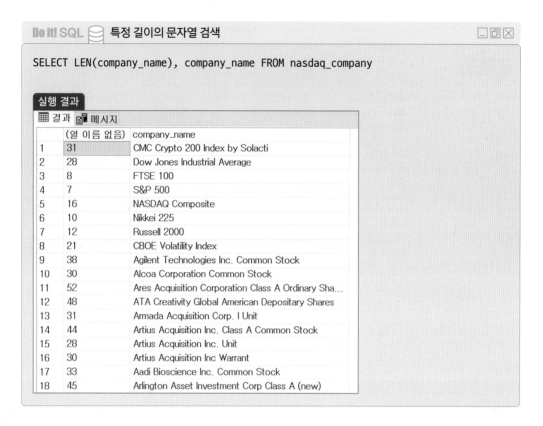

특정 문자까지 문자열 길이 반환하기: CHARINDEX 함수

CHARINDEX 함수는 지정한 특정 문자까지의 길이를 반환한다. 예를 들어 다음 쿼리는 느낌표가 있는 문자까지의 문자열 길이를 반환한다.

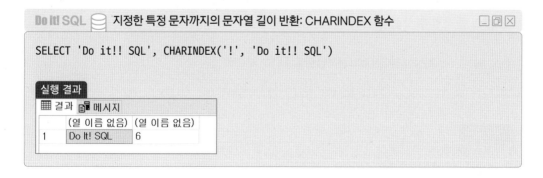

CHARINDEX 함수는 만약 지정한 문자가 탐색 대상 문자열에 없으면 0을 반환한다.

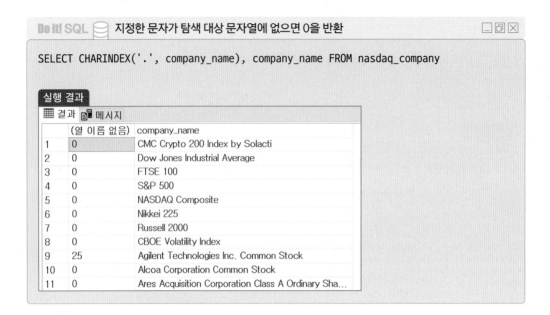

지정한 길이만큼 문자열 반환하기: LEFT, RIGHT 함수

LEFT 함수와 RIGHT 함수는 문자열 왼쪽 또는 오른쪽에서 시작해 정의한 위치까지 문자열을 반환한다. 문자열 위치의 시작값은 1로, 다음 그림을 상상하면 이해하기 쉬울 것이다.

1	2	3	4	5	6	7
D	o	i	t	S	Q	L

문자열 길이의 시작값이 1인 이미지

다음은 문자열 왼쪽과 오른쪽에서 각각 2개의 문자열을 반환하는 쿼리이다. 2번째 인자로 전달한 값이 문자열 위칫값이다.

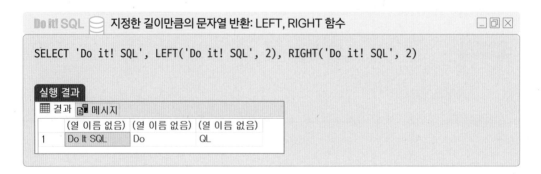

지정한 범위의 문자열 반환하기: SUBSTRING 함수

SUBSTRING 함수는 지정한 범위의 문자열을 반환한다. 2번째 인자에는 시작 범위를, 3번째 인자에는 시작 위치로부터 반환할 문자 개수를 입력한다.

> **지정한 범위의 문자열 반환하는 방법: SUBSTRING 함수**
>
> ```
> SUBSTRING (expression, start, length)
> ```

다음은 4번째 문자부터 2개의 문자를 반환하는 쿼리이다. 공백도 문자에 포함되므로 실습할 때 참고하자.

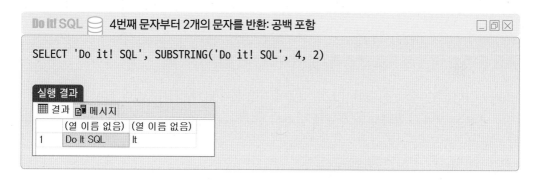

SUBSTRING 함수는 열 이름을 전달해 사용할 수도 있다. 다음은 company_name 열에서 2번째 문자부터 3개의 문자를 반환하는 쿼리이다. 결괏값 비교를 위해 원래 문자도 검색하도록 쿼리를 구성했다.

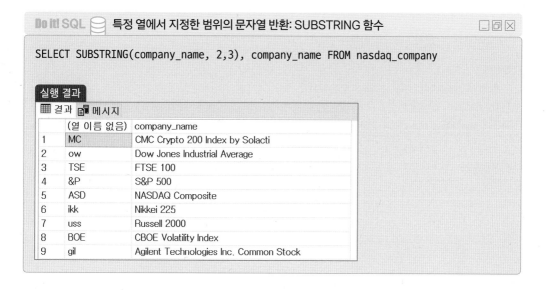

SUBSTRING 함수는 CHARINDEX 함수를 조합해 사용하는 경우가 많다. 다음은 CHARINDEX 함수로 @ 문자 위치를 계산한 다음 그 값을 SUBSTRING 함수에 사용해 @ 문자 바로 앞까지의 문자열을 검색하는 쿼리이다.

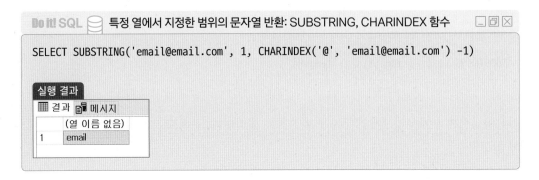

특정 문자를 다른 문자로 변경하기: REPLACE 함수

REPLACE 함수는 함수 이름에서 느껴지듯이 지정 문자를 다른 문자로 대체한다. 첫 번째 인자는 열 또는 문자를 입력하고, 두번째 인자는 변경하려는 문자열을, 세번째 인자는 변경 문자열을 입력한다.

특정 문자를 다른 문자로 변경하는 방법: REPLACE 함수

```
REPLACE (string_expression, string_pattern, string_replacement)
```

다음은 문자 A를 C로 대체하는 쿼리이다.

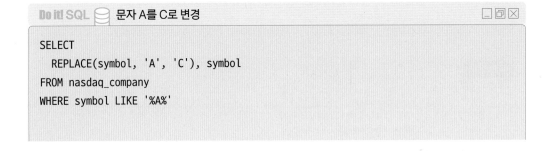

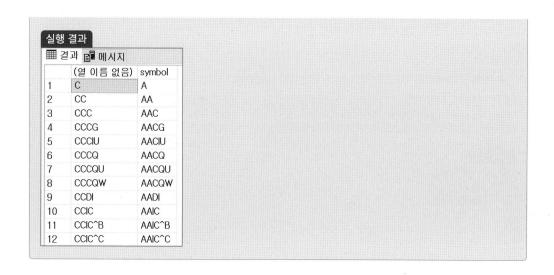

문자 반복하기: REPLICATE 함수

REPLICATE 함수는 지정한 문자를 반복할 때 사용한다. 반복할 문자와 반복 횟수를 인자로 전달한다.

> **지정한 문자를 반복하는 방법: REPLICATE 함수**
>
> ```
> REPLICATE (string_expression, integer_expression)
> ```

다음은 문자 0을 10번 반복하는 쿼리이다.

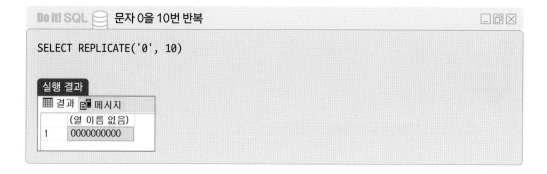

다른 함수와 조합해 사용할 수도 있다. 다음은 REPLACE 함수와 REPLECATE 함수를 함께 사용해 문자 A를 C로 바꾸되 10번 반복하는 쿼리이다.

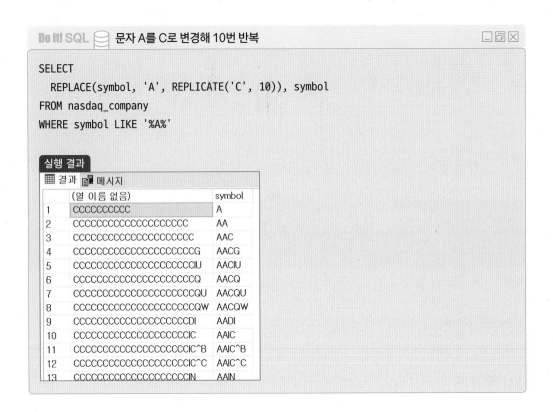

공백 문자 반복하기: SPACE 함수

SPACE 함수는 공백 문자를 반복한다. 다음은 symbol 열에 10개의 공백 문자를 붙이는 쿼리이다.

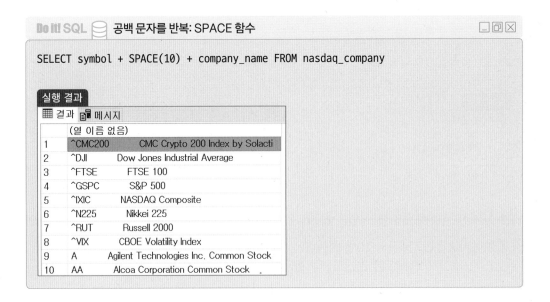

문자열 역순으로 표시하기: REVERSE 함수

REVERSE 함수는 문자열을 거꾸로 정렬하는 함수이다. 사용할 일이 없을 것 같지만, 다양한
문자열 함수와 혼합하면 이메일에서 도메인의 자릿수 구하기나 다음 예제에서 다루는 IP 대
역 구하기 등 다양하게 활용할 수 있다.

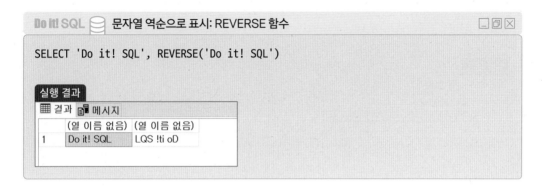

```
SELECT 'Do it! SQL', REVERSE('Do it! SQL')
```

REVERSE 함수는 다음과 같이 여러 함수와 조합해 사용하면 매우 유용한 작업을 할 수 있다.
다음 쿼리는 CHARINDEX 함수, LEN 함수, SUBSTRING 함수를 조합해 아이피 주소의 3
번째 부분 정보까지 검색한다.

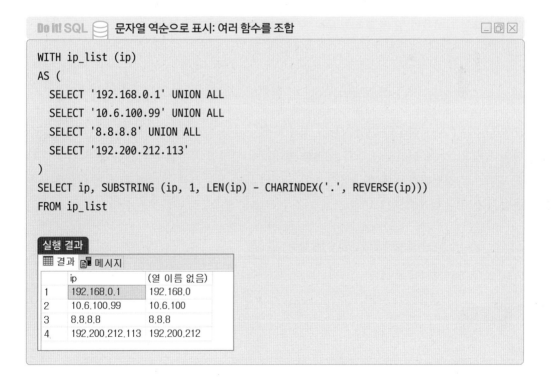

```
WITH ip_list (ip)
AS (
  SELECT '192.168.0.1' UNION ALL
  SELECT '10.6.100.99' UNION ALL
  SELECT '8.8.8.8' UNION ALL
  SELECT '192.200.212.113'
)
SELECT ip, SUBSTRING (ip, 1, LEN(ip) - CHARINDEX('.', REVERSE(ip)))
FROM ip_list
```

지정한 범위의 문자열 삭제하고 새 문자열 끼워 넣기: STUFF 함수

STUFF 함수는 지정한 범위의 문자를 삭제하고 새 문자열을 끼워 넣는다. 예를 들면 다음 쿼리는 문자열 7번째 위치부터 문자를 2개만큼 삭제하고 새 문자열을 끼워 넣는다.

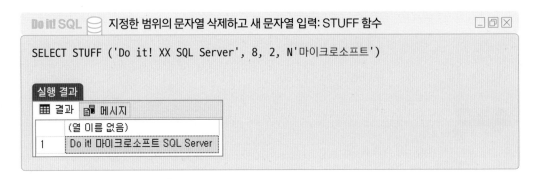

결과를 보면 공백을 포함해 8번째 자리의 문자부터 2개째 문자인 **'XX'**까지 삭제하고 **'마이크로소프트'**를 끼워 넣었음을 알 수 있다. 이러한 STUFF 함수를 사용해 데이터를 검색할 때는 검색하려는 열 길이보다 긴 문자열을 넣어도 뒷부분이 잘리지 않는다. 그 이유는 데이터를 검색한 뒤 결과를 보여 줄 때 변환하므로, 실제 저장된 데이터 길이에는 영향을 미치지 않기 때문이다. 하지만 검색한 결과를 다시 저장하려고 할 때는 변환한 문자열 길이가 저장할 수 있는 문자열 길이보다 길 경우 뒷부분이 잘리거나 오류가 발생할 수 있다.

숫자를 문자열로 변환하기: STR 함수

STR 함수는 CAST 함수나 CONVERT 함수처럼 숫자를 문자열로 변환한다. 다만 STR 함수만의 특징은 2번째 인자로 전달하는 변환 길잇값이 변경할 문자열 길이보다 짧은 경우 오른쪽 맞춤으로 정렬한다는 것과, 3번째 인자로 전달하는 소수 부분 길이에 맞게 반올림해 표현한다는 것이다. 다음은 123.45를 길이 6, 소수 부분은 길이 1로 변환하는 쿼리를 보여 준다.

만약 변환 길잇값이 변경할 문자열 길이보다 짧으면 변환 길잇값만큼 * 문자를 반환한다. 다음 쿼리의 경우 변환 길잇값은 2이고 변경할 문자열의 길이가 5이므로 **를 반환했다.

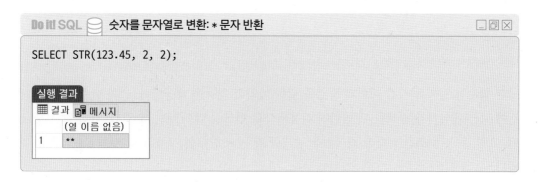

실전 SQL

퀴즈 1. nasdaq_company 테이블에서 company_name 열의 데이터 중 마침표(.)를 포함하는 데이터를 검색해 .를 ****로 변경하세요.

05-2 날짜 함수

날짜 함수는 날짜나 시간 데이터 작업을 위한 다양한 기능을 제공한다. 날짜 함수의 경우 기간에 따른 데이터를 검색할 때 빈번히 사용되므로 반드시 알아 두는 게 좋다. 특히 같은 해나 달, 요일 등 특정 조건에 따라 데이터를 검색할 때 날짜 함수를 사용하면 편리하게 검색할 수 있다.

서버의 현재 날짜, 시간 반환하기: GETDATE, SYSDATETIME 함수

만약 현재 접속 중인 데이터베이스 서버의 시간을 확인하려면 GETDATE 함수 또는 SYSDATETIME 함수를 사용한다. 두 함수의 차이점은 GETDATE 함수는 소수점 3자리까지, SYSDATETIME 함수는 소수점 7자리까지 시간을 표현한다는 점이다. 참고로 이 함수들은 실행할 때마다 다른 값을 반환하는 비결정적 함수에 속한다.

▶ 반대로, 결정적 함수는 데이터베이스 상태가 같다면 항상 같은 값을 반환하는 함수를 말한다.

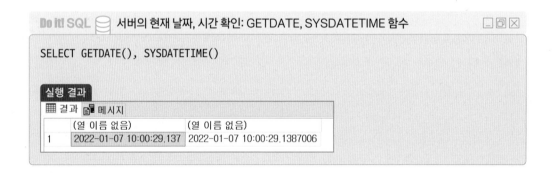

서버의 현재 UTC 날짜, 시간 반환하기: GETUTCDATE, SYSUTCDATETIME 함수

현재 접속한 데이터베이스 서버의 협정 세계시, 즉 UTC^{Universal Time Coordinated} 시간을 확인하려면 GETUTCDATE 함수나 SYSUTCDATETIME 함수를 사용한다. 국가마다 시간이 다르므로 전 세계가 같은 시간을 기준으로 사용하고자 1972년 1월 1일부터 UTC 시간을 사용했다.

이들 두 함수의 차이점은 UTC라는 글자가 추가된 것뿐, 사용법은 앞에서 본 GETDATE 함수
나 SYSDATETIME 함수와 같다. 각 함수는 소수점 3자리와 7자리까지의 시간을 반환한다.

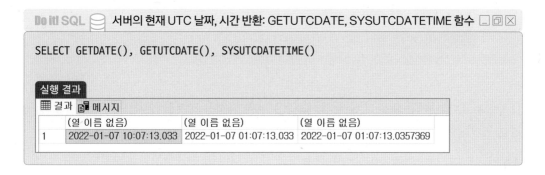

날짜 더하기: DATEADD 함수

날짜를 더하거나 빼려면 DATEADD 함수를 사용한다. DATEADD 함수는 다음과 같이 날짜
형식(datepart), 숫자(year), 더하거나 뺄 대상 날짜(date)를 인자로 받는다.

예를 들어 날짜 형식을 year로, 숫자를 1로, 대상 날짜를 현재 날짜인 GETDATE()로 설정하면
현재 날짜에서 year 부분만 1만큼 더한 결과를 볼 수 있다. 반대로 숫자를 -1로 설정하면 year
에서 1만큼 뺀 결과를 볼 수 있다.

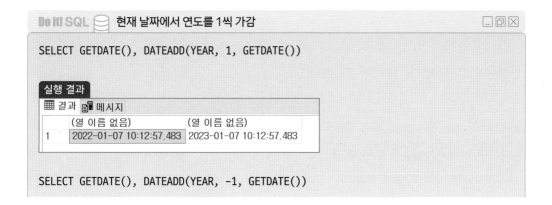

DATEADD 함수에는 **year**나 **quarter**와 같은 날짜 형식을 사용할 수 있으며 줄임말로 입력해도 똑같이 작동한다. 자세한 날짜 형식은 다음 표를 참고하자.

표 5-1 DATEADD 함수에 사용하는 날짜 형식

날짜 형식	줄임말
year	yy, yyyy
quarter	qq, q
month	mm, m
dayofyear	dy, y
day	dd, d
week	wk, ww
weekday	dw, w

날짜 형식	줄임말
hour	hh
minute	mi, n
second	ss, s
millisecond	ms
microsecond	mcs
nanosecond	ns

날짜 차이 구하기: DATEDIFF 함수

DATEDIFF 함수는 날짜 차이를 구할 수 있다. 이 함수는 인자로 날짜 형식(datepart), 시작 날짜(startdate), 종료 날짜(enddate)를 받는다.

날짜 차이 반환: DATEDIFF 함수

```
DATEDIFF (datepart, startdate, enddate)
```

예를 들어 날짜 형식을 **year**로, 시작 날짜를 '2019-12-31'로, 종료 날짜를 '2021-01-01'로 전달하면 시작 날짜와 종료 날짜 사이의 기간을 1년 단위로 반환한다. 다음 쿼리를 실행해 DATEDIFF 함수의 작동을 익히자.

```
SELECT DATEDIFF(year, '2019-12-31 23:59:59.9999999', '2021-01-01 00:00:00.0000000');
SELECT DATEDIFF(quarter, '2019-12-31 23:59:59.9999999', '2021-01-01 00:00:00.0000000');
SELECT DATEDIFF(month, '2019-12-31 23:59:59.9999999', '2021-01-01 00:00:00.0000000');
SELECT DATEDIFF(dayofyear, '2019-12-31 23:59:59.9999999', '2021-01-01 00:00:00.0000000');
SELECT DATEDIFF(day, '2019-12-31 23:59:59.9999999', '2021-01-01 00:00:00.0000000');
SELECT DATEDIFF(week, '2019-12-31 23:59:59.9999999', '2021-01-01 00:00:00.0000000');
SELECT DATEDIFF(hour, '2019-12-31 23:59:59.9999999', '2021-01-01 00:00:00.0000000');
SELECT DATEDIFF(minute, '2019-12-31 23:59:59.9999999', '2021-01-01 00:00:00.0000000');
SELECT DATEDIFF(second, '2019-12-31 23:59:59.9999999', '2021-01-01 00:00:00.0000000');
SELECT DATEDIFF(millisecond, '2019-12-31 23:59:59.9999999', '2021-01-01 00:00:00.0000000');
SELECT DATEDIFF(microsecond, '2019-12-31 23:59:59.9999999', '2021-01-01 00:00:00.0000000');
```

실행 결과

▦ 결과 📄 메시지

(열 이름 없음)
1	2

(열 이름 없음)
1	5

(열 이름 없음)
1	13

(열 이름 없음)
1	367

지정된 날짜 일부 반환하기: DATEPART, DATENAME 함수

DATEPART 함수와 DATENAME 함수는 지정된 날짜의 일부를 반환한다. 예를 들어 이들 함수를 사용하면 보고서에 연도나 월만 표시할 수 있다.

지정된 날짜 일부 반환: DATEPART, DATENAME 함수

```
DATEPART (datepart, date)
DATENAME (datepart, date)
```

두 함수의 차이점은, DATEPART 함수는 반환값이 월요일이라면 1과 같은 숫자를, DATENAME 함수는 반환값이 금요일이라면 금요일 그대로 실젯값을 반환한다는 것이다. 다음은 DATEPART 함수와 DATENAME 함수를 사용한 쿼리이다. 결과를 보면 두 함수의 차이점을 쉽게 알 수 있을 것이다.

▶ 한글 버전은 Month 부분은 숫자로, 영어 버전은 January 등 영어로 표시된다.

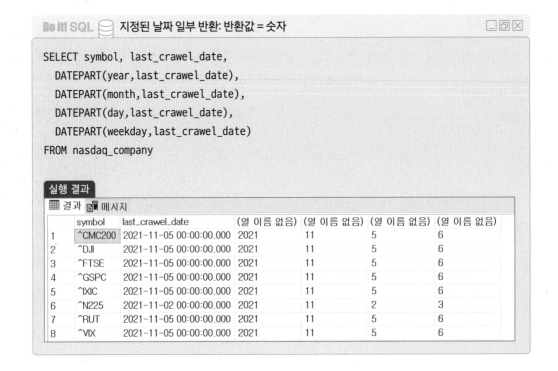

Do it! SQL 지정된 날짜 일부 반환: 반환값 = 숫자

```
SELECT symbol, last_crawel_date,
  DATEPART(year,last_crawel_date),
  DATEPART(month,last_crawel_date),
  DATEPART(day,last_crawel_date),
  DATEPART(weekday,last_crawel_date)
FROM nasdaq_company
```

실행 결과

■ 결과 ■ 메시지

	symbol	last_crawel_date	(열 이름 없음)	(열 이름 없음)	(열 이름 없음)	(열 이름 없음)
1	^CMC200	2021-11-05 00:00:00.000	2021	11	5	6
2	^DJI	2021-11-05 00:00:00.000	2021	11	5	6
3	^FTSE	2021-11-05 00:00:00.000	2021	11	5	6
4	^GSPC	2021-11-05 00:00:00.000	2021	11	5	6
5	^IXIC	2021-11-05 00:00:00.000	2021	11	5	6
6	^N225	2021-11-02 00:00:00.000	2021	11	2	3
7	^RUT	2021-11-05 00:00:00.000	2021	11	5	6
8	^VIX	2021-11-05 00:00:00.000	2021	11	5	6

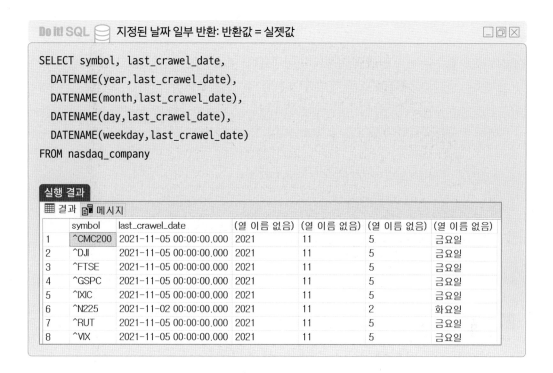

```
SELECT symbol, last_crawel_date,
  DATENAME(year,last_crawel_date),
  DATENAME(month,last_crawel_date),
  DATENAME(day,last_crawel_date),
  DATENAME(weekday,last_crawel_date)
FROM nasdaq_company
```

실행 결과

	symbol	last_crawel_date	(열 이름 없음)	(열 이름 없음)	(열 이름 없음)	(열 이름 없음)
1	^CMC200	2021-11-05 00:00:00.000	2021	11	5	금요일
2	^DJI	2021-11-05 00:00:00.000	2021	11	5	금요일
3	^FTSE	2021-11-05 00:00:00.000	2021	11	5	금요일
4	^GSPC	2021-11-05 00:00:00.000	2021	11	5	금요일
5	^IXIC	2021-11-05 00:00:00.000	2021	11	5	금요일
6	^N225	2021-11-02 00:00:00.000	2021	11	2	화요일
7	^RUT	2021-11-05 00:00:00.000	2021	11	5	금요일
8	^VIX	2021-11-05 00:00:00.000	2021	11	5	금요일

날짜에서 일, 월, 연도 가져오기: DAY, MONTH, YEAR 함수

DAY 함수와 MONTH 함수, YEAR 함수는 각각 날짜에서 일, 월, 연도의 값을 가져온다. 큰
의미에서는 DATEPART 함수와 같지만 부분으로 사용하고 싶을 때 요긴한 함수이다.

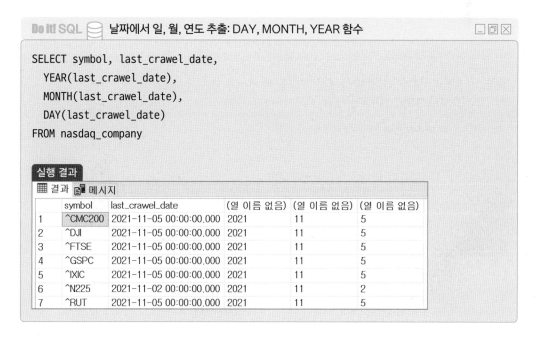

```
SELECT symbol, last_crawel_date,
  YEAR(last_crawel_date),
  MONTH(last_crawel_date),
  DAY(last_crawel_date)
FROM nasdaq_company
```

실행 결과

	symbol	last_crawel_date	(열 이름 없음)	(열 이름 없음)	(열 이름 없음)
1	^CMC200	2021-11-05 00:00:00.000	2021	11	5
2	^DJI	2021-11-05 00:00:00.000	2021	11	5
3	^FTSE	2021-11-05 00:00:00.000	2021	11	5
4	^GSPC	2021-11-05 00:00:00.000	2021	11	5
5	^IXIC	2021-11-05 00:00:00.000	2021	11	5
6	^N225	2021-11-02 00:00:00.000	2021	11	2
7	^RUT	2021-11-05 00:00:00.000	2021	11	5

날짜 자료형 또는 형태 변환하기: CONVERT 함수

CONVERT 함수는 이미 문자열 함수에서 설명했다. 여기서 한 번 더 CONVERT 관련 함수를 설명하는 이유는 다양한 날짜 형태를 표현할 수 있기 때문이다. 다음 쿼리는 YYYY-MM-DD hh:mm:ss.sss 형태를 YY/MM/DD 형태로 표현하고자 각 날짜를 파트별로 잘라서 문자열로 변환한 다음 서로 연결한 것이다.

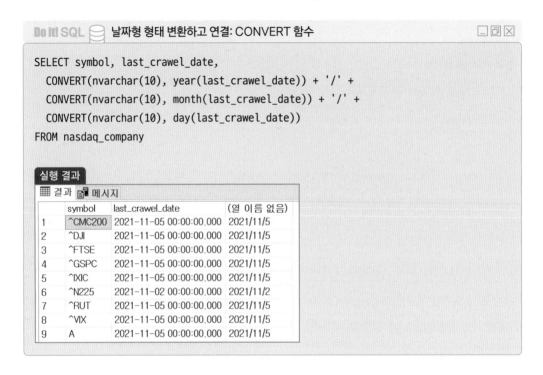

Do it! SQL 날짜형 형태 변환하고 연결: CONVERT 함수

```
SELECT symbol, last_crawel_date,
  CONVERT(nvarchar(10), year(last_crawel_date)) + '/' +
  CONVERT(nvarchar(10), month(last_crawel_date)) + '/' +
  CONVERT(nvarchar(10), day(last_crawel_date))
FROM nasdaq_company
```

실행 결과

	symbol	last_crawel_date	(열 이름 없음)
1	^CMC200	2021-11-05 00:00:00.000	2021/11/5
2	^DJI	2021-11-05 00:00:00.000	2021/11/5
3	^FTSE	2021-11-05 00:00:00.000	2021/11/5
4	^GSPC	2021-11-05 00:00:00.000	2021/11/5
5	^IXIC	2021-11-05 00:00:00.000	2021/11/5
6	^N225	2021-11-02 00:00:00.000	2021/11/2
7	^RUT	2021-11-05 00:00:00.000	2021/11/5
8	^VIX	2021-11-05 00:00:00.000	2021/11/5
9	A	2021-11-05 00:00:00.000	2021/11/5

하지만 스타일 매개변수를 사용하면 이렇게 하지 않아도 2022-01-01 형태를 2022/01/01 형태로 변경할 수 있다. 다음 쿼리에서 스타일 매개변수를 사용해 보자.

▶ 스타일 매개변수는 마이크로소프트 공식 문서(https://docs.microsoft.com/en-us/sql/t-sql/functions/cast-and-convert-transact-sql?view=sql-server-ver15)에서 자세하게 소개한다.

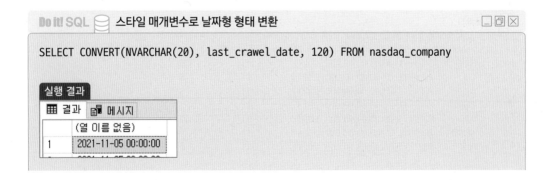

Do it! SQL 스타일 매개변수로 날짜형 형태 변환

```
SELECT CONVERT(NVARCHAR(20), last_crawel_date, 120) FROM nasdaq_company
```

실행 결과

	(열 이름 없음)
1	2021-11-05 00:00:00

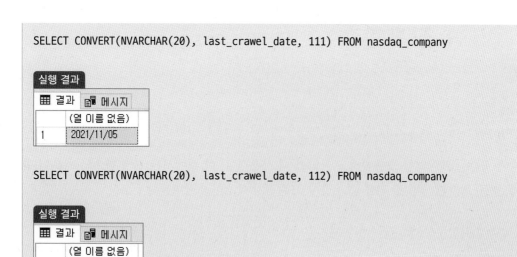

```
SELECT CONVERT(NVARCHAR(20), last_crawel_date, 111) FROM nasdaq_company
```

실행 결과

	(열 이름 없음)
1	2021/11/05

```
SELECT CONVERT(NVARCHAR(20), last_crawel_date, 112) FROM nasdaq_company
```

실행 결과

	(열 이름 없음)
1	20211105

표 5-2 날짜 포맷

포맷 번호의 값	작성 형식	결과
1	select convert(varchar, getdate(), 1)	mm/dd/yy
2	select convert(varchar, getdate(), 2)	yy.mm.dd
(...생략...)		
111	select convert(varchar, getdate(), 111)	yyyy/mm/dd
112	select convert(varchar, getdate(), 112)	yyyymmdd

표 5-3 시간 포맷

포맷 번호의 값	작성 형식	결과
8	select convert(varchar, getdate(), 8)	hh:mm:ss
14	select convert(varchar, getdate(), 14)	hh:mm:ss:nnn
(...생략...)		
114	select convert(varchar, getdate(), 114)	hh:mm:ss:nnn

실전 SQL 퀴즈 2. 현재 날짜에서 45일 이전의 날짜와 요일을 구하세요.

05-3 집계 함수

집계 함수는 데이터를 그룹화하고 요약할 때 사용한다. 이 책에서는 집계 함수의 기초인 합계, 평균, 최댓값, 최솟값 외에 중간 합계, 표준편차 함수까지 살펴본다.

조건에 맞는 데이터 개수 세기: COUNT, COUNT_BIG 함수

조건에 맞는 데이터의 개수를 세고 싶다면 COUNT 함수와 COUNT_BIG 함수를 사용한다. COUNT 함수가 반환하는 값은 INT 범위이고 COUNT_BIG 함수가 반환하는 값은 BIGINT 범위이므로, 만약 데이터 개수가 21억 개를 초과할 것으로 예상되면 COUNT_BIG 함수를 사용한다. 다음은 nasdaq_company 테이블의 항목(데이터) 개수를 모두 센 쿼리이다.

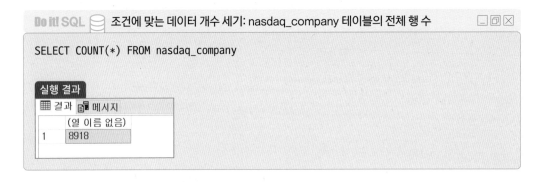

결과를 보면 총 8,918건의 데이터가 있음을 알 수 있다. 이번에는 같은 테이블에서 ipo_year 열 기준으로 그룹화해 각 ipo_year 그룹에 몇 건의 데이터가 있는지 확인하는 쿼리를 작성해 보자.

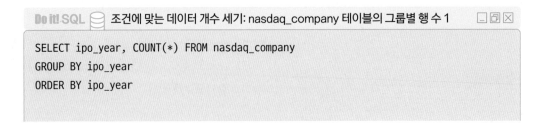

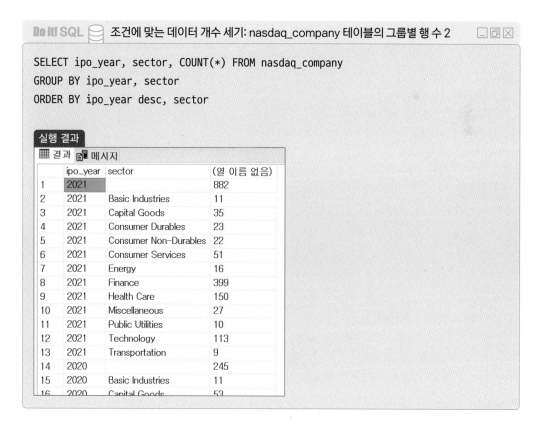

실행 결과

	ipo_year	(열 이름 없음)
1	NULL	4
2	0	859
3	1970	29
4	1971	1
5	1972	19
6	1973	121
7	1974	1
8	1975	7
9	1976	3
10	1977	9
11	1978	5
12	1979	2
13	1980	309

계속해서 ipo_year 열과 sector 열 기준으로 그룹화해 각 ipo_year 그룹에 몇 건의 데이터가 있는지 확인하는 쿼리를 작성해 보자. 결과를 보면 나열한 열 이름으로 각각 그룹화된 결과를 보여 준다.

Do it! SQL 조건에 맞는 데이터 개수 세기: nasdaq_company 테이블의 그룹별 행 수 2

```
SELECT ipo_year, sector, COUNT(*) FROM nasdaq_company
GROUP BY ipo_year, sector
ORDER BY ipo_year desc, sector
```

실행 결과

	ipo_year	sector	(열 이름 없음)
1	2021		882
2	2021	Basic Industries	11
3	2021	Capital Goods	35
4	2021	Consumer Durables	23
5	2021	Consumer Non-Durables	22
6	2021	Consumer Services	51
7	2021	Energy	16
8	2021	Finance	399
9	2021	Health Care	150
10	2021	Miscellaneous	27
11	2021	Public Utilities	10
12	2021	Technology	113
13	2021	Transportation	9
14	2020		245
15	2020	Basic Industries	11
16	2020	Capital Goods	53

COUNT 함수를 사용할 때 주의할 점이 있다. COUNT 함수에 전체 열이 아닌 특정 열만 지정하면 해당 열의 NULL값은 제외한다는 것이다. 그래서 전체 데이터 개수와 COUNT 함수로 얻은 데이터 개수가 다를 수 있다. 다음은 nasdaq_company 테이블의 전체 데이터 개수와 sector 열의 전체 데이터 개수를 센 것이다. 결과를 보면 sector 열의 NULL값은 COUNT 함수의 집계 대상이 아니므로 전체 데이터 개수와 다르다.

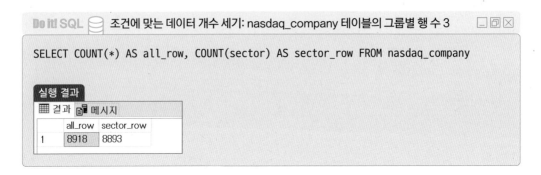

COUNT 함수를 사용할 때 DISTINCT 문을 조합하면 NULL값이 아닌 고윳값의 데이터 개수를 얻을 수도 있다.

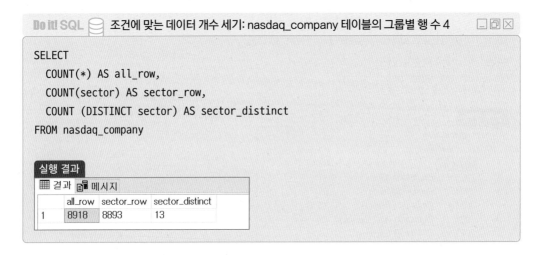

데이터 합 구하기: SUM 함수

숫자나 돈 관련 값을 합할 때는 SUM 함수를 사용한다. SUM 함수는 모든 행의 값을 합하지만 DISTINCT 문을 조합해 중복값을 무시하고 고윳값에만 SUM 함수를 적용할 수도 있다. 다음은 nasdaq_company 테이블에서 close_price 열의 모든 값을 더하는 쿼리이다. 이 쿼리는 아주 간단하므로 쉽게 이해할 수 있을 것이다.

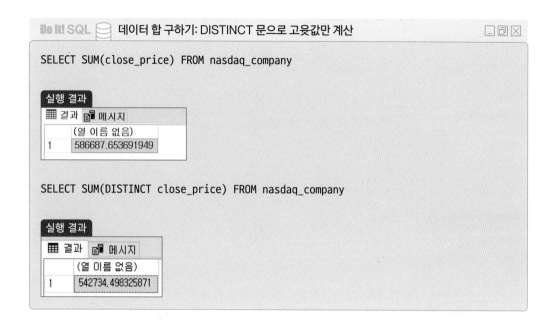

Do it! SQL 🗄 데이터 합 구하기: DISTINCT 문으로 고윳값만 계산 ⬜🗗⊠

```
SELECT SUM(close_price) FROM nasdaq_company
```

실행 결과

⊞ 결과 🗐 메시지

	(열 이름 없음)
1	586687.653691949

```
SELECT SUM(DISTINCT close_price) FROM nasdaq_company
```

실행 결과

⊞ 결과 🗐 메시지

	(열 이름 없음)
1	542734.498325871

계속해서 다른 쿼리도 입력해 보자. 다음은 GROUP BY 문을 조합해 close_price 열의 데이터를 합산하되 sector별로 그룹을 나누어 합산하는 쿼리이다.

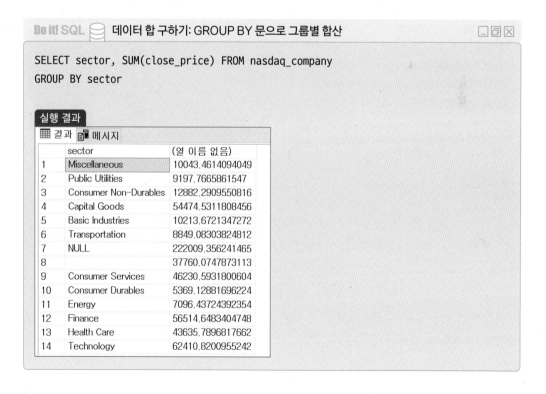

Do it! SQL 🗄 데이터 합 구하기: GROUP BY 문으로 그룹별 합산 ⬜🗗⊠

```
SELECT sector, SUM(close_price) FROM nasdaq_company
GROUP BY sector
```

실행 결과

⊞ 결과 🗐 메시지

	sector	(열 이름 없음)
1	Miscellaneous	10043.4614094049
2	Public Utilities	9197.7665861547
3	Consumer Non-Durables	12882.2909550816
4	Capital Goods	54474.5311808456
5	Basic Industries	10213.6721347272
6	Transportation	8849.08303824812
7	NULL	222009.356241465
8		37760.0747873113
9	Consumer Services	46230.5931800604
10	Consumer Durables	5369.12881696224
11	Energy	7096.43724392354
12	Finance	56514.6483404748
13	Health Care	43635.7896817662
14	Technology	62410.8200955242

SUM 함수는 사용된 열의 형식에 따라 다음과 같은 자료형을 반환하므로 참고하기 바란다.

표 5-4 SUM 함수의 입력 자료형과 반환 자료형

입력 자료형	반환 자료형
tinyint	int
smallint	int
int	int
bigint	bigint
decimal(p,s)	decimal(38,s)
money, smallmoney	money
float, real	float

만약 SUM 함수의 반환값이 반환 자료형을 초과하면 오류가 발생한다. 다음은 int형 범위를
초과해 오류가 발생한 쿼리이다. int형 범위는 −2,147,483,648 ~ 2,147,483,647이지만, 이
쿼리에서 더한 행의 값은 30억으로 21억을 뛰어넘었으므로 오버플로 오류가 발생했다.

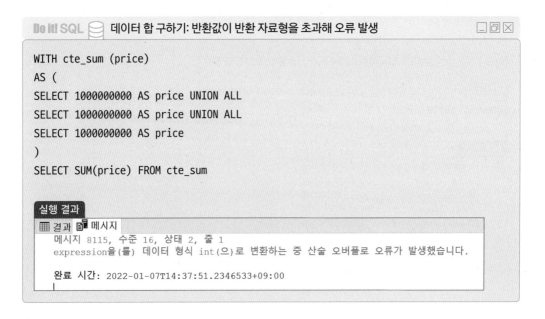

```
WITH cte_sum (price)
AS (
SELECT 1000000000 AS price UNION ALL
SELECT 1000000000 AS price UNION ALL
SELECT 1000000000 AS price
)
SELECT SUM(price) FROM cte_sum
```

실행 결과

⊞ 결과 📄 메시지
메시지 8115, 수준 16, 상태 2, 줄 1
expression을(를) 데이터 형식 int(으)로 변환하는 중 산술 오버플로 오류가 발생했습니다.

완료 시간: 2022-01-07T14:37:51.2346533+09:00

이런 오류는 자료형을 변경해 해결할 수 있다. 다음은 CAST 함수로 int형을 bigint형으로 변
경해 SUM 함수에 적용한 것이다.

데이터 평균 구하기: AVG 함수

AVG 함수는 평균을 구할 때 사용한다. AVG 함수의 특징은 NULL값은 무시한다는 것이다. 그리고 앞에서 다른 함수에 DISTINCT 문을 조합했던 것처럼 AVG 함수에도 DISTINCT 문을 조합해 중복값을 무시하고 고윳값에만 AVG 함수를 적용할 수 있다. 다음은 `close_price` 열의 평균을 구하는 쿼리이다.

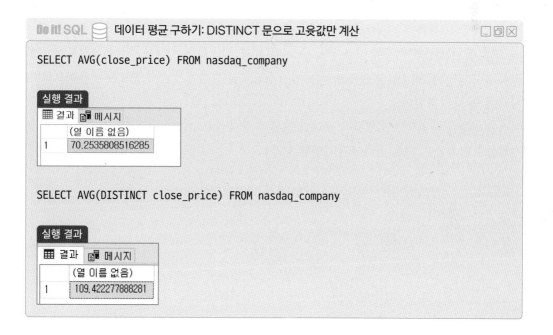

GROUP BY 문과도 조합해 보자. 다음은 close_price 열의 평균값을 구할 때 sector별로 그룹을 나누어 평균값을 구한 쿼리이다.

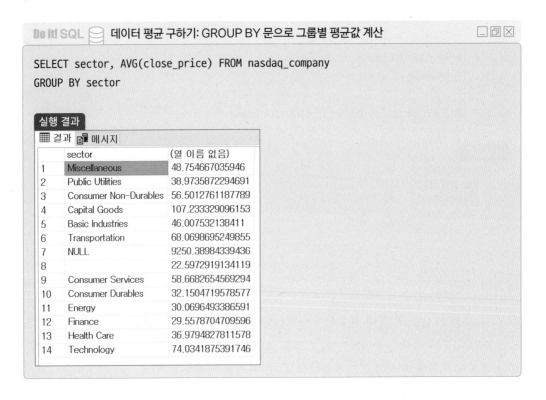

평균을 구할 때는 자료형에 유의해야 한다. 예를 들어 int형이나 bigint형과 같은 정수끼리 계산한 결과인 10/3은 3.33333…이 나와야 하지만 정수끼리 계산했으므로 실제로는 3을 얻는다. 또는 실제 예상하지 못한 값을 얻을 수도 있다(사실 이 내용은 앞서 자료형에서도 언급한적이 있다. 하지만 SQL을 연습하고, 실무에서 사용하는 과정에서 매우 중요한 내용이므로 여기서 한 번 더 강조한다).

이러한 상황을 해결하려면 평균을 구하려는 열의 형식을 float형이나 decimal형과 같은 실수형으로 변환한다. 다음 쿼리에서 확인해 보자.

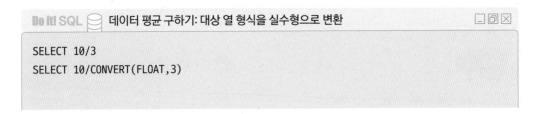

AVG 함수는 다음과 같은 자료형을 반환한다. 여러 번 강조하지만 결괏값 자료형을 초과하면 오류가 발생하므로 자료형에 주의하기 바란다.

표 5-5 AVG 함수의 입력 자료형과 반환 자료형

입력 자료형	반환 자료형
tinyint	int
smallint	int
int	int
bigint	bigint
decimal(p,s)	decimal(38, max(s, 6))
money, smallmoney	money
float, real	float

최솟값, 최댓값 구하기: MIN, MAX 함수

최솟값과 최댓값을 구할 때는 MIN 함수와 MAX 함수를 사용한다. 이들 두 함수 역시 DISTINCT 문을 조합할 수 있다. 하지만 최솟값과 최댓값은 전체 데이터에서 1개만 있는 값이므로 DISTINCT 문은 별 의미가 없다. 다만 ISO 호환을 위해 사용할 수 있다. 다음은 nasdaq_company 테이블의 close_price 열에서 최솟값과 최댓값을 검색하는 쿼리이다.

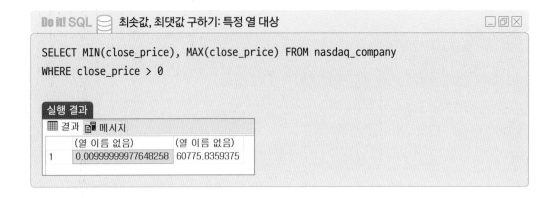

```
Do it! SQL    최솟값, 최댓값 구하기: 특정 열 대상                    ⊟回⊠

SELECT MIN(close_price), MAX(close_price) FROM nasdaq_company
WHERE close_price > 0
```

실행 결과

	(열 이름 없음)	(열 이름 없음)
1	0.00999999977648258	60775.8359375

그룹별로 최솟값과 최댓값을 구할 수도 있다. 다음은 sector의 그룹별로 최솟값, 최댓값을 구한 쿼리이다.

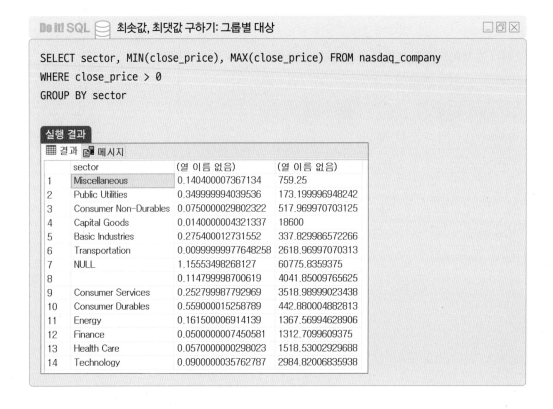

```
Do it! SQL    최솟값, 최댓값 구하기: 그룹별 대상                    ⊟回⊠

SELECT sector, MIN(close_price), MAX(close_price) FROM nasdaq_company
WHERE close_price > 0
GROUP BY sector
```

실행 결과

	sector	(열 이름 없음)	(열 이름 없음)
1	Miscellaneous	0.140400007367134	759.25
2	Public Utilities	0.349999994039536	173.199996948242
3	Consumer Non-Durables	0.0750000029802322	517.969970703125
4	Capital Goods	0.0140000004321337	18600
5	Basic Industries	0.275400012731552	337.829986572266
6	Transportation	0.00999999977648258	2618.96997070313
7	NULL	1.15553498268127	60775.8359375
8		0.114799998700619	4041.85009765625
9	Consumer Services	0.252799987792969	3518.98999023438
10	Consumer Durables	0.559000015258789	442.880004882813
11	Energy	0.161500006914139	1367.56994628906
12	Finance	0.0500000007450581	1312.7099609375
13	Health Care	0.0570000000298023	1518.53002929688
14	Technology	0.0900000035762787	2984.82006835938

MIN 함수와 MAX 함수가 반환하는 값의 자료형은 연산 대상 열의 자료형과 같으며 NULL값은 무시한다. 문자열의 최솟값과 최댓값을 구할 때는 데이터베이스 속성에 정의된 데이터 정렬 순서에 따라 다르게 출력된다. 다음 쿼리에서 실제로 확인해 보자. 데이터 정렬 순서를 바꾸는 방법은 03-2절에서 설명했지만 실습의 편의를 위해 여기에서도 한 번 더 안내한다.

▶ 영어는 SQL_Latin1_General_CP1_CI_AS, 한글은 Korean_Wansung_CI_AS이다.

▶ 데이터 정렬 순서를 바꾸기 전에는 반드시 [쿼리] 창을 종료해야 한다.

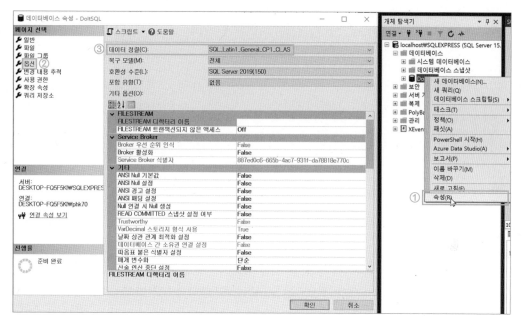

데이터베이스 속성에서 데이터 정렬 순서 바꾸기

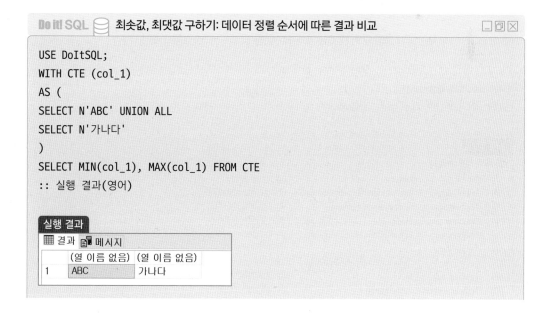

```
USE master;
WITH CTE (col_1)
AS (
SELECT N'ABC' UNION ALL
SELECT N'가나다'
)
SELECT MIN(col_1), MAX(col_1) FROM CTE
:: 실행 결과(한글)
```

실행 결과

	(열 이름 없음)	(열 이름 없음)
1	가나다	ABC

부분합, 총합 구하기: ROLLUP, CUBE 함수

부분합과 총합을 구하려면 GROUP BY 문을 ROLLUP 함수와 CUBE 함수에 조합한다. 우선
ROLLUP 함수부터 사용해 보자. ROLLUP 함수는 GROUP BY ROLLUP(…)에 입력한 열 기준으
로 오른쪽에서 왼쪽으로 열을 이동하며 부분합과 총합을 구한다. 이 설명으로는 충분히 이해
되지 않을 것이므로 우선 쿼리를 입력하고 결과를 보며 설명한다.

Do it! SQL **부분합과 총합 구하기: GROUP BY 문을 ROLLUP 함수에 조합 1**

```
SELECT sector, industry, SUM(close_price)
FROM nasdaq_company
GROUP BY ROLLUP (sector, industry)
```

실행 결과

	sector	industry	(열 이름 없음)
233	Technology	Internet and Information Se...	6546.67011141777
234	Technology	Professional Services	440.450003147125
235	Technology	Radio And Television Broa...	832.435785830021
236	Technology	Retail: Computer Software...	2489.53504157066
237	Technology	Semiconductors	9120.26033765078
238	Technology	Telecommunications Equip...	243.75
239	Technology	NULL	62410.8200955242
240	Transportation	Advertising	27.8400001525879
241	Transportation	Aerospace	468.379990339279
242	Transportation	Air Freight/Delivery Services	1413.30000234582
243	Transportation	Marine Transportation	920.623089699075
244	Transportation	Oil Refining/Marketing	542.699990272522

결과를 보면 sector와 industry 그룹에 따른 부분합임을 알 수 있다. 예를 들어 233행은 sector가 Technology, industry가 Internet and …인 close_price의 합인 셈이다. 오른쪽에서 왼쪽으로 이동한다고 했던 것은 industry가 변하면서 sector가 변하지 않는 것을 보면 쉽게 이해할 수 있을 것이다. 결과 화면의 239행을 보면 industry가 NULL인데 바로 여기가 sector 그룹에 대한 부분합이다. 같은 설명으로 sector, industry가 모두 NULL인 곳은 총합이다. 만약 sector 열에 중간합이나 총합이 필요하면 쿼리에서 industry 열을 제외한다.

이제 CUBE 함수를 알아보자. CUBE 함수 역시 GROUP BY 문과 조합해 사용하며 모든 열 조합의 집계 그룹을 만든다. 예를 들어 GROUP BY CUBE (a, b)의 경우 (a, b), (NULL, b), (a, NULL), (NULL, NULL)의 고윳값을 집계하는 그룹을 만든다. 다음 쿼리는 sector 열과 industry 열에서 가능한 모든 집계 그룹을 만들어 중간합과 총합을 나타낸다.

Do it! SQL · 부분합과 총합 구하기: GROUP BY 문을 CUBE 함수에 조합

```
SELECT sector, industry, SUM(close_price)
FROM nasdaq_company
GROUP BY CUBE(sector, industry)
```

실행 결과

⊞ 결과 🗎 메시지

	sector	industry	(열 이름 없음)
376	NULL	Trusts Except Education...	2923.70579242706
377	Basic Industries	Water Supply	459.159994482994
378	Public Utilities	Water Supply	808.52760052681
379	NULL	Water Supply	1267.6875950098
380	Capital Goods	Wholesale Distributors	691.069999694824
381	NULL	Wholesale Distributors	691.069999694824
382	NULL	NULL	586687.653691949
383	NULL	NULL	222009.356241465
384		NULL	37760.0747873113
385	Basic Industries	NULL	10213.6721347272
386	Capital Goods	NULL	54474.5311808456
387	Consumer Durables	NULL	5369.12881696224
388	Consumer Non-...	NULL	12882.2909550816
389	Consumer Services	NULL	46230.5931800604
390	Energy	NULL	7096.43724392354
391	Finance	NULL	56514.6483404748
392	Health Care	NULL	43635.7898917662
393	Miscellaneous	NULL	10043.4614094049
394	Public Utilities	NULL	9197.7665861547
395	Technology	NULL	62410.8200955242

모든 값의 표준편차 구하기: STDEV, STDEVP 함수

표준편차를 구하려면 STDEV, STDEVP 함수를 사용한다. STDEV 함수는 모든 값의 편차를, STDEVP 함수는 모집단의 표준편차를 구한다. DISTINCT 문을 조합하면 고윳값의 표준편차를 검색할 수 있다.

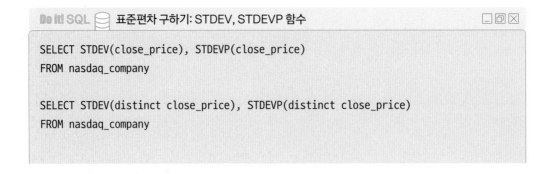

Do it! SQL · 표준편차 구하기: STDEV, STDEVP 함수

```
SELECT STDEV(close_price), STDEVP(close_price)
FROM nasdaq_company

SELECT STDEV(distinct close_price), STDEVP(distinct close_price)
FROM nasdaq_company
```

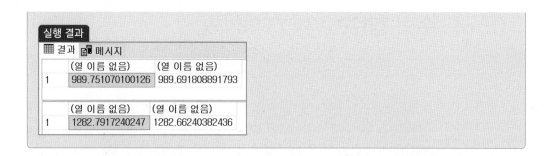

  퀴즈 3. stock 테이블에서 symbol이 MSFT인 데이터의 2021년 1월 1일 ~ 2021년 1월 31일까지의 주식 종가(close) 중에 최솟값과 최댓값, 평균값이 얼마인지 구하세요.

05-4 수학 함수

여기서는 ABS, CEILING, DEGREES, FLOOR, POWER, RADIANS, SIGN 등 여러 수학 함수를 공부한다. 대부분의 수학 함수는 입력값과 같은 자료형을 반환하지만 EXP, LOG, LOG10, SQUARE, SQRT 등의 기타 함수는 입력값을 실수형인 float형으로 자동 변환한 뒤 반환한다.

절댓값 구하기: ABS 함수

ABS 함수는 절댓값을 반환한다. 예를 들어 −1.0과 같은 음수는 양수로 변환하며 0과 양수에는 영향을 주지 않는다. 이때 ABS 함수의 인자에는 식을 입력할 수도 있다. 우선 값을 입력한 결과를 보자. 다음은 음수, 0, 양수를 각각 값으로 입력한 쿼리이다.

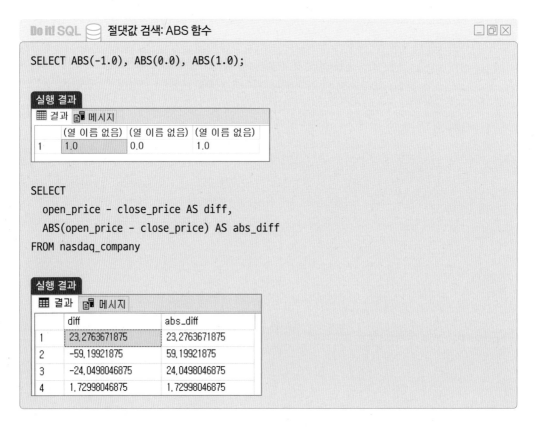

```
Do it! SQL   절댓값 검색: ABS 함수

SELECT ABS(-1.0), ABS(0.0), ABS(1.0);
```

실행 결과

결과 | 메시지

	(열 이름 없음)	(열 이름 없음)	(열 이름 없음)
1	1.0	0.0	1.0

```
SELECT
  open_price - close_price AS diff,
  ABS(open_price - close_price) AS abs_diff
FROM nasdaq_company
```

실행 결과

결과 | 메시지

	diff	abs_diff
1	23.2763671875	23.2763671875
2	-59.19921875	59.19921875
3	-24.0498046875	24.0498046875
4	1.72998046875	1.72998046875

ABS 함수는 자료형의 범위를 넘으면 산술 오버플로 오류가 발생한다. 다음은 −2,147,483,648
을 절댓값으로 변환하는 쿼리이다. 인자로 전달한 값이 int형이므로 −2,147,483,648 ~
2,147,483,647 범위 외 표현이라서 오류가 발생한다.

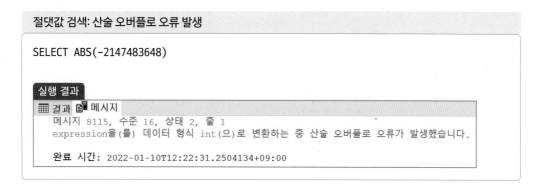

절댓값 검색: 산술 오버플로 오류 발생

```
SELECT ABS(-2147483648)
```

실행 결과

결과 | 메시지
메시지 8115, 수준 16, 상태 2, 줄 1
expression을(를) 데이터 형식 int(으)로 변환하는 중 산술 오버플로 오류가 발생했습니다.

완료 시간: 2022-01-10T12:22:31.2504134+09:00

양수 음수 여부 판단하기: SIGN 함수

함수 이름에서 예상하듯 SIGN 함수는 지정한 값이나 식의 양수, 음수, 0을 판단해 1, −1, 0을
반환한다. 다음 쿼리를 입력해 보자.

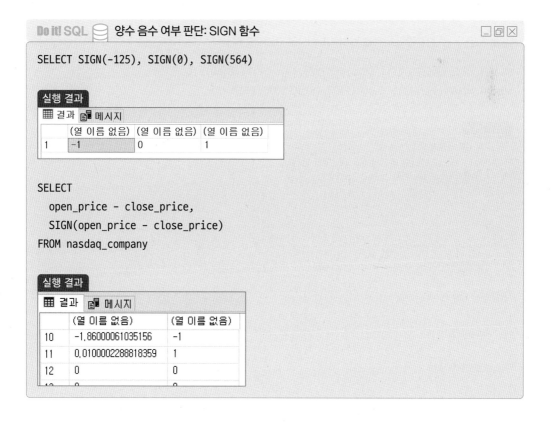

Do it! SQL · 양수 음수 여부 판단: SIGN 함수

```
SELECT SIGN(-125), SIGN(0), SIGN(564)
```

실행 결과

결과 | 메시지

	(열 이름 없음)	(열 이름 없음)	(열 이름 없음)
1	-1	0	1

```
SELECT
  open_price - close_price,
  SIGN(open_price - close_price)
FROM nasdaq_company
```

실행 결과

결과 | 메시지

	(열 이름 없음)	(열 이름 없음)
10	-1,86000061035156	-1
11	0,0100002288818359	1
12	0	0

SIGN 함수는 기본적으로 인자로 입력한 자료형을 반환하지만 smallint, tinyint와 같은 자료형은 근사치 자료형인 int와 같은 방식으로 반환한다.

표 5-6 SIGN 함수의 입력 자료형과 반환 자료형

입력 자료형	반환 자료형
bigint	bigint
int / smallint / tinyint	int
money / smallmoney	money
numeric / decimal	numeric / decimal
기타 자료형	float

천장값과 바닥값 구하기: CEILING, FLOOR 함수

CEILING 함수는 천장값을 구하는데, 지정한 숫자보다 크거나 같은 최소 정수를 반환한다. 예를 들어 2.4라면 3을 반환한다. 반대로 FLOOR 함수는 바닥값을 구하는데, 지정한 숫자보다 작거나 같은 최대 정수를 반환한다. 예를 들어 2.4라면 2를 반환한다. 다음 쿼리를 보면 두함수를 쉽게 이해할 수 있다.

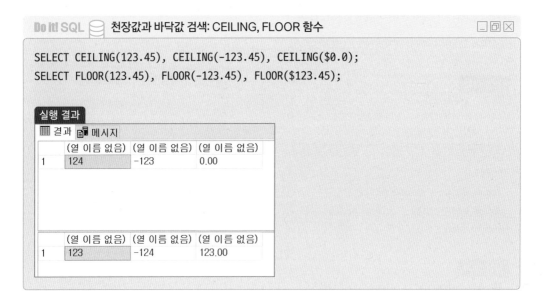

Do it! SQL 🗄 천장값과 바닥값 검색: CEILING, FLOOR 함수

```
SELECT CEILING(123.45), CEILING(-123.45), CEILING($0.0);
SELECT FLOOR(123.45), FLOOR(-123.45), FLOOR($123.45);
```

실행 결과

⊞ 결과 🗈 메시지

	(열 이름 없음)	(열 이름 없음)	(열 이름 없음)
1	124	-123	0.00

	(열 이름 없음)	(열 이름 없음)	(열 이름 없음)
1	123	-124	123.00

반올림 구하기: ROUND 함수

ROUND 함수는 반올림을 구한다. 함수 자체는 간단하지만 사용 방법이 조금 복잡하다. ROUND 함수는 2개 또는 3개의 매개변수가 필요하며 기본 형식은 다음과 같다.

ROUND 함수의 기본 형식

```
ROUND (numeric_expression, length [, function])
```

첫 번째 매개변수인 numeric_expression은 bit 자료형을 제외한 정확한 수치나 근사 자료형 범주의 값을 사용한다. 두 번째 매개변수인 length는 numeric_expression을 반올림해 표현 한 자릿수이다. 예를 들어 numeric_expression이 123.1234이고 length가 3이면 123.1230 을 반환한다. length가 허용하는 자료형은 tinyint, smallint, int이다. 또한 length에는 양수 나 음수를 지정할 수 있는데 양수는 소수부부터 반올림하고, 음수는 정수부부터 반올림한다. 세 번째 매개변수 [, function]은 수행할 연산의 종류이다. tinyint, smallint, int형 값을 사 용하며 생략하면 기본값 0을 적용한다. 기본값 0은 반올림 결괏값을 자르지 않으며 0 이외의 값을 입력하면 해당 값만큼 반올림 결괏값을 자른다.

▶ 기본 형식의 대괄호로 감싼 내용은 포함해도 되고 하지 않아도 되는 내용을 의미한다.

이제 쿼리를 입력해 ROUND 함수의 원리를 이해해 보자. 다음은 length에 3을 지정해 3번째 자리까지 반올림하도록 만든 쿼리이다.

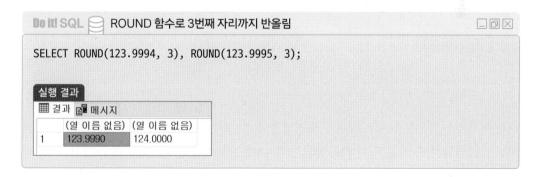

다음은 length에 양수, 음수를 적용한 결과이다. 결과에서 보듯 음수는 정수부 기준으로 반올 림을 시작한다.

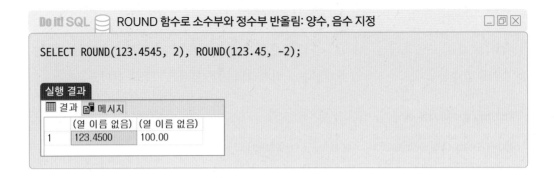

Do it! SQL ROUND 함수로 소수부와 정수부 반올림: 양수, 음수 지정

```
SELECT ROUND(123.4545, 2), ROUND(123.45, -2);
```

실행 결과

	(열 이름 없음)	(열 이름 없음)
1	123.4500	100.00

다른 사례도 살펴보자. 다음은 ROUND 함수의 세 번째 인자에 1을 전달해 결괏값을 자른 것이다. 결괏값 비교를 위해 세 번째 인자에 아무 값도 전달하지 않는 쿼리와 1을 전달한 쿼리를 각각 작성했다.

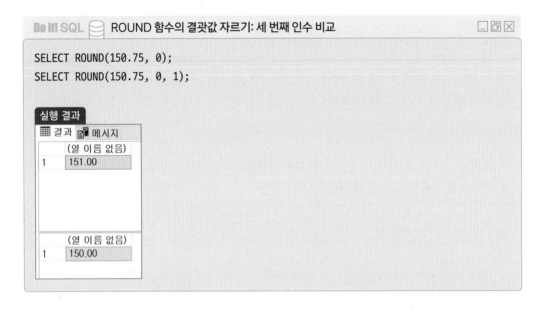

Do it! SQL ROUND 함수의 결괏값 자르기: 세 번째 인수 비교

```
SELECT ROUND(150.75, 0);
SELECT ROUND(150.75, 0, 1);
```

실행 결과

	(열 이름 없음)
1	151.00

	(열 이름 없음)
1	150.00

또한 ROUND 함수는 length에 음수를 전달할 경우, 정수부 길이보다 절댓값이 큰 값을 전달하면 0을 반환한다. 예를 들어 748.58의 경우 –4를 전달하면 정수부인 748의 길이인 3보다 –4의 절댓값인 4가 더 크므로 0을 반환한다.

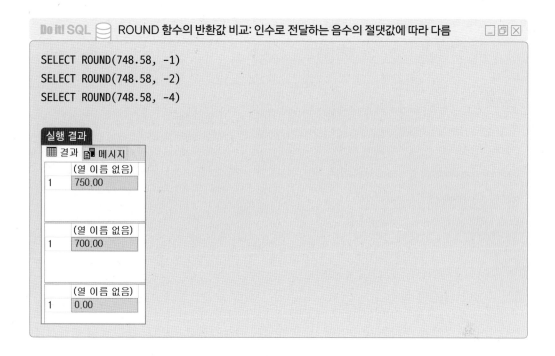

```
SELECT ROUND(748.58, -1)
SELECT ROUND(748.58, -2)
SELECT ROUND(748.58, -4)
```

또한 length에 음수를 전달할 때 정수부의 길이와 절댓값이 같은 음수를 전달하면 산술 오버플로가 발생한다. 예를 들어 748.58은 1000.00을 반환할 수 없기 때문이다.

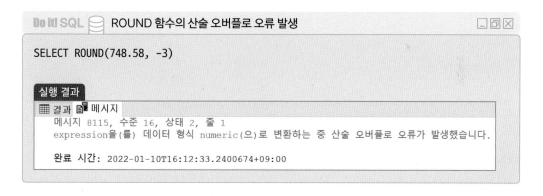

```
SELECT ROUND(748.58, -3)
```

마지막으로 ROUND 함수의 입력 자료형과 반환 자료형을 살펴보자. 다른 함수의 입력 및 반환 자료형과 조금 다르므로 읽어 보고 넘어가기 바란다.

표 5-7 ROUND 함수의 입력 자료형과 반환 자료형

입력 자료형	반환 자료형
tinyint	int
smallint	int
int	int
bigint	bigint
decimal, numeric(p,s)	decimal(p,s)
money, smallmoney	money
float, real	float

로그 구하기: LOG 함수

LOG 함수는 로그를 구하는 함수이다. 로그 개념이 가물가물한 독자도 있을 테니 다음 로그 정의를 보고 넘어가자.

$$\log_b(a)=c \longleftrightarrow b^c=a$$

다음은 LOG 함수의 기본 형식이다.

LOG 함수 기본 형식

```
LOG (float_expression [, base])
```

float_expression은 LOG 함수가 계산할 표현식이며 [, base]는 밑을 설정하는 값이다. float_expression는 float형으로 반환될 수 있는 표현식을 사용해야 한다. LOG 함수의 밑 기본값은 e이다. 예를 들어 LOG(2)는 자연 로그 2를 계산한다. 밑의 경우 [, base]에 다른 값을 전달하면 바꿀 수 있다.

▶ e는 2.718281828… 정도로 무리수 상수이다.

그럼 LOG 함수를 사용해 보자. 다음은 자연 로그 10을 계산하는 쿼리이다.

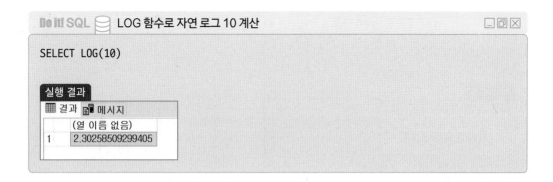

다음은 로그 10을 계산하는데 밑의 값을 5로 설정해 계산하는 쿼리이다.

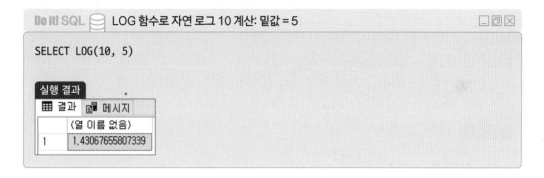

e의 n 제곱값 구하기: EXP 함수

EXP 함수는 e의 n 제곱값을 반환한다. 이 함수 역시 float 표현식을 인자로 입력받는다.

> **EXP 함수 기본 형식**
>
> ```
> EXP (float_expression)
> ```

e는 앞서 본 자연 로그의 밑이며 값은 2.718281··· 정도이므로, 예를 들어 EXP(1.0)은 e^1.0 이므로 결괏값 2.71828182845905을 얻는다. 다음 쿼리에서 EXP(10)의 결과도 살펴보자.

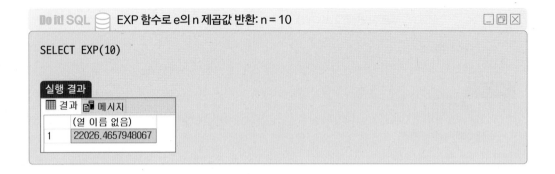

아마 이 값이 제대로 계산한 값인지 의심될 것이다. 그럴 때는 앞에서 사용한 LOG 함수와 EXP 함수를 조합해 본다. 다음은 자연 로그 20의 값을 구한 다음, 그 값의 지숫값을 계산하고 거꾸로도 계산해 본 것이다. 두 함수는 모두 20을 반환한다.

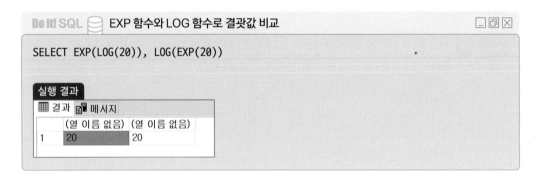

제곱하기: POWER, SQUARE 함수

POWER 함수와 SQUARE 함수는 각각 거듭제곱과 제곱값을 구한다. 기본 형식을 보면 POWER 함수는 float형 표현식과 거듭제곱할 값을 인자로 입력받으며 SQUARE 함수는 float형 표현식만 인자로 입력받는다.

POWER, SQUARE 함수의 기본 형식

```
POWER (float_expression, y)
SQUARE (float_expression)
```

POWER 함수의 2번째 인자인 y는 bit형을 제외한 정확한 수치 또는 근사 자료형의 값이다. 다음은 2의 3 거듭제곱, 2의 10 거듭제곱, 2.0의 3 거듭제곱을 POWER 함수로 계산한 쿼리와 3.3의 제곱, 10의 제곱을 SQUARE 함수로 계산한 쿼리이다. 두 함수 모두 결과에서 보듯 정수를 입력하면 정수를 반환하고 실수를 입력하면 실수를 반환한다.

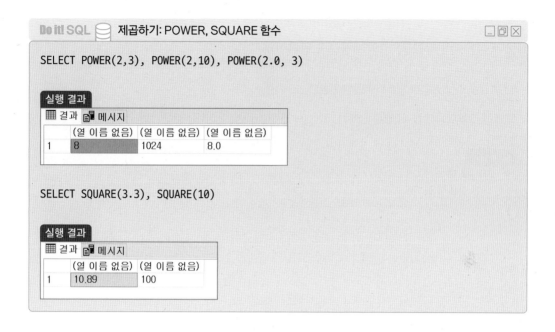

POWER 함수의 경우 입력 자료형과 반환 자료형이 다르므로 산술 오버플로 오류에 주의하자.

표 5-8 POWER 함수의 입력 자료형과 반환 자료형

입력 자료형	반환 자료형
float, real	float
decimal(p,s)	10진수(38, s)
int, smallint, tinyint	int
bigint	bigint
money, smallmoney	money
bit, char, nchar, varchar, nvarchar	float

제곱근 구하기: SQRT 함수

SQRT 함수는 float형 표현식을 입력받아 제곱근을 반환한다.

SQRT 함수의 기본 형식

```
SQRT (float_expression)
```

다음 쿼리는 1의 제곱근, 10의 제곱근을 반환한다.

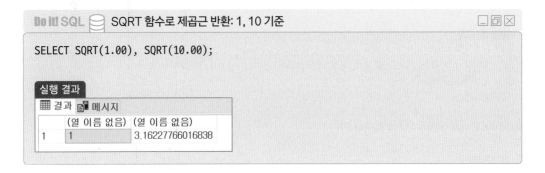

난수 구하기: RAND 함수

RAND 함수는 0~1 범위의 배타적 의사 난수 float형 값을 반환한다. 기본 형식은 다음과 같다.

RAND 함수의 기본 형식

```
RAND ([seed])
```

[seed] 인수에 전달하는 값의 자료형은 tinyint, smallint, int형이다. 만약 [seed]를 지정하지 않으면 데이터베이스 엔진이 임의로 초깃값을 설정한다. [seed]는 일종의 난수 종류를 결정하는 값이며 같은 [seed] 값을 설정하면 RAND 함수는 같은 결과를 반환한다. 예를 들어 다음 쿼리는 쿼리를 실행할 때마다 같은 값을 반환한다. 실제 결과를 비교하고자 쿼리를 3번 반복해 실행했다.

RAND 함수로 난수 생성: 같은 쿼리 3번 반복해 비교

```
SELECT RAND(100), RAND(), RAND()
```

실행 결과

	(열 이름 없음)	(열 이름 없음)	(열 이름 없음)
1	0.715436657367485	0.28463380767982	0.0131039082850364

	(열 이름 없음)	(열 이름 없음)	(열 이름 없음)
1	0.715436657367485	0.28463380767982	0.0131039082850364

	(열 이름 없음)	(열 이름 없음)	(열 이름 없음)
1	0.715436657367485	0.28463380767982	0.0131039082850364

난수를 구하는 RAND 함수가 [seed]에 의해 같은 난수 종류를 반환한다는 것이 당황스럽겠지만 쿼리를 실행한 컴퓨터마다 다른 결과를 반환하므로 어찌 보면 난수를 제대로 반환한다고 보아도 무방할 것이다. 그런데 왜 난수라고 설명했음에도 계속 같은 값이 반환되는 것일까? 그 이유는 현재 [쿼리 편집기] 창에서 처음 함수를 실행할 때 임의의 초깃값을 계속 재사용하기 때문이다. 다른 쿼리 창을 열어 쿼리를 실행해 보면 다른 결괏값이 검색되는 것을 확인할 수 있다.

다음은 [seed]를 설정하지 않은 채로 WHILE 문을 사용해 난수를 4회 생성한 쿼리이다. 이경우 RAND 함수 인자에 아무것도 전달하지 않았으므로 데이터베이스 서버가 설정한 임의의 값으로 난수 종류를 보여 주므로 실행할 때마다 다른 난수를 볼 수 있다.

Do it! SQL RAND 함수로 난수 생성: DB가 임의로 설정한 값 출력

```
DECLARE @counter SMALLINT;
SET @counter = 1;
WHILE @counter < 5
  BEGIN
    SELECT RAND() Random_Number
    SET @counter = @counter + 1
  END;
GO
```

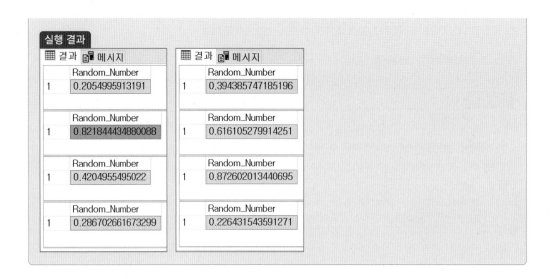

삼각함수: COS, SIN, TAN, ATAN 함수

삼각함수는 COS 함수부터 DEGREES 함수에 이르기까지 매우 다양하지만 여기서는 COS 함수, SIN 함수, TAN 함수, ATAN 함수만 살펴보고 넘어가겠다. 만약 MSSQL에서 지원하는 삼각함수의 종류를 더 알고 싶다면 마이크로소프트 공식 문서의 Mathematical Functions 부분을 읽어 보기 바란다.

▶ MSSQL 삼각함수 공식 문서: https://docs.microsoft.com/en-us/sql/t-sql/functions/mathematical-functions-transact-sql?view=sql-server-ver15

모든 삼각함수는 float형 인자를 받는다. 기본 형식은 COS 함수만 소개하고 넘어갈 테니 이후 실습에 참고하기 바란다.

COS 함수의 기본 형식

```
COS (float_expression)
```

바로 쿼리를 입력해 COS 함수의 결과를 살펴보자. 다음은 COS에 14.78(=14.78º)을 입력해 얻은 결과이다.

Do it! SQL 🔲 COS 함수의 실행 결과   ⬜◱⊠

SELECT COS(14.78)

실행 결과
⊞ 결과 📄 메시지
	(열 이름 없음)
1	-0.599465426194654

SIN 함수, TAN 함수, ATAN 함수도 실행해 보자.

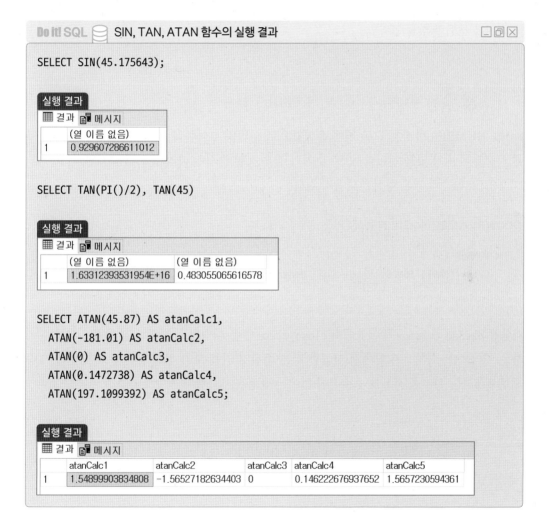

Do it! SQL 🔲 SIN, TAN, ATAN 함수의 실행 결과   ⬜◱⊠

SELECT SIN(45.175643);

실행 결과
⊞ 결과 📄 메시지
	(열 이름 없음)
1	0.929607286611012

SELECT TAN(PI()/2), TAN(45)

실행 결과
⊞ 결과 📄 메시지
	(열 이름 없음)	(열 이름 없음)
1	1.63312393531954E+16	0.483055065616578

SELECT ATAN(45.87) AS atanCalc1,
  ATAN(-181.01) AS atanCalc2,
  ATAN(0) AS atanCalc3,
  ATAN(0.1472738) AS atanCalc4,
  ATAN(197.1099392) AS atanCalc5;

실행 결과
⊞ 결과 📄 메시지
	atanCalc1	atanCalc2	atanCalc3	atanCalc4	atanCalc5
1	1.54899903834808	-1.56527182634403	0	0.146222676937652	1.5657230594361

05-5 순위 함수

순위 함수는 결과에 순위를 부여하는 함수를 말한다. 순위 함수의 종류는 다양하며 각 함수마다 순위를 처리하는 방식이 조금씩 다르다. MSSQL은 순위 함수로 ROW_NUMBER 함수, RANK 함수, DENSE_RANK 함수, NTILE 함수를 제공한다. 순위 함수는 전체 데이터에 순위를 부여할 수도 있고, PARTITION 옵션을 함께 사용해 사용자가 지정한 그룹에 따라 그룹 내 순위를 부여할 수도 있다.

유일값으로 순위 부여하기: ROW_NUMBER 함수

ROW_NUMBER 함수는 모든 행에 유일값으로 순위를 부여한다. 다시 말해 함수 실행 결과에는 같은 순위가 없을 것이다. 같은 순위의 경우 정렬 순서에 따라 순위를 부여한다. ROW_NUMBER 함수의 기본 형식은 다음과 같다.

ROW_NUMBER 함수의 기본 형식

```
ROW_NUMBER ( )
    OVER ([PARTITION BY 열, … [n]] order by 열)
```

다음은 nasdaq_company 테이블에서 close_price 열을 내림차순 정렬한 결과에 순위를 부여하는 쿼리이다. 여기서는 앞에서 언급한 같은 순위 처리를 보기 위해 같은 순위를 만들 요량으로 ROUND 함수를 사용해 소수부를 없애는 작업을 추가했다.

```
SELECT
  symbol, sector,
  ROUND(close_price, 0),
  ROW_NUMBER() OVER(ORDER BY ROUND(close_price, 0) DESC)
FROM nasdaq_company
```

실행 결과

▦ 결과 🗈 메시지

	symbol	sector	(열 이름 없음)	(열 이름 없음)
1	BTC-USD	NULL	60776	1
2	^DJI	NULL	36328	2
3	YM=F	NULL	34697	3
4	^N225	NULL	29535	4
5	NAV	Capital Goods	18600	5
6	^IXIC	NULL	15972	6
7	NQ=F	NULL	15487	7
8	^FTSE	NULL	7304	8
9	NVR	Capital Goods	5089	9
10	^GSPC	NULL	4698	10
11	ES=F	NULL	4464	11
12	ETH-USD	NULL	4289	12
13	SEB		4042	13
14	AMZN	Consumer Services	3519	14
15	GOOG	Technology	2985	15

결과를 살펴보면 `close_price` 값이 클수록 순위가 높다. 같은 `close_price` 값이라 해도 순위가 다른 점도 확인하자. 같은 순위 데이터의 경우 어떤 데이터에 어떤 순위를 결정할지는 데이터 정렬 순서에 따라 달라진다. 만약 순위를 시스템이 부여하지 않게 하려면 ORDER BY 문에 정렬 조건을 추가하자. 다음은 `close_price` 값이 같으면 `symbol` 값을 오름차순 정렬해 `symbol` 값이 낮은 쪽에 높은 순위를 부여한 쿼리이다.

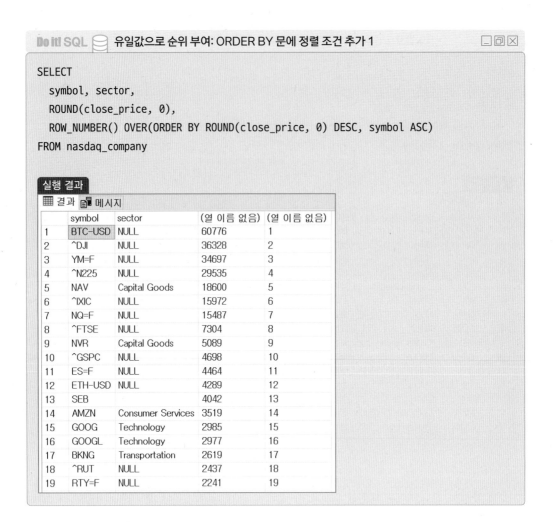

가끔은 전체 데이터가 아니라 그룹별로 순위를 부여해야 할 때가 있다. 예를 들어 전교생 대상으로 석차를 구할 때와 학년별 석차를 구할 때, 그룹별 순위를 부여하려면 PARTITION 문을 사용해야 한다. PARTITION 문은 뒤에서 공부할 모든 순위 함수에서 사용할 수 있으므로 여기서 잘 익혀 두자.

다음은 앞에서 실습한 쿼리를 살짝 변경해 sector 그룹에 순위를 부여하는 쿼리이다. sector 그룹을 나누려고 PARTITION BY sector…를 추가했다. 결과를 보면 sector 그룹마다 순위가 부여되었음을 확인할 수 있다.

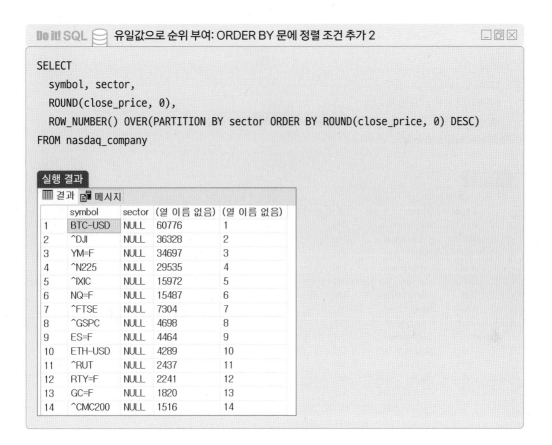

같은 순위 개수 고려해 순위 부여하기: RANK 함수

RANK 함수는 ROW_NUMBER 함수와 비슷하지만 같은 순위를 처리하는 방법은 다르다. RANK 함수는 같은 순위일 때 같은 값을 부여한다. 또한 같은 순위를 처리한 다음 순위의 값은 같은 순위를 처리한 개수를 이용해 매긴다. 예를 들어 1 순위가 3개라면 다음 순위는 2가 아닌 4가 된다. RANK 함수의 기본 형식은 다음과 같다.

RANK 함수의 기본 형식

```
RANK( ) OVER ([partition_by_clause] order_by_clause)
```

다음은 nasdaq_company 테이블에서 close_price 열이 내림차순 정렬해 순위를 부여하는 쿼리이다. 여기서도 같은 방식으로 같은 순위의 값을 만들고자 ROUND 함수를 사용했다.

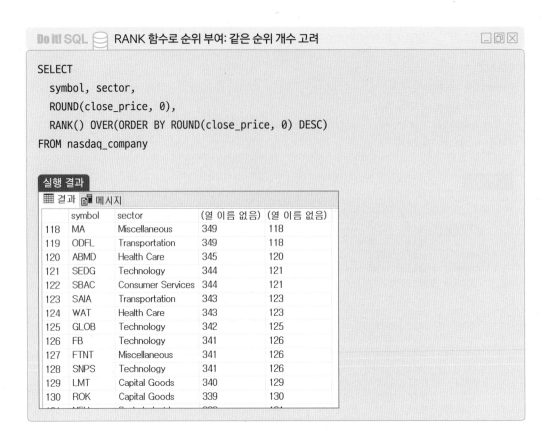

```
SELECT
  symbol, sector,
  ROUND(close_price, 0),
  RANK() OVER(ORDER BY ROUND(close_price, 0) DESC)
FROM nasdaq_company
```

실행 결과

결과 | 메시지

	symbol	sector	(열 이름 없음)	(열 이름 없음)
118	MA	Miscellaneous	349	118
119	ODFL	Transportation	349	118
120	ABMD	Health Care	345	120
121	SEDG	Technology	344	121
122	SBAC	Consumer Services	344	121
123	SAIA	Transportation	343	123
124	WAT	Health Care	343	123
125	GLOB	Technology	342	125
126	FB	Technology	341	126
127	FTNT	Miscellaneous	341	126
128	SNPS	Technology	341	126
129	LMT	Capital Goods	340	129
130	ROK	Capital Goods	339	130

결과를 보면 동점이 있는 경우 같은 순위를 부여한 것을 알 수 있다. 그다음 순위는 이전 순위 개수를 이용해 더한 값을 부여했다. RANK 함수 역시 그룹별로 순위를 부여할 때는 PARTITION 문을 사용한다. 사용 방법은 ROW_NUMBER 함수에서 설명했으므로 생략한다.

같은 순위 개수 무시하고 순위 부여하기: DENSE_RANK 함수

DENSE_RANK 함수는 RANK 함수와 거의 같지만 같은 순위 개수를 무시한다는 점이 다르다. 예를 들어 1위가 3개이면 그다음은 2위가 된다. 앞에서 본 RANK 함수가 4위인 것과는 다르다. DENSE_RANK 함수의 기본 형식은 다음과 같다.

DENSE_RANK 함수의 기본 형식

```
DENSE_RANK( ) OVER ([partition_by_clause] order_by_clause)
```

바로 쿼리를 입력해 보자. 다음은 nasdaq_company 테이블에서 close_price 열을 내림차순 정렬해 순위를 부여한 쿼리이다. 여기서도 같은 순위를 만들고자 ROUND 함수를 사용했다.

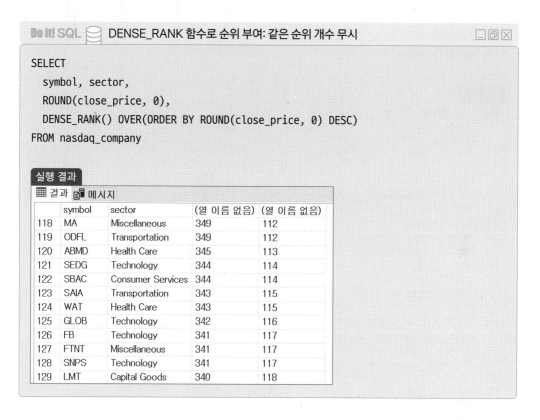

그룹화해 순위 부여하기: NTILE 함수

NTILE 함수는 인자로 지정한 값만큼 데이터 행을 그룹화해 그룹별 순위를 부여한다. 각 그룹은 1부터 순위가 매겨지며 순위는 각 행의 순위가 아닌 행이 속한 그룹의 순위이다.

NTILE 함수의 기본 형식

```
NTILE (integer_expression) OVER ([partition_by_clause] order_by_clause)
```

다음은 nasdaq_company 테이블에서 close_price 열을 내림차순 정렬해 순위를 부여하는 쿼리이다.

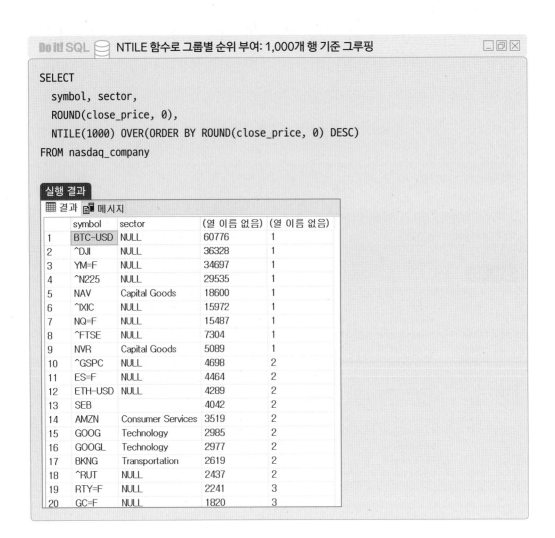

```
SELECT
  symbol, sector,
  ROUND(close_price, 0),
  NTILE(1000) OVER(ORDER BY ROUND(close_price, 0) DESC)
FROM nasdaq_company
```

Do it! SQL 🖳 NTILE 함수로 그룹별 순위 부여: 1,000개 행 기준 그루핑

실행 결과

⊞ 결과 📑 메시지

	symbol	sector	(열 이름 없음)	(열 이름 없음)
1	BTC-USD	NULL	60776	1
2	^DJI	NULL	36328	1
3	YM=F	NULL	34697	1
4	^N225	NULL	29535	1
5	NAV	Capital Goods	18600	1
6	^IXIC	NULL	15972	1
7	NQ=F	NULL	15487	1
8	^FTSE	NULL	7304	1
9	NVR	Capital Goods	5089	1
10	^GSPC	NULL	4698	2
11	ES=F	NULL	4464	2
12	ETH-USD	NULL	4289	2
13	SEB		4042	2
14	AMZN	Consumer Services	3519	2
15	GOOG	Technology	2985	2
16	GOOGL	Technology	2977	2
17	BKNG	Transportation	2619	2
18	^RUT	NULL	2437	2
19	RTY=F	NULL	2241	3
20	GC=F	NULL	1820	3

결과를 보면 전체 행을 1,000개로 나누어서 각 행이 속한 그룹의 순위를 부여한 것을 확인할 수 있다. NTILE 함수는 전체 행을 균등하게 나누어서 어떠한 그룹을 생성해야 할 때 사용하기 좋다. 만약 그룹화할 전체 행 수가 행의 개수로 정확하게 나누어 떨어지지 않으면 나머지 행은 마지막 그룹에 할당된다.

실전 SQL 📝 **퀴즈 4.** nasdaq_company 테이블에서 industry별로 최고가 symbol을 검색해 해당 데이터의 symbol, company_name, industry, close_price를 검색하세요.

05-6 분석 함수

분석 함수는 행 그룹을 기반으로 집계해 이동 평균, 누계, 백분율, 그룹 내 상위 N개 결과를 계산한다. 앞에서 배운 집계 함수와 다른 점은 각 그룹에 여러 행을 반환할 수 있다는 것이다.

앞 또는 뒤의 행 참조하기: LAG, LEAD 함수

앞에서 하루 전 날짜 데이터와 오늘 날짜 데이터를 비교할 때 SELF JOIN 문을 사용하고 조인 조건으로 **날짜 = 날짜 – 1**로 하루 전 날짜의 차이를 구할 수 있었다. 이렇게 앞, 뒤 행을 비교해 데이터 처리를 할 때 LAG 함수나 LEAD 함수를 사용하면 SELF JOIN 문을 사용하지 않아도 되므로 간편하다. LAG 함수는 현재 행에서 바로 앞의 행에 접근하고, LEAD 함수는 현재 행에서 바로 뒤의 행에 접근한다. 물론 offset 인자에 전달한 값에 따라 이전 또는 이후 몇 번째 행의 데이터를 참조할지 결정할 수 있다. LAG 함수와 LEAD 함수의 기본 형식은 다음과 같다.

> **LAG, LEAD 함수의 기본 형식**
>
> ```
> LAG[LEAD] (scalar_expression [, offset], [default]) OVER ([partition_by_clause]
> order_by_clause)
> ```

앞서 언급한 offset이 이전 또는 이후 몇 번째 행의 데이터를 참조할지 결정할 값이다. 기본값은 1이므로 아무것도 전달하지 않으면 1칸 앞이나 1칸 뒤의 데이터를 참조한다.
다음은 stock 테이블에서 symbol 열이 'MSFT'인 데이터를 검색해 현재 행 기준으로 앞 또는 뒤의 행을 참조한다. 여기서는 앞, 뒤 데이터 비교를 쉽게 하고자 기준 열인 close를 가운데 두었다.

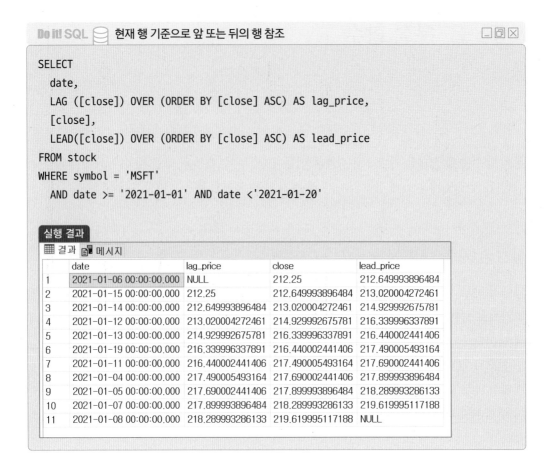

결과를 보면 close 열 기준으로 왼쪽은 현재 행의 앞, 오른쪽은 현재 행의 뒤에 있는 행을 참고함을 알 수 있다. 212.25의 경우 앞의 값이 없으므로 NULL이 출력되었다. offset도 설정해 보자. 여기서는 offset을 2로 설정했다.

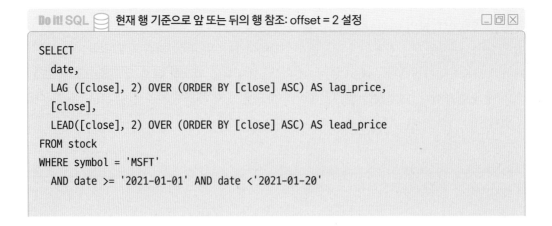

실행 결과

	date	lag_price	close	lead_price
1	2021-01-06 00:00:00.000	NULL	212.25	213.020004272461
2	2021-01-15 00:00:00.000	NULL	212.649993896484	214.929992675781
3	2021-01-14 00:00:00.000	212.25	213.020004272461	216.339996337891
4	2021-01-12 00:00:00.000	212.649993896484	214.929992675781	216.440002441406
5	2021-01-13 00:00:00.000	213.020004272461	216.339996337891	217.490005493164
6	2021-01-19 00:00:00.000	214.929992675781	216.440002441406	217.690002441406
7	2021-01-11 00:00:00.000	216.339996337891	217.490005493164	217.899993896484
8	2021-01-04 00:00:00.000	216.440002441406	217.690002441406	218.289993286133
9	2021-01-05 00:00:00.000	217.490005493164	217.899993896484	219.619995117188
10	2021-01-07 00:00:00.000	217.690002441406	218.289993286133	NULL
11	2021-01-08 00:00:00.000	217.899993896484	219.619995117188	NULL

누적 분포 계산하기: CUME_DIST 함수

CUME_DIST 함수는 그룹 내에서 누적 분포를 계산한다. 다시 말해 그룹에서 지정한 값의 상대 위치를 계산한다. CUME_DIST 함수의 기본 형식은 다음과 같다.

CUME_DIST 함수의 기본 형식

```
CUME_DIST( ) OVER ([partition_by_clause] order_by_clause)
```

예를 들어 다음과 같이 Department 그룹별로 Rate 값의 누적 분포를 계산했을 때, 가장 높은 Rate는 1이고 그 하위 Rate는 1을 기준으로 몇 분위에 있는지를 나타낸다.

표 5-9 그룹 내 누적 분포 계산

Department	LastName	Rate	CumeDist
Document Control	Arifin	17.7885	1
Document Control	Norred	16.8269	0.8
Document Control	Kharatishvili	16.8269	0.8
Document Control	Chai	10.25	0.4
Document Control	Berge	10.25	0.4
Information Services	Trenary	50.4808	1
Information Services	Conroy	39.6635	0.9
Information Services	Ajenstat	38.4615	0.8

Department	LastName	Rate	CumeDist
Information Services	Wilson	38.4615	0.8
Information Services	Sharma	32.4519	0.6
Information Services	Connelly	32.4519	0.6
Information Services	Berg	27.4038	0.4
Information Services	Meyyappan	27.4038	0.4
Information Services	Bacon	27.4038	0.4
Information Services	Bueno	27.4038	0.4

CUME_DIST 함수는 0 초과 1 이하 범위의 이러한 값을 반환하며, 같은 값은 항상 같은 누적 분포값으로 계산한다. NULL은 정의되지 않은 값이라고 앞서 설명했지만 CUME_DIST 함수는 기본적으로 NULL값을 포함하며 가능한 한 가장 낮은 값으로 취급한다.

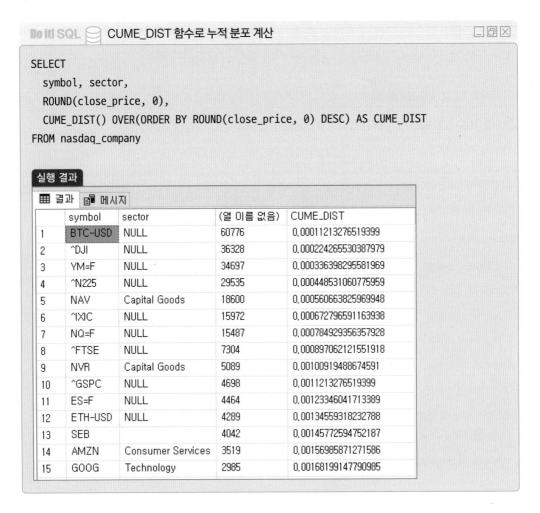

Do it! SQL   CUME_DIST 함수로 누적 분포 계산

```
SELECT
  symbol, sector,
  ROUND(close_price, 0),
  CUME_DIST() OVER(ORDER BY ROUND(close_price, 0) DESC) AS CUME_DIST
FROM nasdaq_company
```

실행 결과

결과 | 메시지

	symbol	sector	(열 이름 없음)	CUME_DIST
1	BTC-USD	NULL	60776	0,00011213276519399
2	^DJI	NULL	36328	0,000224265530387979
3	YM=F	NULL	34697	0,000336398295581969
4	^N225	NULL	29535	0,000448531060775959
5	NAV	Capital Goods	18600	0,000560663825969948
6	^IXIC	NULL	15972	0,000672796591163938
7	NQ=F	NULL	15487	0,000784929356357928
8	^FTSE	NULL	7304	0,000897062121551918
9	NVR	Capital Goods	5089	0,00100919488674591
10	^GSPC	NULL	4698	0,0011213276519399
11	ES=F	NULL	4464	0,00123346041713389
12	ETH-USD	NULL	4289	0,00134559318232788
13	SEB		4042	0,00145772594752187
14	AMZN	Consumer Services	3519	0,00156985871271586
15	GOOG	Technology	2985	0,00168199147790985

상대 순위 계산하기: PERCENT_RANK 함수

PERCENT_RANK 함수는 상대 순위를 계산할 수 있다. 또한 쿼리 결과 집합 또는 파티션 내의 상대 순위를 평가할 수도 있다. PERCENT_RANK 함수는 앞에서 배운 CUME_DIST 함수와 유사하지만 누적 분포가 아닌 분포 순위라는 점이 다르다. PERCENT 함수의 기본 형식은 다음과 같다.

> **PERCENT_RANK 함수의 기본 형식**
>
> PERCENT_RANK( ) OVER ([partition_by_clause] order_by_clause)

예를 들어 다음과 같이 Department 그룹으로 Rate 값의 분포 순위를 계산했을 때, 가장 높은 Rate는 1이고 그 하위 Rate는 1을 기준으로 분포 순위를 나타낸다.

표 5-10 그룹 내 분포 순위 계산

Department	LastName	Rate	CumeDist
Document Control	Arifin	17.7885	1
Document Control	Norred	16.8269	0.5
Document Control	Kharatishvili	16.8269	0.5
Document Control	Chai	10.25	0
Document Control	Berge	10.25	0
Information Services	Trenary	50.4808	1
Information Services	Conroy	39.6635	0.888888888888889
Information Services	Ajenstat	38.4615	0.666666666666667
Information Services	Wilson	38.4615	0.666666666666667
Information Services	Sharma	32.4519	0.444444444444444
Information Services	Connelly	32.4519	0.444444444444444
Information Services	Berg	27.4038	0
Information Services	Meyyappan	27.4038	0
Information Services	Bacon	27.4038	0
Information Services	Bueno	27.4038	0

PERCENT_RANK 함수의 반환값 범위는 0 초과 1 이하이다. 모든 그룹의 첫 번째 행은

PERCENT_RANK 함수의 반환값이 0이며 NULL값은 기본 포함되고 가능한 한 가장 낮은 값으로 취급된다. 앞에서도 NULL은 정의되지 않은 값이라고 앞서 설명했지만 PERCENT_RANK 함수에서는 NULL도 유효한 데이터로 포함한다.

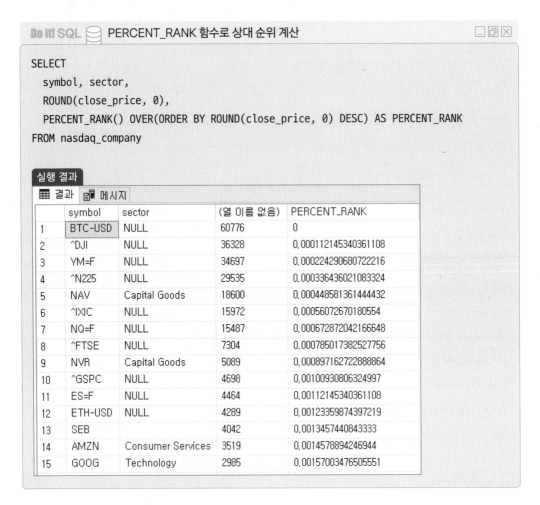

중앙값 계산하기: PERCENTILE_CONT, PERCENTILE_DISC 함수

PERCENTILE_CONT와 PERCENTILE_DISC는 모두 중앙값을 계산하는 함수이다.

PERCENTILE_CONT, PERCONT_DISC 함수의 기본 형식

```
PERCENTILE_CONT [PERCENTILE_DISC] (numeric_literal)
    WITHIN GROUP (ORDER BY order_by_expression [ASC ¦ DESC])
    OVER ([<partition_by_clause>])
```

여기서 매개변수 numeric_literal에 전달하는 인자는 계산할 백분위 수이며 범위는 0.0 ~
1.0 사이이다. WITHIN GROUP (ORDER BY order_by_expression [ASC ¦ DESC])는 정렬할
숫잣값 목록을 지정하며 기본 정렬 순서는 오름차순인 ASC이다. PERCENTILE_CONT,
PERCENTILE_DISC 함수는 데이터 집합에서 NULL값은 무시한다. PERCENTILE_CONT
함수는 데이터셋에 있거나 없을 수 있는 적절한 값을 보간interpolation한 결과를 반환하며,
PERCENTILE_DISC 함수는 정확한 위치의 실젯값인 중위수를 추출할 때 사용한다. 다음은
PERCENTILE_CONT 함수와 PERCENTILE_DISC 함수를 사용해 sector 열의 그룹별 중
앙값을 검색하는 쿼리이다.

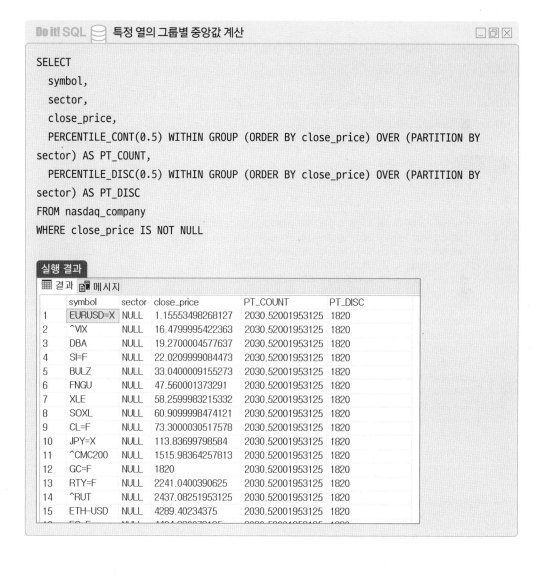

정렬된 첫 번째/마지막 행의 값 구하기: FIRST_VALUE, LAST_VALUE 함수

FIRST_VALUE 함수는 정렬된 데이터에서 첫 번째 행의 값을 반환하며 LAST_VALUE 함수는 마지막 행의 값을 반환한다. 다음은 stock 테이블에서 특정 기간 동안 symbol 그룹별로 가장 높은 종가(close)를 구한 뒤 해당 가격과 현재 가격의 차이가 얼마인지를 검색한다.

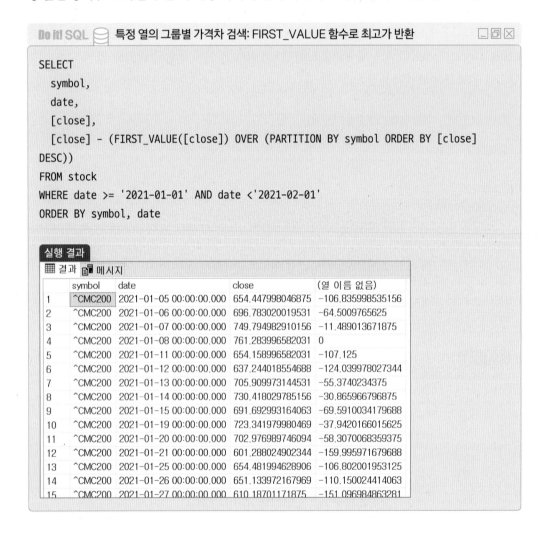

Do it! SQL 　특정 열의 그룹별 가격차 검색: FIRST_VALUE 함수로 최고가 반환

```
SELECT
  symbol,
  date,
  [close],
  [close] - (FIRST_VALUE([close]) OVER (PARTITION BY symbol ORDER BY [close]
DESC))
FROM stock
WHERE date >= '2021-01-01' AND date <'2021-02-01'
ORDER BY symbol, date
```

실행 결과

	symbol	date	close	(열 이름 없음)
1	^CMC200	2021-01-05 00:00:00.000	654.447998046875	-106.835998535156
2	^CMC200	2021-01-06 00:00:00.000	696.783020019531	-64.5009765625
3	^CMC200	2021-01-07 00:00:00.000	749.794982910156	-11.489013671875
4	^CMC200	2021-01-08 00:00:00.000	761.283996582031	0
5	^CMC200	2021-01-11 00:00:00.000	654.158996582031	-107.125
6	^CMC200	2021-01-12 00:00:00.000	637.244018554688	-124.039978027344
7	^CMC200	2021-01-13 00:00:00.000	705.909973144531	-55.3740234375
8	^CMC200	2021-01-14 00:00:00.000	730.418029785156	-30.865966796875
9	^CMC200	2021-01-15 00:00:00.000	691.692993164063	-69.5910034179688
10	^CMC200	2021-01-19 00:00:00.000	723.341979980469	-37.9420166015625
11	^CMC200	2021-01-20 00:00:00.000	702.976989746094	-58.3070068359375
12	^CMC200	2021-01-21 00:00:00.000	601.288024902344	-159.995971679688
13	^CMC200	2021-01-25 00:00:00.000	654.481994628906	-106.802001953125
14	^CMC200	2021-01-26 00:00:00.000	651.133972167969	-110.150024414063
15	^CMC200	2021-01-27 00:00:00.000	610.18701171875	-151.096984863281

06

내 맘대로 주식 데이터 분석하기

지금까지 공부한 내용을 바탕으로 드디어 주식 데이터를 분석해 볼 시간이 되었다. 이 책에서는 학습용으로 준비한 실제 나스닥 데이터를 이용한다. 우리는 이 데이터를 바탕으로 여러 시나리오를 거치며 분석 실습을 할 것이다. 그리고 실습을 진행하다가 좋은 아이디어가 생기면 거침없이 쿼리를 작성하기 바란다. 다양한 시각으로 시나리오를 만들어 분석하다 보면 더 흥미롭게 공부할 수 있을 것이다.

06-1 52주 동안의 주가 분석하기

주식을 조금이라도 아는 독자라면 관심 있는 회사의 주가(주식 가격)를 검색해 본 적이 있을 것이다. 다음은 네이버에서 삼성전자를 검색하면 볼 수 있는 주식 정보 화면이다.

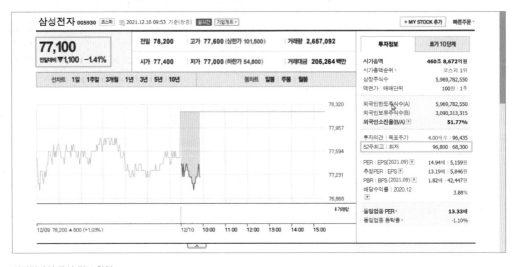

삼성전자의 주식 정보 화면

주식 정보 화면에는 가격 변동에 따른 차트와 함께 현재가, 전일대비 등락가, 52주 최고가, 최저가 등 여러 가지 정보가 표시된다. 그런데 앞에서 본 화면은 일반적으로 많이 쓰이는 기본적인 현재 상태 정보만 나타낸다. 만약 다음과 같은 정보를 알고 싶다면 어떻게 해야 할까?

- 여러 주식 중 오늘 하루 상한가를 기록한 주식을 보고 싶다면?
- 여러 주식 중 52주 최고가를 기록한 상위 10개의 주식만 보고 싶다면?
- 가장 등락폭이 큰 주식만 보고 싶다면?
- 기름값과 자동차 주식의 상관 관계를 알고 싶다면?

이런 정보는 앞에서 본 화면에서 찾기 어렵다. 하지만 우리에게 전체 주식 데이터가 있다면 어떨까? 이 데이터를 데이터베이스에 저장할 수 있다면? 지금까지 배운 SQL을 활용해서 앞의 정보 화면에서 볼 수 있는 결과뿐만 아니라 나만의 분석 결과도 만들어 볼 수 있을 것이다. 그럼 이제부터 몇 가지 시나리오를 만들어서 자신만의 주식 데이터 분석을 해보자. 앞서 언급했듯 주식 데이터는 모두 DoItSQL 데이터베이스에 들어 있다. 바로 실습을 진행해 보자.

주식을 공부하다 보면 '52주 최고가 돌파', '52주 최저가 기록'과 같은 표현을 자주 접하게 된다. **52주 최고가**란 1년 동안 가장 높은 가격을 갱신했다는 뜻이고 **52주 최저가**란 1년 동안 가장 낮은 가격을 갱신했다는 뜻이다. 지금부터 52주 최저가, 최고가를 확인해 보고 최저가와 최고가 차이는 얼마나 나는지, 가격이 상승했다면 얼마나 상승했는지 알아보자.

Do it! 01 최저가, 최고가, 가격 차이, 비율 검색하기

다음은 stock 테이블에서 52주 최저가, 최고가와 가격 차이, 비율을 검색하는 쿼리이다.

```
-- 52주 최저가, 최고가, 가격 차이, 비율 검색(stock 테이블)
SELECT
  symbol,
  CONVERT(DECIMAL(18,2),MIN([close])) AS w52_min,
  CONVERT(DECIMAL(18,2), MAX([close])) AS w52_max,
  CONVERT(DECIMAL(18,2),MAX([close]) - MIN([close])) AS w52_diff_price,
  CONVERT(DECIMAL(18,2), (MAX([close]) - MIN([close])) / MIN([close]) * 100) AS
w52_diff_ratio
FROM stock
WHERE date >= DATEADD(week, -52, '2021-10-04')
  AND date <= '2021-10-04'
GROUP BY symbol
```

실행 결과

▦ 결과 📄 메시지

	symbol	w52_min	w52_max	w52_diff_price	w52_diff_ratio
1	ACTCW	1.15	8.82	7.67	666.96
2	FIIIU	10.00	15.43	5.43	54.30
3	ISR	0.36	2.47	2.11	586.11
4	LINC	4.53	8.08	3.55	78.37
5	CCNEP	25.10	28.86	3.76	14.99
6	PSO	6.55	12.33	5.78	88.24
7	SII	28.29	46.56	18.27	64.58
8	CACI	198.97	268.87	69.90	35.13
9	GLOG	2.26	5.90	3.64	161.06
10	PPT	4.37	4.87	0.50	11.44
11	PLXP	3.01	21.28	18.27	606.98

12	PYT	22.27	24.80	2.53	11.36
13	OSS	2.17	9.09	6.92	318.89
14	MYD	13.23	15.52	2.29	17.31
15	PCGU	86.50	125.51	39.01	45.10
16	VMACU	9.94	11.69	1.75	17.58
17	CHN	25.10	34.79	9.69	38.61
18	KRP	5.82	14.46	8.64	148.45
19	EGLE	13.76	54.32	40.56	294.77
20	PIPP	9.69	14.00	4.31	44.48
21	RDVT	18.10	29.50	11.40	62.98
22	THG	95.00	142.80	47.80	50.32
23	SSD	87.38	118.46	31.08	35.57
24	NSPR	0.32	6.92	6.60	2062.50
25	JRSH	4.59	7.98	3.39	73.79
26	OFSSL	24.00	25.20	1.20	5.00
27	TPVY	24.76	25.72	0.96	3.88
28	WNC	12.97	20.44	7.47	57.59
29	AMG	71.14	179.87	108.73	152.84
30	FAX	3.80	4.58	0.78	20.53
31	ASLN	1.54	5.25	3.71	240.91
32	KALA	2.62	9.58	6.96	265.65
33	VMM	12.78	14.39	1.61	12.60

쿼리를 보면 기준일인 2021년 10월 4일로부터 과거 52주 데이터를 검색하려고 WHERE 문에 날짜 함수인 DATEADD를 사용했다. 날짜 계산은 주 단위로 하므로 DATEADD 함수의 첫 번째 인자로 week를 전달했다(week는 wk로 줄여 전달해도 된다). SELECT 문에는 symbol에 따른 최솟값과 최댓값을 구하려고 MIN, MAX 함수를 사용했다. 또한 검색 결과에서 주가의 자릿수는 18자리까지 표시하되 소수점은 2자리까지만 표시하도록 DECIMAL(18,2)를 사용했다. GROUP BY 문에는 symbol 열을 지정했다.

▶ 앞에서도 설명했지만 코드에 정답은 없다. 더 좋은 효율로 같은 결과를 검색할 수 있는 쿼리가 있다면 각자 직접 작성한 쿼리로 결과를 출력해도 좋다.

Do it! 02 | 쿼리 간결하게 만들기

MIN, MAX 함수를 각 계산식에 반복해 사용한 쿼리를 조금 개선해 보자. 다음 쿼리는 FROM 문에 서브 쿼리를 사용해 52주 데이터의 symbol별 최저가와 최고가를 먼저 구하고, 그 값을 서브 쿼리 밖의 SELECT 문에서 재사용하는 방식으로 쿼리를 간결하게 만든 것이다. 이렇게 재사용할 경우 서브 쿼리의 조건이 변경되었을 때 전체 쿼리를 수정할 필요 없이 서브 쿼리만 수정하면 서브 쿼리 밖의 쿼리는 기존 그대로 재사용 할 수 있어 코드 유지 보수에도 용이하다.

```
-- 서브 쿼리를 재사용하여 쿼리 간결화
SELECT
  X.symbol,
  w52_min,
  w52_max,
  w52_max - w52_min AS w52_diff_price,
  (w52_max - w52_min) / w52_min * 100 AS w52_diff_ratio
FROM (
  SELECT
    symbol,
    CONVERT(DECIMAL(18,2),MIN([close])) AS w52_min,
    CONVERT(DECIMAL(18,2), MAX([close])) AS w52_max
  FROM stock
  WHERE date >= DATEADD(week, -52, '2021-10-04')
    AND date <= '2021-10-04'
  GROUP BY symbol
) AS X
```

실행 결과

결과 메시지
메시지 8134, 수준 16, 상태 1, 줄 1
0으로 나누기 오류가 발생했습니다.

완료 시간: 2021-12-10T11:33:01.7533728+09:00

하지만 '0으로 나누기 오류'가 발생했다. 이 오류는 분모로 사용한 w52_min이 0인 경우 발생하므로 관련 쿼리를 수정해야 한다.

Do it!
03 **0으로 나누기 오류 수정하기**

CASE 함수를 사용해 분모로 사용한 w52_min이 0보다 클 경우에만 나누기 계산을 하고, w52_min이 0인 경우에는 계산 로직을 수행하지 않고 결과를 그냥 0으로 출력하도록 쿼리를 수정했다.

```
-- 0으로 나누기 오류를 수정
SELECT
  X.symbol,
```

```
  w52_min,
  w52_max,
  w52_max - w52_min AS w52_diff_price,
  CONVERT(DECIMAL(18, 2), CASE WHEN w52_min > 0 THEN (w52_max - w52_min) / w52_
min * 100 ELSE 0 END) AS w52_diff_ratio
FROM (
  SELECT
    symbol,
    CONVERT(DECIMAL(18,2),MIN([close])) AS w52_min,
    CONVERT(DECIMAL(18,2), MAX([close])) AS w52_max
  FROM stock
  WHERE date >= DATEADD(week, -52, '2021-10-04')
    AND date <= '2021-10-04'
  GROUP BY symbol
) AS X
```

실행 결과

	symbol	w52_min	w52_max	w52_diff_price	w52_diff_ratio
1	ACTCW	1.15	8.82	7.67	666.96
2	FIIIU	10.00	15.43	5.43	54.30
3	ISR	0.36	2.47	2.11	586.11
4	LINC	4.53	8.08	3.55	78.37
5	CCNEP	25.10	28.86	3.76	14.98
6	PSO	6.55	12.33	5.78	88.24
7	SII	28.29	46.56	18.27	64.58
8	CACI	198.97	268.87	69.90	35.13
9	GLOG	2.26	5.90	3.64	161.06
10	PPT	4.37	4.87	0.50	11.44
11	PLXP	3.01	21.28	18.27	606.98
12	PYT	22.27	24.80	2.53	11.36
13	OSS	2.17	9.09	6.92	318.89
14	MYD	13.23	15.52	2.29	17.31
15	PCGU	86.50	125.51	39.01	45.10
16	VMACU	9.94	11.69	1.75	17.61
17	CHN	25.10	34.79	9.69	38.61
18	KRP	5.82	14.46	8.64	148.45
19	EGLE	13.76	54.32	40.56	294.77
20	PIPP	9.69	14.00	4.31	44.48
21	RDVT	18.10	29.50	11.40	62.98
22	THG	95.00	142.80	47.80	50.32
23	SSD	87.38	118.46	31.08	35.57

그런데 하나 의문이 생긴다. 처음에 작성한 쿼리는 왜 오류가 없었을까? 분명 SELECT 문에
서 직접 (MAX(⋯) - MIN(⋯)) / MIN(⋯)을 작성했는데 말이다.

Do it! 04 **w52_min이 0인 데이터 검색하기**

우선 MIN 함수가 반환한 값이 0인 symbol이 무엇인지 확인해 보자. 혹시 앞의 결과에서 w52_diff_ratio가 0인 값을 찾고자 스크롤바를 움직이고 있다면 잠시 손을 멈추자. 여러분에게는 SQL이 있다. 필터링 조건을 사용해 찾고자 하는 데이터를 검색하면 되니까 말이다. 조금 전 사용한 쿼리에서 마지막에 WHERE w52_min = 0을 추가해 w52_min이 0인 데이터를 검색해 보자.

```sql
-- w52_min이 0인 데이터 검색
SELECT
  X.symbol,
  w52_min,
  w52_max,
  w52_max - w52_min AS w52_diff_price,
  CONVERT(DECIMAL(18, 2), CASE WHEN w52_min > 0 THEN (w52_max - w52_min) / w52_
min * 100 ELSE 0 END) AS w52_diff_ratio
FROM (
  SELECT
    symbol,
    CONVERT(DECIMAL(18,2),MIN([close])) AS w52_min,
    CONVERT(DECIMAL(18,2), MAX([close])) AS w52_max
  FROM stock
  WHERE date >= DATEADD(week, -52, '2021-10-04')
    AND date <= '2021-10-04'
  GROUP BY symbol
) AS X
WHERE w52_min = 0
```

실행 결과

▦ 결과 🗎 메시지

	symbol	w52_min	w52_max	w52_diff_price	w52_diff_ratio
1	SPIR	0.00	0.02	0.02	0.00

Do it! 05 **가공하지 않은 w52_min 살펴보기**

symbol이 'SPIR'인 주식의 52주 최저가 w52_min이 0.00이다. 분명 w52_min은 0이었

던 것 같다. 그렇다면 처음 입력했던 쿼리에 어떤 문제가 있었던 걸까? 가공하지 않은 w52_min을 검색해 보자.

```
-- 가공하지 않은 w52_min 검색
SELECT
  symbol,
  CONVERT(DECIMAL(18,2),MIN([close])) AS w52_min,
  MIN([close]) AS w52_min_origin,
  CONVERT(DECIMAL(18,2), MAX([close])) AS w52_max,
  CONVERT(DECIMAL(18,2),MAX([close]) - MIN([close])) AS w52_diff_price,
  CONVERT(DECIMAL(18,2), (MAX([close]) - MIN([close])) / MIN([close]) * 100) AS
w52_diff_ratio
FROM stock
WHERE date >= DATEADD(week, -52, '2021-10-04')
  AND date <= '2021-10-04'
  AND symbol = 'SPIR'
GROUP BY symbol
```

실행 결과

결과 | 메시지

	symbol	w52_min	w52_min_origin	w52_max	w52_diff_price	w52_diff_ratio
1	SPIR	0.00	0.0019000000320375	0.02	0.02	1210.53

원래의 데이터 w52_min_origin을 살펴보면 0.0019000000320375이다. 이제 의문이 풀렸다. FROM 문에서 하위 쿼리를 사용해 데이터 집합을 만들 때 DECIMAL(18,2)가 소수점 2자리까지만 허용하므로 w52_min이 0.00이 된 것이다. 사실 이런 일은 자료형을 잘 이해했다면 미리 방지할 수 있었을 것이다.

▶ float형 데이터는 표현할 수 있는 소수점의 길이가 매우 긴데, 소수점 2자리를 잘라 사용하는 과정에서 이러한 문제가 생긴 것이다.

소수점을 다 표현하지 않는 이유는?

실제 금융권에서 달러는 소수점 4자리까지 계산에 사용하며 2자리까지만 표시한다. 앞의 실습은 그 상황을 가정해 진행했다. 앞으로도 데이터를 가공해야 할 때 자료형 변환이나 계산에 따라 어떤 값이 나올지 예상하는 습관을 들이도록 하자.

06-2 하루 동안 상승/하락한 종목 분석하기

주식을 시작하기 전에 가장 먼저 할 일은 어떤 주식에 투자해야 큰 이익을 볼 수 있을지 생각해 보는 것이다. 주식을 하다 보면 하루 동안 가격이 상승한 종목과 하락한 종목이 무엇인지, 가격이 상승한 종목은 얼마나 올랐는지, 하락한 종목은 얼마나 떨어졌는지 궁금할 때가 많다. 이러한 흐름을 구체적으로 알고 있다면 다음 투자 전략을 세우기도 좋을 것이다.

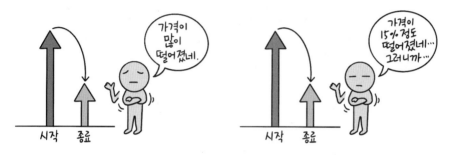

주식 종목별 가격 변동 파악하기

여기서는 하루 주식의 시작가, 종가, 거래 최대가, 거래 최소가 등을 이용해 주식을 분석해 본다. 참고로 우리나라 주식 시장은 하루 동안의 주가 변동 폭을 30%로 제한한다. 하지만 미국 주식 시장은 주가 변동 폭의 제한이 없다. 현재 우리가 사용하는 실습용 데이터는 미국 주식이므로 상승 종목과 하락 종목의 가격 차이가 매우 클 수 있음을 인지하자.

▶ 우리나라 주식 시장의 일 주가 변동 폭이 존재하는 이유는 시장이 불안하거나 주가의 급등락이 잦을 경우 투자자들에게 큰 피해를 주는 것을 방지하기 위함이라고 한다.

Do it!
01
상승/하락 종목 관련 다양한 정보 검색하기
다음은 stock 테이블에서 하루 시작가와 하루 종가를 비교해 상승한 금액, 비율과 하루 거래 중 최저 거래가와 최대 거래가의 차이를 구하는 쿼리이다.

```
-- 하루 시작가와 종가를 비교해 각종 정보 검색(stock 테이블)
SELECT
  date,
  symbol,
  CONVERT(DECIMAL(18,2), [open]) AS [open],
  CONVERT(DECIMAL(18,2), [close]) AS [close],
  CONVERT(DECIMAL(18,2), [open] - [close]) AS diff_price,
  CONVERT(DECIMAL(18,2), ([close] - [open]) / [open] * 100) AS diff_ratio,
  '' AS '---',
  CONVERT(DECIMAL(18,2), [low]) AS [low],
  CONVERT(DECIMAL(18,2), [high]) AS [high],
  CONVERT(DECIMAL(18,2), [high] - [low]) AS diff_high_price,
  CONVERT(DECIMAL(18,2), ([high] - [low]) / [low] * 100) AS diff_high_ratio
FROM stock
WHERE date = '2021-10-06'
```

실행 결과

▦ 결과 ▦ 메시지

	date	symbol	open	close	diff_price	diff_ratio	---	low	high	diff_high_price	diff_high_ratio
1	2021-10-06 00:00:00.000	HIPO	4.42	4.46	-0.04	0.90		4.31	4.49	0.18	4.18
2	2021-10-06 00:00:00.000	GLBS	2.77	2.83	-0.06	2.17		2.75	2.85	0.10	3.64
3	2021-10-06 00:00:00.000	JFU	1.69	1.66	0.03	-1.78		1.61	1.69	0.08	4.97
4	2021-10-06 00:00:00.000	PINS	49.15	50.36	-1.21	2.46		49.01	50.92	1.91	3.90
5	2021-10-06 00:00:00.000	PIRS	4.98	4.83	0.15	-3.01		4.81	5.09	0.28	5.82
6	2021-10-06 00:00:00.000	PIXY	1.05	1.01	0.04	-3.81		1.00	1.05	0.05	5.20
7	2021-10-06 00:00:00.000	PLG	1.92	2.02	-0.10	5.21		1.84	2.04	0.20	10.87
8	2021-10-06 00:00:00.000	FSLY	37.51	39.60	-2.09	5.57		37.10	39.87	2.77	7.47
9	2021-10-06 00:00:00.000	IVR	3.22	3.24	-0.02	0.62		3.21	3.25	0.04	1.25
10	2021-10-06 00:00:00.000	HLBZ	12.57	11.78	0.79	-6.28		11.56	13.15	1.59	13.75
11	2021-10-06 00:00:00.000	GROM	3.27	4.98	-1.71	52.29		3.23	5.90	2.67	82.66
12	2021-10-06 00:00:00.000	HMY	3.24	3.41	-0.17	5.25		3.22	3.41	0.19	5.90
13	2021-10-06 00:00:00.000	HYZN	6.31	5.88	0.43	-6.81		5.66	6.44	0.78	13.78
14	2021-10-06 00:00:00.000	EVFM	0.74	0.74	0.00	-0.14		0.71	0.76	0.05	7.03
15	2021-10-06 00:00:00.000	JOBY	9.00	9.19	-0.19	2.11		8.77	9.22	0.45	5.13
16	2021-10-06 00:00:00.000	M	22.06	22.56	-0.50	2.27		21.27	23.17	1.90	8.93
17	2021-10-06 00:00:00.000	BEKE	17.65	17.80	-0.15	0.85		17.42	18.04	0.62	3.56
18	2021-10-06 00:00:00.000	KMX	125.19	129.27	-4.08	3.26		125.00	129.34	4.34	3.47
19	2021-10-06 00:00:00.000	KNDI	4.29	4.28	0.01	-0.23		4.26	4.34	0.08	1.88
20	2021-10-06 00:00:00.000	KO	52.77	53.71	-0.94	1.78		52.51	53.77	1.26	2.40
21	2021-10-06 00:00:00.000	KODK	6.63	6.71	-0.08	1.21		6.52	6.75	0.23	3.53
22	2021-10-06 00:00:00.000	METX	0.29	0.33	-0.04	13.79		0.28	0.33	0.05	17.86
23	2021-10-06 00:00:00.000	KSS	47.00	45.93	1.07	-2.28		45.73	47.90	2.17	4.75
24	2021-10-06 00:00:00.000	CERN	69.61	70.62	-1.01	1.45		69.08	70.66	1.58	2.29
25	2021-10-06 00:00:00.000	IAG	2.27	2.38	-0.11	4.85		2.26	2.40	0.14	6.19
26	2021-10-06 00:00:00.000	GSAT	1.48	1.51	-0.03	2.03		1.43	1.52	0.09	6.29
27	2021-10-06 00:00:00.000	GME	170.06	171.07	-1.01	0.59		165.81	172.96	7.15	4.31
28	2021-10-06 00:00:00.000	PRPL	21.10	21.71	-0.61	2.89		20.96	21.79	0.83	3.96
29	2021-10-06 00:00:00.000	ZIM	43.84	44.12	-0.28	0.64		42.14	44.53	2.39	5.67
30	2021-10-06 00:00:00.000	CZOO	6.36	7.05	-0.69	10.85		6.30	7.33	1.03	16.35
31	2021-10-06 00:00:00.000	NXE	4.82	4.76	0.06	-1.24		4.60	4.87	0.27	5.87
32	2021-10-06 00:00:00.000	MUX	1.04	1.07	-0.03	2.88		1.03	1.07	0.04	3.88
33	2021-10-06 00:00:00.000	MVIS	10.59	10.54	0.05	-0.47		10.47	10.87	0.40	3.82

쿼리를 보면 앞서 사용한 DECIMAL(18, 2)를 사용해 거래가를 소수점 2자리까지만 표시했고 일일 상승가와 최소 거래가, 최대 거래가를 쉽게 구분해서 보고자 SELECT 문 중간에 빈 열을 한 줄 추가했다.

Do it! 02 가격이 10% 이상 오른 종목을 내림차순 검색하기

계속해서 쿼리를 작성해 보자. 다음은 10% 이상 가격이 오른 종목을 상승률 내림차 순으로 검색하는 쿼리이다.

```
-- 10% 이상 가격이 오른 종목을 상승률 내림차순으로 검색
SELECT
  date,
  symbol,
  CONVERT(DECIMAL(18,2), [open]) AS [open],
  CONVERT(DECIMAL(18,2), [close]) AS [close],
  CONVERT(DECIMAL(18,2), [open] - [close]) AS diff_price,
  CONVERT(DECIMAL(18,2), ([close] - [open]) / [open] * 100) AS diff_ratio,
  '' AS '---',
  CONVERT(DECIMAL(18,2), [low]) AS [low],
  CONVERT(DECIMAL(18,2), [high]) AS [high],
  CONVERT(DECIMAL(18,2), [high] - [low]) AS diff_high_price,
  CONVERT(DECIMAL(18,2), ([high] - [low]) / [low] * 100) AS diff_high_ratio
FROM stock
WHERE date = '2021-10-06'
  AND CONVERT(DECIMAL(18,2), ([close] - [open]) / [open] * 100) >= 10
ORDER BY CONVERT(DECIMAL(18,2), ([close] - [open]) / [open] * 100) DESC
```

실행 결과

결과 메시지

	date	symbol	open	close	diff_price	diff_ratio	---	low	high	diff_high_price	diff_high_ratio
1	2021-10-06 00:00:00.000	GROM	3.27	4.98	-1.71	52.29		3.23	5.90	2.67	82.66
2	2021-10-06 00:00:00.000	FAMI	0.31	0.39	-0.08	25.81		0.30	0.42	0.12	40.00
3	2021-10-06 00:00:00.000	NXTP	1.36	1.68	-0.32	23.53		1.31	1.77	0.46	35.11
4	2021-10-06 00:00:00.000	AFRM	109.78	133.70	-23.92	21.79		109.20	138.88	29.68	27.18
5	2021-10-06 00:00:00.000	SDC	5.70	6.75	-1.05	18.42		5.63	6.76	1.13	20.07
6	2021-10-06 00:00:00.000	RESN	2.18	2.58	-0.40	18.35		2.18	2.70	0.52	23.85
7	2021-10-06 00:00:00.000	EQOS	3.21	3.75	-0.54	16.82		3.15	3.82	0.67	21.27
8	2021-10-06 00:00:00.000	BMRA	5.71	6.61	-0.90	15.76		5.52	6.70	1.18	21.38
9	2021-10-06 00:00:00.000	NM	5.50	6.26	-0.76	13.82		5.48	6.42	0.94	17.15
10	2021-10-06 00:00:00.000	METX	0.29	0.33	-0.04	13.79		0.28	0.33	0.05	17.86
11	2021-10-06 00:00:00.000	MARPS	5.05	5.72	-0.67	13.27		4.78	5.78	1.00	20.92
12	2021-10-06 00:00:00.000	DOCS	76.38	86.15	-9.77	12.79		75.99	86.53	10.54	13.86
13	2021-10-06 00:00:00.000	LIDR	4.32	4.85	-0.53	12.27		4.08	5.07	0.99	24.14
14	2021-10-06 00:00:00.000	KPLT	4.41	4.95	-0.54	12.24		4.36	5.15	0.79	18.12

15	2021-10-06 00:00:00.000	GOTU	2.94	3.30	-0.36	12.24	2.93	3.43	0.50	16.98
16	2021-10-06 00:00:00.000	ONDS	8.86	9.94	-1.08	12.19	8.86	10.22	1.36	15.35
17	2021-10-06 00:00:00.000	MEIP	2.62	2.93	-0.31	11.83	2.60	2.95	0.35	13.46
18	2021-10-06 00:00:00.000	MKD	0.33	0.37	-0.04	11.28	0.33	0.37	0.04	11.62
19	2021-10-06 00:00:00.000	AJAX	6.36	7.05	-0.69	10.85	6.30	7.33	1.03	16.35
20	2021-10-06 00:00:00.000	CZOO	6.36	7.05	-0.69	10.85	6.30	7.33	1.03	16.35
21	2021-10-06 00:00:00.000	PDAC	10.28	11.37	-1.09	10.60	9.71	11.58	1.87	19.26
22	2021-10-06 00:00:00.000	LICY	10.28	11.37	-1.09	10.60	9.71	11.58	1.87	19.26
23	2021-10-06 00:00:00.000	ENSC	2.29	2.52	-0.23	10.04	2.23	2.52	0.29	13.00

결과를 살펴보면 symbol이 GROM인 주식이 82.66%로 가장 높은 상승률을 기록했으며 상승률 기준으로 내림차순 정렬되어 마지막 결과는 10%에 가장 근접해 상승한 ENSC 종목이 나타났다.

Do it! 03 가격이 오른 종목의 상세 정보 검색하기

다음은 앞서 02단계에서 작성한 쿼리에 nasdaq_company 테이블을 조인해 기업 이름(company_name)과 산업군(sector), 산업 종류(industry)를 함께 검색하는 쿼리이다. 앞에서 사용한 쿼리를 그대로 재사용해 실습할 수 있다.

```
-- 가격이 오른 종목의 상세 정보 검색
SELECT
  date,
  b.symbol,
  b.company_name,
  b.sector,
  b.industry,
  CONVERT(DECIMAL(18,2), a.[open]) AS [open],
  CONVERT(DECIMAL(18,2), a.[close]) AS [close],
  CONVERT(DECIMAL(18,2), a.[open] - a.[close]) AS diff_price,
  CONVERT(DECIMAL(18,2), (a.[close] - a.[open]) / a.[open] * 100) AS diff_ratio,
  '' AS '---',
  CONVERT(DECIMAL(18,2), a.[low]) AS [low],
  CONVERT(DECIMAL(18,2), a.[high]) AS [high],
  CONVERT(DECIMAL(18,2), a.[high] - a.[low]) AS diff_high_price,
  CONVERT(DECIMAL(18,2), (a.[high] - a.[low]) / a.[low] * 100) AS diff_high_ratio
FROM stock AS a
  INNER JOIN nasdaq_company AS b ON a.symbol = b.symbol
WHERE date = '2021-10-06'
```

```
AND CONVERT(DECIMAL(18,2), ([close] - [open]) / [open] * 100) >= 10
ORDER BY CONVERT(DECIMAL(18,2), ([close] - [open]) / [open] * 100) DESC
```

실행 결과

⊞ 결과 📄 메시지

	date	symbol	company_name	sector	industry
1	2021-10-06 00:00:00.000	GROM	Grom Social Enterprises Inc. Common Stock		
2	2021-10-06 00:00:00.000	FAMI	Farmmi Inc. Ordinary Shares	Consumer Non-Durables	Packaged Food
3	2021-10-06 00:00:00.000	NXTP	NextPlay Technologies Inc. Common Stock	Technology	EDP Services
4	2021-10-06 00:00:00.000	AFRM	Affirm Holdings Inc. Class A Common Stock	Technology	EDP Services
5	2021-10-06 00:00:00.000	SDC	SmileDirectClub Inc. Class A Common Stock	Health Care	Medical/Dental I
6	2021-10-06 00:00:00.000	RESN	Resonant Inc. Common Stock	Technology	Semiconductors
7	2021-10-06 00:00:00.000	EQOS	Diginex Limited Ordinary Shares	Miscellaneous	Business Servic
8	2021-10-06 00:00:00.000	BMRA	Biomerica Inc. Common Stock	Health Care	Medical/Dental I
9	2021-10-06 00:00:00.000	NM	Navios Maritime Holdings Inc. Common Stock	Transportation	Marine Transpor
10	2021-10-06 00:00:00.000	METX	Meten EdtechX Education Group Ltd. Ordinary Shares	Consumer Services	Other Consumer
11	2021-10-06 00:00:00.000	MAR...	Marine Petroleum Trust Units of Beneficial Interest	Energy	Oilfield Services
12	2021-10-06 00:00:00.000	DOCS	Doximity Inc. Class A Common Stock	Technology	Retail: Compute
13	2021-10-06 00:00:00.000	LIDR	AEye Inc. Class A Common Stock	Capital Goods	Auto Parts:O.E.
14	2021-10-06 00:00:00.000	KPLT	Katapult Holdings Inc. Common Stock	Technology	EDP Services
15	2021-10-06 00:00:00.000	GOTU	Gaotu Techedu Inc. American Depositary Shares	Consumer Services	Other Consumer
16	2021-10-06 00:00:00.000	ONDS	Ondas Holdings Inc. Common Stock	Capital Goods	Telecommunicat
17	2021-10-06 00:00:00.000	MEIP	MEI Pharma Inc. Common Stock	Health Care	Biotechnology:
18	2021-10-06 00:00:00.000	MKD	Molecular Data Inc. American Depositary Shares	Miscellaneous	Business Servic

쿼리를 살펴보면 stock 테이블의 별칭을 a라 정의했고 nasdaq_company 테이블의 별칭을 b라고 정의했다. 이렇게 한 이유는 stock 테이블과 nasdaq_company 테이블에 모두 symbol 열이 있기 때문이다. 만약 별칭을 붙이지 않으면 SELECT 문으로 검색한 결과의 symbol이 어느 테이블의 symbol인지 구분하기 어려울 것이다. 또한 이 방식은 쿼리 작성이 조금 더 수월하다는 장점도 있다.

▶ 앞서 조인을 설명할 때, 조인에 참여하는 테이블에 같은 열 이름이 있다면 어느 테이블의 열을 사용할 것인지 정의해야 오류가 발생하지 않는다고 설명했다. 또한 코드 가독성을 위해 항상 열 이름 앞에는 테이블 이름 또는 별칭을 사용해서 어느 테이블의 열 정보인지 표시하는 습관을 들이는 것이 좋다.

06-3 전일 대비 종목 분석하기

앞에서는 하루 동안의 종목 가격 변화를 분석해 보았다. 이번에는 분석 범위를 1단계만 넓혀서 전일 대비 상승 또는 하락한 종목을 검색해 보자. 이렇게 분석하면 어제와 오늘 주가가 어떻게 변화했는지 알 수 있으므로 조금 더 계획적인 투자를 할 수 있다.

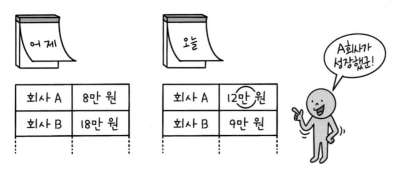

전일 대비 상승/하락한 종목 파악의 중요성

이렇게 전일 대비 종목을 분석하려면 오늘 날짜의 행과 어제 날짜의 행을 일치시켜 오늘 종목 가격에서 어제 종목 가격을 빼는 계산을 수행해야 한다.

표 6-1 전일 대비 종목 분석하기(오늘 날짜 행 - 어제 날짜 행)

	2021-10-01
2021-10-01	2021-10-02
2021-10-02	2021-10-03
2021-10-03	2021-10-04
2021-10-04	2021-10-05
2021-10-05	2021-10-06
2021-10-06	2021-10-07
2021-10-07	2021-10-08
2021-10-08	2021-10-09
2021-10-09	2021-10-10
2021-10-10	

같은 테이블에서 데이터를 비교해야 하므로 SELF JOIN 또는 LAG/LEAD 함수를 사용해야 한다. 그럼 바로 쿼리를 작성해 보자.

<table>
<tr><td>Do it!
01</td><td>SELF JOIN으로 전일 대비 증감과 증감률 구하기
다음은 SELF JOIN으로 전일 대비 증감과 증감률을 구한 것이다.</td></tr>
</table>

```
-- SELF-JOIN으로 전일 대비 증감과 증감률 검색
SELECT
  a.symbol,
  a.date AS a_date,
  CONVERT(DECIMAL(18,2), a.[close]) AS a_close,
  '' AS '---',
  b.date AS b_date,
  CONVERT(DECIMAL(18,2), b.[close]) AS b_close,
  '' AS '---',
  CONVERT(DECIMAL(18,2), b.[close] - a.[close]) AS diff_price,
  CONVERT(DECIMAL(18,2), (b.[close] - a.[close]) / b.[close] * 100) AS diff_ratio
FROM stock AS A
  INNER JOIN stock AS B ON a.symbol = b.symbol AND a.date = dateadd(day, -1,
b.date)
WHERE a.date = '2021-10-06'
  AND CONVERT(DECIMAL(18,2), b.[close] - a.[close]) > 0
```

실행 결과

▦ 결과 ▤ 메시지

	symbol	a_date	a_close	---	b_date	b_close	---	diff_price	diff_ratio
1	ACHL	2021-10-06 00:00:00.000	7.88		2021-10-07 00:00:00.000	7.99		0.11	1.38
2	ACAD	2021-10-06 00:00:00.000	16.87		2021-10-07 00:00:00.000	17.06		0.19	1.11
3	ABUS	2021-10-06 00:00:00.000	4.00		2021-10-07 00:00:00.000	4.10		0.10	2.44
4	ABT	2021-10-06 00:00:00.000	116.49		2021-10-07 00:00:00.000	117.91		1.42	1.20
5	ADI	2021-10-06 00:00:00.000	166.05		2021-10-07 00:00:00.000	166.98		0.93	0.56
6	ADMA	2021-10-06 00:00:00.000	1.12		2021-10-07 00:00:00.000	1.14		0.02	1.75
7	ABNB	2021-10-06 00:00:00.000	167.25		2021-10-07 00:00:00.000	169.60		2.35	1.39
8	ACIU	2021-10-06 00:00:00.000	6.34		2021-10-07 00:00:00.000	6.49		0.15	2.31
9	ADBE	2021-10-06 00:00:00.000	570.31		2021-10-07 00:00:00.000	578.96		8.65	1.49
10	ADEX	2021-10-06 00:00:00.000	9.75		2021-10-07 00:00:00.000	9.77		0.02	0.20
11	ADF	2021-10-06 00:00:00.000	10.00		2021-10-07 00:00:00.000	10.09		0.09	0.89
12	ADGI	2021-10-06 00:00:00.000	30.97		2021-10-07 00:00:00.000	31.40		0.43	1.37
13	ADMP	2021-10-06 00:00:00.000	1.01		2021-10-07 00:00:00.000	1.03		0.02	1.94
14	ADTX	2021-10-06 00:00:00.000	1.57		2021-10-07 00:00:00.000	1.61		0.04	2.48
15	ABCL	2021-10-06 00:00:00.000	15.55		2021-10-07 00:00:00.000	15.78		0.23	1.46
16	ABBV	2021-10-06 00:00:00.000	109.32		2021-10-07 00:00:00.000	110.87		1.55	1.40
17	AAU	2021-10-06 00:00:00.000	0.38		2021-10-07 00:00:00.000	0.39		0.01	2.56
18	AAPL	2021-10-06 00:00:00.000	142.00		2021-10-07 00:00:00.000	143.29		1.29	0.90
19	^IXIC	2021-10-06 00:00:00.000	14501.91		2021-10-07 00:00:00.000	14654.02		152.11	1.04
20	^GSPC	2021-10-06 00:00:00.000	4363.55		2021-10-07 00:00:00.000	4399.76		36.21	0.82

쿼리를 보면 stock 테이블에 별칭 a와 b를 부여해 같은 테이블을 중복 사용하는 SELF JOIN 을 적용했다. 조인 조건인 ON 문을 보면 전일 대비 상승한 종목을 구하고자 a 테이블에서 date가 '2021-10-06'에 해당하는 데이터와 b 테이블에서 -1로 계산한 date가 '2021-10-06' 에 해당하는 데이터의 값을 비교했다.

Do it! 02 LEAD 함수로 전일 대비 증감과 증감률 구하기

다음 쿼리는 LEAD 함수를 사용해 기준 행에서 다음 행을 비교한 것이다. 현재 데이터는 일 단위로 구분되는 만큼 바로 앞의 행을 참조하면 되므로 OFFSET은 생략했다. 또한 같은 symbol과 비교하고자 PARTITION BY 문에 symbol 조건을 부여했다. 데이터는 전후 비교 이므로 최소 이틀 분량의 데이터를 집합으로 사용하려면 WHERE 문에 비교를 위한 날짜 범위를 지정해야 한다는 점도 잊지 말자.

```
-- LEAD 함수로 전일 대비 증감과 증감률 검색
SELECT
  symbol,
  date,
  [close] AS a_close,
  LEAD([close]) OVER (PARTITION BY symbol ORDER BY [date] ASC) AS b_close
FROM stock
WHERE date >= '2021-10-06' AND date <= '2021-10-07'
ORDER BY symbol
```

실행 결과

	symbol	date	a_close	b_close
1	^CMC200	2021-10-06 00:00:00.000	1323.48400878906	1310.09802246094
2	^CMC200	2021-10-07 00:00:00.000	1310.09802246094	NULL
3	^DJI	2021-10-06 00:00:00.000	34416.98828125	34754.94140625
4	^DJI	2021-10-07 00:00:00.000	34754.94140625	NULL
5	^FTSE	2021-10-06 00:00:00.000	6995.89990234375	7078
6	^FTSE	2021-10-07 00:00:00.000	7078	NULL
7	^GSPC	2021-10-06 00:00:00.000	4363.5498046875	4399.759765625
8	^GSPC	2021-10-07 00:00:00.000	4399.759765625	NULL
9	^IXIC	2021-10-06 00:00:00.000	14501.91015625	14654.01953125
10	^IXIC	2021-10-07 00:00:00.000	14654.01953125	NULL
11	^N225	2021-10-06 00:00:00.000	27528.869140625	27678.2109375
12	^N225	2021-10-07 00:00:00.000	27678.2109375	NULL
13	^RUT	2021-10-06 00:00:00.000	2214.9599609375	2250.09008789063
14	^RUT	2021-10-07 00:00:00.000	2250.09008789063	NULL
15	^VIX	2021-10-07 00:00:00.000	19.5400009155273	NULL

16	A	2021-10-07 00:00:00.000	155.320007324219	NULL
17	AA	2021-10-06 00:00:00.000	47.0499992370605	47.0499992370605
18	AA	2021-10-07 00:00:00.000	47.0499992370605	NULL
19	AAC	2021-10-07 00:00:00.000	9.76000022888184	NULL
20	AACG	2021-10-07 00:00:00.000	2.26999998092651	NULL

앞서 SELF JOIN한 것과 비교하면 전후 비교는 할 수 있지만, 이틀 분량의 데이터 집합을 사용해 각 symbol당 2개의 행이 표시된다는 점은 다르다. 2일 차의 행은 비교할 열이 없으므로 NULL이 표시된 것도 볼 수 있다.

Do it!
03

LEAD 함수를 사용한 증감 결과에서 NULL값 제거하기

앞에서 실행한 LEAD 함수를 사용한 증감 결과에서 불필요한 NULL 데이터가 출력되므로, NULL을 제거한 검색 결과만을 보려면 다음과 같이 쿼리를 수정한다. 앞에서 사용한 쿼리를 그대로 재사용해 실습할 수 있다.

```
-- LEAD 함수를 사용한 증감 결과에서 NULL값 제거
SELECT
  symbol,
  date,
  CONVERT(DECIMAL(18,2), a_close) AS a_close,
  CONVERT(DECIMAL(18,2), b_close) AS b_close,
  CONVERT(DECIMAL(18,2), b_close - a_close) AS diff_price,
  CONVERT(DECIMAL(18,2), (b_close - a_close) / b_close * 100) AS diff_ratio

FROM (
SELECT
  symbol,
  date,
  [close] AS a_close,
  LEAD([close]) OVER (PARTITION BY symbol ORDER BY [date] ASC) AS b_close
FROM stock
WHERE date >= '2021-10-06' AND date <= '2021-10-07'
) AS X
WHERE b_close IS NOT NULL
  AND CONVERT(DECIMAL(18,2), b_close - a_close) > 0
```

🔳 결과 📄 메시지

	symbol	date	a_close	b_close	diff_price	diff_ratio
1	^DJI	2021-10-06 00:00:00.000	34416.99	34754.94	337.95	0.97
2	^FTSE	2021-10-06 00:00:00.000	6995.90	7078.00	82.10	1.16
3	^GSPC	2021-10-06 00:00:00.000	4363.55	4399.76	36.21	0.82
4	^IXIC	2021-10-06 00:00:00.000	14501.91	14654.02	152.11	1.04
5	^N225	2021-10-06 00:00:00.000	27528.87	27678.21	149.34	0.54
6	^RUT	2021-10-06 00:00:00.000	2214.96	2250.09	35.13	1.56
7	AAPL	2021-10-06 00:00:00.000	142.00	143.29	1.29	0.90
8	AAU	2021-10-06 00:00:00.000	0.38	0.39	0.01	2.56
9	ABBV	2021-10-06 00:00:00.000	109.32	110.87	1.55	1.40
10	ABCL	2021-10-06 00:00:00.000	15.55	15.78	0.23	1.46
11	ABNB	2021-10-06 00:00:00.000	167.25	169.60	2.35	1.39
12	ABR	2021-10-06 00:00:00.000	18.99	19.02	0.03	0.16
13	ABT	2021-10-06 00:00:00.000	116.49	117.91	1.42	1.20
14	ABUS	2021-10-06 00:00:00.000	4.00	4.10	0.10	2.44
15	ACAD	2021-10-06 00:00:00.000	16.87	17.06	0.19	1.11
16	ACB	2021-10-06 00:00:00.000	7.35	7.38	0.03	0.41
17	ACHL	2021-10-06 00:00:00.000	7.88	7.99	0.11	1.38
18	ACHR	2021-10-06 00:00:00.000	7.92	8.08	0.16	1.98
19	ACIC	2021-10-06 00:00:00.000	7.92	8.08	0.16	1.98
20	ACIU	2021-10-06 00:00:00.000	6.34	6.49	0.15	2.31

쿼리를 보면 FROM 문의 하위 쿼리에 LEAD 함수를 사용해 전일 데이터의 결과 b_close 열을 생성했다. 그리고 서브 쿼리 밖의 SELECT 문에서 전일 대비 증가와 증감을 구하는 식에서 a_close, b_close 열을 재사용해 계산함으로써 쿼리를 간결하게 만들었다. 이렇게 쿼리를 재사용할 경우 서브 쿼리의 데이터가 변경되어도 바깥의 SELECT 문은 수정할 필요가 없다.

Do it! 04 SELF JOIN을 사용해 전일 대비 최대 상승한 종목 검색하기

SELF JOIN을 활용해 전일 대비 상승률이 가장 높은 상위 3개의 종목을 검색하는 쿼리를 만들어 보자. 필자는 다음과 같이 작성했다.

```
-- SELF JOIN을 사용해 전일 대비 최대 상승한 3개 종목 검색
SELECT
  TOP 3 *
FROM (
SELECT
  a.symbol,
```

```
  a.date AS a_date,
  CONVERT(DECIMAL(18,2), a.[close]) AS a_close,
  b.date AS b_date,
  CONVERT(DECIMAL(18,2), b.[close]) AS b_close,
  CONVERT(DECIMAL(18,2), b.[close] - a.[close]) AS diff_price,
  CONVERT(DECIMAL(18,2), (b.[close] - a.[close]) / b.[close] * 100) AS diff_ratio
FROM stock AS A
  INNER JOIN stock AS B ON a.symbol = b.symbol AND a.date = dateadd(day, -1,
b.date)
WHERE a.date = '2021-10-06'
) AS A
WHERE diff_price > 0
ORDER BY diff_ratio DESC
```

실행 결과

	symbol	a_date	a_close	b_date	b_close	diff_price	diff_ratio
1	CEI	2021-10-06 00:00:00.000	0.91	2021-10-07 00:00:00.000	1.78	0.87	48.88
2	NFE	2021-10-06 00:00:00.000	26.50	2021-10-07 00:00:00.000	33.26	6.76	20.32
3	AEHR	2021-10-06 00:00:00.000	13.61	2021-10-07 00:00:00.000	16.66	3.05	18.31

쿼리를 살펴보면 상위 N개 데이터만 출력하고자 TOP 함수를 사용했으며 인자로 3을 입력했다. WHERE 문에서 상승한 종목만 나타내야 하므로 `diff_price`가 0보다 큰 조건을 사용했다. 앞에서도 설명했듯이 TOP 함수를 사용할 때는 상위 결과만 출력하므로 데이터가 반드시 정렬되어 있어야 한다. 상승률의 내림차순으로 정렬하고자 ORDER BY … DESC 문을 사용했다.

Do it!
05 **CTE 형식을 사용해 전일 대비 최대 상승한 종목 검색하기**

다음은 04단계의 결과와 같지만, 다양한 형식으로 쿼리를 만들어 실습해 보고자 CTE 테이블 형식으로 작성한 쿼리이다. 이 외에도 다른 방법으로 쿼리를 작성할 수 있으므로 스스로 다른 형태의 쿼리도 작성해 보자. 결과 화면은 똑같으므로 생략했다.

▶ 지금까지 몇 번이고 강조했지만 코드에 정답은 없다.

▶ 이 책에서 성능은 다루지 않으므로 서브 쿼리 사용이나 CTE 사용에 따른 성능 개선 방법은 설명하지 않겠다.

```
-- CTE 형식을 사용해 전일 대비 최대 상승한 종목 검색
WITH cte_stock AS (
SELECT
  a.symbol,
  a.date AS a_date,
  CONVERT(DECIMAL(18,2), a.[close]) AS a_close,
  b.date AS b_date,
  CONVERT(DECIMAL(18,2), b.[close]) AS b_close,
  CONVERT(DECIMAL(18,2), b.[close] - a.[close]) AS diff_price,
  CONVERT(DECIMAL(18,2), (b.[close] - a.[close]) / b.[close] * 100) AS diff_ratio
FROM stock AS A
  INNER JOIN stock AS B ON a.symbol = b.symbol AND a.date = dateadd(day, -1,
b.date)
WHERE a.date = '2021-10-06'
)
SELECT TOP 3 * FROM cte_stock WHERE diff_price > 0 ORDER BY diff_ratio DESC
```

Do it!
06 상/하위 3개 데이터를 합쳐서 검색하기(오류 발생)

지금까지는 상/하위 3개의 데이터를 따로 검색했다. 이 데이터들을 하나로 합쳐 표현하려면 어떻게 해야 할까? 우선 UNION 문을 사용한 쿼리를 작성해 볼 수 있다.

```
-- 상/하위 3개 데이터 합쳐 검색(오류 발생)
WITH cte_stock AS (
SELECT
  a.symbol,
  a.date AS a_date,
  CONVERT(DECIMAL(18,2), a.[close]) AS a_close,
  b.date AS b_date,
  CONVERT(DECIMAL(18,2), b.[close]) AS b_close,
  CONVERT(DECIMAL(18,2), b.[close] - a.[close]) AS diff_price,
  CONVERT(DECIMAL(18,2), (b.[close] - a.[close]) / b.[close] * 100) AS diff_ratio
FROM stock AS A
  INNER JOIN stock AS B ON a.symbol = b.symbol AND a.date = dateadd(day, -1,
b.date)
WHERE a.date = '2021-10-06'
)
SELECT TOP 3 * FROM cte_stock WHERE diff_price > 0 ORDER BY diff_ratio DESC
```

```
UNION ALL
SELECT TOP 3 * FROM cte_stock WHERE diff_price < 0 ORDER BY diff_ratio ASC
```

실행 결과

📋 메시지
메시지 156, 수준 15, 상태 1, 줄 15
키워드 'UNION' 근처의 구문이 잘못되었습니다.

완료 시간: 2021-12-13T16:55:38.9939067+09:00

쿼리를 보면 CTE 테이블 형식을 사용해 데이터 집합을 먼저 정의하고, 그런 다음 CTE 바깥쪽에 SELECT 문을 사용해 상위 3행, 하위 3행 데이터를 UNION ALL 문으로 합치려고 한다. 그런데 UNION 문에서 오류가 발생했다. 왜 오류가 발생했을까? UNION 문은 데이터 집합 결과의 행을 합쳐서 보여 주므로 열의 개수와 자료형이 같아야 할 뿐만 아니라 쿼리의 결과로 제공되어야 한다.

Do it! 07 상/하위 3개 데이터를 합쳐서 검색하기

데이터 결과 집합을 합치는 것이므로 기존의 쿼리를 서브 쿼리로 한 번 더 감싸서 데이터 결과 집합으로 만들어 합치도록 한다.

```
-- 상/하위 3개 데이터 합쳐 검색(성공)
WITH cte_stock AS (
SELECT
  a.symbol,
  a.date AS a_date,
  CONVERT(DECIMAL(18,2), a.[close]) AS a_close,
  b.date AS b_date,
  CONVERT(DECIMAL(18,2), b.[close]) AS b_close,
  CONVERT(DECIMAL(18,2), b.[close] - a.[close]) AS diff_price,
  CONVERT(DECIMAL(18,2), (b.[close] - a.[close]) / b.[close] * 100) AS diff_ratio
FROM stock AS A
  INNER JOIN stock AS B ON a.symbol = b.symbol AND a.date = dateadd(day, -1, b.date)
WHERE a.date = '2021-10-06'
)
(SELECT * FROM (SELECT TOP 3 * FROM cte_stock WHERE diff_price > 0 ORDER BY diff_
```

```
ratio DESC ) AS X
UNION ALL
(SELECT * FROM (SELECT TOP 3 * FROM cte_stock WHERE diff_price > 0 ORDER BY diff_
ratio ASC) AS X
```

실행 결과

	symbol	a_date	a_close	b_date	b_close	diff_price	diff_ratio
1	CEI	2021-10-06 00:00:00.000	0.91	2021-10-07 00:00:00.000	1.78	0.87	48.88
2	NFE	2021-10-06 00:00:00.000	26.50	2021-10-07 00:00:00.000	33.26	6.76	20.32
3	AEHR	2021-10-06 00:00:00.000	13.61	2021-10-07 00:00:00.000	16.66	3.05	18.31
4	COF	2021-10-06 00:00:00.000	167.87	2021-10-07 00:00:00.000	167.88	0.01	0.01
5	FIVN	2021-10-06 00:00:00.000	148.48	2021-10-07 00:00:00.000	148.53	0.05	0.03
6	PNM	2021-10-06 00:00:00.000	49.82	2021-10-07 00:00:00.000	49.84	0.02	0.04

쿼리를 보면 CTE 밖의 SELECT 문에서 괄호를 사용해 쿼리를 하나의 결과 데이터 집합으로 인식하도록 했다. 독자가 보기에 결과는 항상 데이터 집합으로 출력되므로 문제가 없어야 하지 않을까라고 생각할 수도 있겠지만, 이는 어디까지나 사람 입장에서의 판단이다. 여러분은 항상 데이터베이스 입장에서 판단하고 쿼리를 작성해야 한다.

다음은 CTE 형식 대신 FROM 문에서 서브 쿼리를 사용한 쿼리이다. 결과는 같으므로 생략한다.

```
-- 상/하위 3개 데이터 합쳐 검색(CTE 대신 서브 쿼리 사용)
SELECT
  *
FROM (
  SELECT
    TOP 3
    symbol,
    a_date, a_close,
    b_date, b_close,
    diff_price, diff_ratio
  FROM (
    SELECT
      a.symbol,
      a.date AS a_date,
      CONVERT(DECIMAL(18,2), a.[close]) AS a_close,
      b.date AS b_date,
      CONVERT(DECIMAL(18,2), b.[close]) AS b_close,
      CONVERT(DECIMAL(18,2), b.[close] - a.[close]) AS diff_price,
```

```
          CONVERT(DECIMAL(18,2), (b.[close] - a.[close]) / b.[close] * 100) AS diff_
ratio
     FROM stock AS A
       INNER JOIN stock AS B ON a.symbol = b.symbol AND a.date = dateadd(day, -1,
b.date)
     WHERE a.date = '2021-10-06'
   ) AS A
   WHERE diff_price > 0
   ORDER BY diff_ratio DESC
) AS X

UNION ALL

SELECT
  *
FROM (
  SELECT
     TOP 3
     symbol,
     a_date, a_close,
     b_date, b_close,
     diff_price, diff_ratio
  FROM (
     SELECT
       a.symbol,
       a.date AS a_date,
       CONVERT(DECIMAL(18,2), a.[close]) AS a_close,
       b.date AS b_date,
       CONVERT(DECIMAL(18,2), b.[close]) AS b_close,
       CONVERT(DECIMAL(18,2), b.[close] - a.[close]) AS diff_price,
       CONVERT(DECIMAL(18,2), (b.[close] - a.[close]) / b.[close] * 100) AS diff_
ratio
     FROM stock AS A
       INNER JOIN stock AS B ON a.symbol = b.symbol AND a.date = dateadd(day, -1,
b.date)
     WHERE a.date = '2021-10-06'
   ) AS A
   WHERE diff_price > 0
   ORDER BY diff_ratio ASC
) AS X
```

쿼리만 조금 살펴보자. 쿼리양이 많아서 조금 복잡해 보일 수 있겠지만 그렇지 않다. UNION ALL 기준으로 쿼리를 분리하면 쉽게 이해할 수 있다. UNION ALL 기준으로 위쪽은 상위 3개 종목 데이터를 검색하고 아래쪽은 하위 3개 종목 데이터를 검색한다. 쿼리 구성은 같고 정렬 조건만 반대이므로 이해하기 쉬울 것이다. 또한 UNION ALL을 사용하고자 CTE에 사용했던 방법처럼 FROM 문의 하위 쿼리로 한 번 더 감싸서 사용했다.

Do it! 08 임시 테이블에 중간 결과 저장하기

07단계와 같이 비슷한 형태의 부분 쿼리를 반복해 작성하는 과정이 비효율적으로 보일 수 있다. 그럴 때는 같은 데이터를 재사용한다는 점에 주목해 임시 테이블에 중간 결과를 저장한 다음 해당 데이터를 재사용하면 쿼리를 줄일 수 있다. 다음은 임시 테이블에 중간 결과를 저장하는 쿼리이다.

```
-- 임시 테이블에 중간 결과 저장
SELECT
  a.symbol,
  a.date AS a_date,
  CONVERT(DECIMAL(18,2), a.[close]) AS a_close,
  b.date AS b_date,
  CONVERT(DECIMAL(18,2), b.[close]) AS b_close,
  CONVERT(DECIMAL(18,2), b.[close] - a.[close]) AS diff_price,
  CONVERT(DECIMAL(18,2), (b.[close] - a.[close]) / b.[close] * 100) AS diff_ratio
  INTO #temp
FROM stock AS A
  INNER JOIN stock AS B ON a.symbol = b.symbol AND a.date = dateadd(day, -1, b.date)
WHERE a.date = '2021-10-06'
```

실행 결과

📑 메시지

(1172개 행이 영향을 받음)

완료 시간: 2021-12-13T17:15:15.8509225+09:00

쿼리를 보면 SELECT 문의 결과를 #temp에 저장한다. 앞서 INSERT 문을 설명할 때 검색 결과를 테이블에 저장하는 방법을 설명했다. 그때 사용한 구문이 INTO [테이블 이름] 형식이었다. 이때 INTO 문에 사용하는 테이블 이름 앞에 #을 사용해 #테이블 이름과 같이 쿼리를 작성하면 테이블을 임시 테이블로 만들어 저장한다. 임시 테이블은 SQL Server에서 tempdb라는 특별한 공간에 저장된다는 것도 알아 두자. 임시 테이블에 중간 결과를 저장했으니 이제 그것을 사용할 차례이다.

임시 테이블에 저장한 데이터로 검색 쿼리 작성하기

Do it! 09 다음은 임시 테이블 #temp에 저장한 데이터를 이용해 검색하는 쿼리이다.

```
-- 임시 테이블의 데이터로 검색 쿼리 작성
SELECT * FROM (SELECT TOP 3 * FROM #temp WHERE diff_price > 0 ORDER BY diff_ratio
DESC) AS X
UNION ALL
SELECT * FROM (SELECT TOP 3 * FROM #temp WHERE diff_price > 0 ORDER BY diff_ratio
ASC) AS X
```

실행 결과

▦ 결과 📄 메시지

	symbol	a_date	a_close	b_date	b_close	diff_price	diff_ratio
1	CEI	2021-10-06 00:00:00.000	0.91	2021-10-07 00:00:00.000	1.78	0.87	48.88
2	NFE	2021-10-06 00:00:00.000	26.50	2021-10-07 00:00:00.000	33.26	6.76	20.32
3	AEHR	2021-10-06 00:00:00.000	13.61	2021-10-07 00:00:00.000	16.66	3.05	18.31
4	COF	2021-10-06 00:00:00.000	167.87	2021-10-07 00:00:00.000	167.88	0.01	0.01
5	FIVN	2021-10-06 00:00:00.000	148.48	2021-10-07 00:00:00.000	148.53	0.05	0.03
6	PNM	2021-10-06 00:00:00.000	49.82	2021-10-07 00:00:00.000	49.84	0.02	0.04

알아 두면 좋아요! **임시 테이블은 임시 테이블을 생성한 세션에서만 사용!**

임시 테이블의 경우 몇 가지 특징이 있는데, 그중 하나가 임시 테이블은 임시 테이블을 생성한 세션에서만 사용할 수 있다는 점이다. 세션이란 현재 연결된 커넥션을 뜻하는 것으로 쉽게 말해 현재 쿼리 창을 말한다. 만약 현재 세션에서 임시 테이블을 생성하는 쿼리를 실행하고 다른 세션, 즉 새 쿼리 창을 열어서 실행해 임시 테이블을 호출하면 세션 간 임시 테이블을 공유하거나 하지 않으므로 오류가 발생한다.

새 쿼리 창에서 임시 테이블을 호출하면 오류 발생

06-4 주가가 연속 상승한 종목 분석하기

'요즘 주가가 좋다'라는 이야기를 듣는 종목은 무엇일까? 아마도 최근 며칠 동안 계속해서 가격이 오른 종목일 것이다. 이미 주가가 많이 오른 종목에 투자하기란 쉽지 않지만, 비슷한 종목을 알아보기 전에 최근 주가가 좋은 종목을 파악하는 건 의미 있는 작업이다. 그런 의미에서 일정 기간 연속으로 주가가 오른 종목을 분석해 보자.

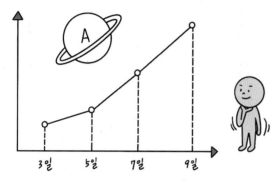

주가가 연속 상승한 종목 분석하기

여기서는 이 그림보다 조금 더 정교하게 분석할 예정이다. A~B 날짜 동안 주가가 N% 이상 오른 종목 중 특히 연속으로 오른 종목을 검색할 것이다. 정교하게 분석하는 만큼 쿼리가 많이 복잡하다. **그래서 여러분이 쉽게 이해할 수 있도록 최대한 쿼리를 분리하고 임시 테이블에 데이터를 저장하는 방식으로 실습을 진행하겠다.** 이렇게 하면 쿼리 성능은 떨어질 수 있지만 지금은 성능보다는 학습에 중점을 두므로 이 점도 참고하기 바란다.

이번 실습은 stock 테이블에서 2021년 2월 17일부터 2021년 2월 24일까지의 일별 주식 데이터를 비교해 주가가 10% 이상 오른 종목 중 해당 기간 동안 한 번도 주가가 떨어지지 않은 종목만 검색한다. 실습할 때 임시 테이블을 사용해야 하므로 세션은 유지하며, 쿼리는 블록 단위로 실행해야 하므로 마우스로 쿼리를 드래그해 블록 단위로 쿼리를 실행해야 한다는 점을 기억하자.

▶ 실습은 모두 한 쿼리 편집기 창에서 진행한다. 실행할 쿼리를 드래그해 F5 를 눌러 실행하는 방식으로 진행하자.

> **Do it!**
> **01**
> ### 증감 주가와 증감 주가율 저장하기
>
> 먼저 첫 날짜와 마지막 날짜의 종가(close)를 검색해 증감 주가와 증감 주가율의 데이터 집합을 만든다. 같은 symbol의 데이터를 비교하고자 FROM 문의 서브 쿼리를 사용해 2021년 2월 17일의 데이터 집합을 만들고, 2021년 2월 24일의 데이터 집합을 만든 다음 조인 조건으로 symbol 열을 비교했다. 검색 결과는 #temp라는 임시 테이블에 저장한다.

```
(...생략...)
-- 1. 기간 동안 종목별 등락 계산
SELECT
  a.symbol,
  a.[close] AS a_close,
  b.[close] AS b_close,
  b.[close] - a.[close] AS close_diff,
  (b.[close] - a.[close]) / a.[close] * 100 AS ratio_diff
  INTO #temp
FROM (
  SELECT
    symbol,
    [close]
  FROM stock
  WHERE date = '2021-02-17'
  ) AS a
  INNER JOIN (
  SELECT
    symbol,
    [close]
  FROM stock
  WHERE date = '2021-02-24'
  ) AS b ON a.symbol = b.symbol

-- #temp 데이터 검색
SELECT * FROM #temp
```

▦ 결과 ｜ 📄 메시지

	symbol	a_close	b_close	close_diff	ratio_diff
1	AACQU	15	12.8699998855591	-2.13000011444092	-14.2000007629395
2	AACQ	13.5	11.8000001907349	-1.69999980926514	-12.5925911797418
3	^IXIC	13965.490234375	13597.9697265625	-367.5205078125	-2.63163341669078
4	^GSPC	3931.330078125	3925.42993164063	-5.900146484375	-0.150080160330597
5	^FTSE	6710.89990234375	6659	-51.89990234375	-0.773367254749608
6	^DJI	31613.01953125	31961.859375	348.83984375	1.10346891541052
7	AB	38.5200004577637	36.5699996948242	-1.95000076293945	-5.06230721642277
8	AAWW	55.9500007629395	59.0900001525879	3.13999938964844	5.6121525412531
9	AAU	0.899999976158142	0.810000002384186	-0.0899999737739563	-9.99999735090461
10	AAT	29.2000007629395	32.6800003051758	3.47999954223633	11.9178063401051
11	ABB	29.3700008392334	29.7199993133545	0.349998474121094	1.19168697351058
12	ABBV	106.290000915527	108.690002441406	2.40000152587891	2.25797488494358
13	AAON	75.5299987792969	77.879997253418	2.34999847412109	3.11134451489656
14	ABC	105.309997558594	105.199996948242	-0.110000610351563	-0.104454100182045
15	ABCB	46.9199981689453	50.2400016784668	3.32000350952148	7.07588158372708
16	ABCL	45.6399993896484	40.0999984741211	-5.54000091552734	-12.1384771902163
17	ABCM	24.1200008392334	22.4599990844727	-1.66000175476074	-6.88226242538349
18	ABEO	2.63000011444092	2.20000004768372	-0.430000066757202	-16.3498117127881
19	ABEV	2.86999988555908	2.73000001907349	-0.139999866485596	-4.87804432292942
20	ABG	160.649993896484	170.419998168945	9.77000427246094	6.08154661914042
21	ABGI	10.3400001525879	10.3599996566772	0.0199995040893555	0.193418798783576
22	ABIO	4.92000007629395	4.71000003814697	-0.21000003814973	-4.26829229208281

주가 증가율이 10% 이상인 일별 데이터 저장하기

Do it!
02

01단계에서 생성한 데이터 집합 중에 주가 증가율이 10% 이상, 즉 ratio_diff >= 10인 일별 데이터 집합을 만들려고 #temp 테이블과 stock 테이블을 조인한다. 이때 ROW_NUMBER 함수를 사용해 symbol 단위로 파티션을 생성하고 날짜 순서대로 순위를 부여한다. 이렇게 순위를 부여한 이유는 전일 날짜를 비교할 때 주식 시장이 열리지 않는 주말이나 공휴일이 기간에 포함될 경우 공백이 생기므로 -1일 방식으로 비교할 수 없기 때문이다. 이렇게 생성한 데이터는 #temp2 임시 테이블에 저장한다.

```
(...생략...)
--2. 1에서 추출한 symbol 중 10% 이상 상승한 종목만 stock 조인해 데이터 저장
SELECT
  ROW_NUMBER() OVER (PARTITION BY a.symbol ORDER BY date ASC) AS num,
  a.symbol,
  b.date,
```

```
    b.[close]
    INTO #temp2
FROM #temp AS a
    INNER JOIN stock AS b ON a.symbol = b.symbol
WHERE a.ratio_diff >= 10
    AND b.date >= '2021-02-17'
    AND b.date <= '2021-02-24'

-- #temp2 데이터 검색
SELECT * FROM #temp2
```

실행 결과

	num	symbol	date	close
1	1	AA	2021-02-17 00:00:00.000	21.9300003051758
2	2	AA	2021-02-18 00:00:00.000	21.1200008392334
3	3	AA	2021-02-19 00:00:00.000	23.1299991607666
4	4	AA	2021-02-22 00:00:00.000	24.7999992370605
5	5	AA	2021-02-23 00:00:00.000	24.8999996185303
6	6	AA	2021-02-24 00:00:00.000	27.2000007629395
7	1	AAL	2021-02-17 00:00:00.000	17.9899997711182
8	2	AAL	2021-02-18 00:00:00.000	17.7099990844727
9	3	AAL	2021-02-19 00:00:00.000	18.6800003051758
10	4	AAL	2021-02-22 00:00:00.000	20.4400005340576
11	5	AAL	2021-02-23 00:00:00.000	20.6599998474121
12	6	AAL	2021-02-24 00:00:00.000	21.8199996948242
13	1	AAT	2021-02-17 00:00:00.000	29.2000007629395
14	2	AAT	2021-02-18 00:00:00.000	29.2600002288818
15	3	AAT	2021-02-19 00:00:00.000	29.2999992370605
16	4	AAT	2021-02-22 00:00:00.000	30.4500007629395

Do it! 03 SELF JOIN을 사용해 순위 데이터 비교하기

앞에서 저장한 #temp2 테이블을 SELF JOIN해서 현재 순위보다 순위가 1만큼 높은 데이터를 비교한다. 이전에 실습한 전일 데이터 비교와 같은 방법이지만 이번에는 날짜가 아닌 ROW_NUMBER 함수로 생성한 순위를 비교한다. 이렇게 생성한 데이터는 #temp3 임시 테이블에 저장한다.

```
(...생략...)
--3. 같은 symbol 기준으로 전일 데이터 비교
SELECT
    b.symbol,
```

```
  a.[date] AS a_date,
  a.[close] AS a_close,
  b.[date] AS b_date,
  b.[close] AS b_close,
  b.[close] - a.[close] AS close_diff,
  (b.[close] - a.[close]) / a.[close] * 100 AS ratio_diff
  INTO #temp3
FROM #temp2 AS a
  INNER JOIN #temp2 AS b ON a.symbol = b.symbol AND a.num = b.num - 1
ORDER BY b.symbol, b.date

-- #temp3 데이터 검색
SELECT * FROM #temp3
```

실행 결과

	symbol	a_date	a_close	b_date	b_close	close_diff	ratio_diff
1	AA	2021-02-17 00:00:00.000	21.9300003051758	2021-02-18 00:00:00.000	21.1200008392334	-0.809999465942383	-3.6935679647538
2	AA	2021-02-18 00:00:00.000	21.1200008392334	2021-02-19 00:00:00.000	23.1299991607666	2.0099983215332	9.51703712908641
3	AA	2021-02-19 00:00:00.000	23.1299991607666	2021-02-22 00:00:00.000	24.7999992370605	1.67000007629395	7.22006111926982
4	AA	2021-02-22 00:00:00.000	24.7999992370605	2021-02-23 00:00:00.000	24.8999996185303	0.100000381469727	0.403227357040755
5	AA	2021-02-23 00:00:00.000	24.8999996185303	2021-02-24 00:00:00.000	27.2000007629395	2.30000114440918	9.23695252869621
6	AAL	2021-02-17 00:00:00.000	17.9899997711182	2021-02-18 00:00:00.000	17.7099990844727	-0.280000686645508	-1.55642407008271
7	AAL	2021-02-18 00:00:00.000	17.7099990844727	2021-02-19 00:00:00.000	18.6800003051758	0.970001220703125	5.47713873996515
8	AAL	2021-02-19 00:00:00.000	18.6800003051758	2021-02-22 00:00:00.000	20.4400005340576	1.76000022888184	9.42184261310843
9	AAL	2021-02-22 00:00:00.000	20.4400005340576	2021-02-23 00:00:00.000	20.6599998474121	0.219999313354492	1.07631754\18901
10	AAL	2021-02-23 00:00:00.000	20.6599998474121	2021-02-24 00:00:00.000	21.8199996948242	1.15999984741211	5.6147137269094
11	AAT	2021-02-17 00:00:00.000	29.2000007629395	2021-02-18 00:00:00.000	29.2600002288818	0.0599994659423828	0.20547761772162
12	AAT	2021-02-18 00:00:00.000	29.2600002288818	2021-02-19 00:00:00.000	29.2999992370605	0.0399990081787109	0.136702009110816
13	AAT	2021-02-19 00:00:00.000	29.2999992370605	2021-02-22 00:00:00.000	30.4500007629395	1.15000152587891	3.92491998574631
14	AAT	2021-02-22 00:00:00.000	30.4500007629395	2021-02-23 00:00:00.000	31.6200008392334	1.17000076293995	3.84226469630222

Do it!
04

주가 하락이 한 번도 없는 종목 검색하기

앞에서 생성한 #temp3 임시 테이블에서 전일과 비교해서 한 번이라도 주가가 하락한 종목이 있으면 해당 종목을 제외한 데이터를 #temp4 임시 테이블에 저장한다. WHERE 문에 NOT IN을 사용해 하락한 symbol이 있는지 검사한 다음 조건에 포함되지 않는 항목만 검색한다.

```
(...생략...)
--4. 3의 결과에서 하락이 한 번도 없는 데이터 추출
SELECT
  symbol,
  a_date,
  round(a_close, 2) AS a_close,
```

```
    b_date,
    round(b_close, 2) AS b_close,
    round(close_diff,2) AS close_diff,
    round(ratio_diff, 2) AS ratio_diff
    INTO #temp4
FROM #temp3
WHERE symbol NOT IN (SELECT symbol FROM #temp3 WHERE ratio_diff < 0 GROUP BY sym-
bol)

-- #temp4 데이터 검색
SELECT * FROM #temp4
```

실행 결과

	symbol	a_date	a_close	b_date	b_close	close_diff	ratio_diff
1	AAT	2021-02-17 00:00:00.000	29.2	2021-02-18 00:00:00.000	29.26	0.06	0.21
2	AAT	2021-02-18 00:00:00.000	29.26	2021-02-19 00:00:00.000	29.3	0.04	0.14
3	AAT	2021-02-19 00:00:00.000	29.3	2021-02-22 00:00:00.000	30.45	1.15	3.92
4	AAT	2021-02-22 00:00:00.000	30.45	2021-02-23 00:00:00.000	31.62	1.17	3.84
5	AAT	2021-02-23 00:00:00.000	31.62	2021-02-24 00:00:00.000	32.68	1.06	3.35
6	AMNB	2021-02-17 00:00:00.000	29.28	2021-02-18 00:00:00.000	29.36	0.08	0.27
7	AMNB	2021-02-18 00:00:00.000	29.36	2021-02-19 00:00:00.000	29.48	0.12	0.41
8	AMNB	2021-02-19 00:00:00.000	29.48	2021-02-22 00:00:00.000	29.76	0.28	0.95
9	AMNB	2021-02-22 00:00:00.000	29.76	2021-02-23 00:00:00.000	30.04	0.28	0.94
10	AMNB	2021-02-23 00:00:00.000	30.04	2021-02-24 00:00:00.000	32.22	2.18	7.26
11	AMPG	2021-02-17 00:00:00.000	6.61	2021-02-18 00:00:00.000	7.45	0.84	12.71
12	AMPG	2021-02-18 00:00:00.000	7.45	2021-02-19 00:00:00.000	8.36	0.91	12.21
13	AMPG	2021-02-19 00:00:00.000	8.36	2021-02-22 00:00:00.000	8.5	0.14	1.67
14	AMPG	2021-02-22 00:00:00.000	8.5	2021-02-23 00:00:00.000	8.78	0.28	3.29
15	AMPG	2021-02-23 00:00:00.000	8.78	2021-02-24 00:00:00.000	9.25	0.47	5.35
16	ARCH	2021-02-17 00:00:00.000	48.78	2021-02-18 00:00:00.000	49.12	0.34	0.7
17	ARCH	2021-02-18 00:00:00.000	49.12	2021-02-19 00:00:00.000	49.6	0.48	0.98
18	ARCH	2021-02-19 00:00:00.000	49.6	2021-02-22 00:00:00.000	51.22	1.62	3.27

Do it! 05 모든 임시 테이블과 나스닥 기업 테이블을 조인해 최종 데이터 생성하기

마지막으로 지금까지 생성된 모든 임시 테이블과 nasdaq_company 테이블을 조인해 최종 데이터를 생성한다.

```
(...생략...)
--5. nasdaq_company 테이블과 앞의 임시 테이블을 조인해 최종 정보 표시
SELECT
```

```sql
    a.symbol,
    d.company_name,
    d.industry,
    ROUND(a.a_close, 2) AS a_close,
    ROUND(a.b_close, 2) AS b_close,
    ROUND(a.close_diff, 2) AS diff_price,
    ROUND(a.ratio_diff,2) AS diff_ratio
FROM #temp AS a
INNER JOIN (SELECT symbol FROM #temp2 GROUP BY symbol) AS b ON a.symbol = b.symbol
INNER JOIN (SELECT symbol FROM #temp4 GROUP BY symbol) AS c ON a.symbol = c.symbol
INNER JOIN nasdaq_company AS d ON a.symbol = d.symbol
ORDER BY ratio_diff DESC
```

실행 결과

	symbol	company_name	industry	a_close	b_close	diff_price	diff_ratio
1	AMPG	Amplitech Group Inc. Common Stock	Industrial Machinery/Components	6.61	9.25	2.64	39.94
2	BLBD	Blue Bird Corporation Common Stock	Construction/Ag Equipment/Trucks	19.48	26.55	7.07	36.29
3	CAR	Avis Budget Group Inc. Common Stock	Rental/Leasing Companies	42.82	55.9	13.08	30.55
4	TRIP	TripAdvisor Inc. Common Stock		38.05	49.56	11.51	30.25
5	HT	Hersha Hospitality Trust Class A Common Shares of...	Real Estate Investment Trusts	8.98	11.62	2.64	29.4
6	RCL	D/B/A Royal Caribbean Cruises Ltd. Common Stock		75.11	96.66	21.55	28.69
7	THR	Thermon Group Holdings Inc. Common Stock	Electrical Products	17.41	22.16	4.75	27.28
8	SABR	Sabre Corporation Common Stock	EDP Services	12.08	15.28	3.2	26.49
9	OSW	OneSpaWorld Holdings Limited Common Shares	Hotels/Resorts	9.08	11.41	2.33	25.66
10	UAN	CVR Partners LP Common Units representing Limite...	Agricultural Chemicals	21.51	26.8	5.29	24.59
11	SABRP	Sabre Corporation 6.50% Series A Mandatory Conv...	EDP Services	155.18	192.44	37.26	24.01
12	CPG	Crescent Point Energy Corporation Ordinary Shares ...		3.3	4.08	0.78	23.64
13	CTRN	Citi Trends Inc. Common Stock		68.32	83.59	15.27	22.35
14	BHR	Braemar Hotels & Resorts Inc. Common Stock	Real Estate Investment Trusts	6.02	7.28	1.26	20.93
15	NMRK	Newmark Group Inc. Class A Common Stock	Real Estate	8.73	10.51	1.78	20.33

임시 테이블이 매우 많아서 공부한 내용을 정리하기 어려울 수도 있다. 임시 테이블이 어떤 역할을 했는지 다시 생각해 보자. #temp 임시 테이블은 symbol별로 한 행의 결과만 반환하는 시작 날짜와 종료 날짜의 증감액과 증감률을 저장하는 데 사용했다. #temp2 ~ #temp4까지의 임시 테이블은 #temp 임시 테이블의 데이터 중에 주가가 10% 이상 오른 symbol과 기간 범위에 따른 일별 데이터를 가지고 여러 조건을 필터링해 중간 결과를 저장하는 데 사용했다. 마지막 쿼리에서는 이렇게 생성된 임시 테이블과 nasdaq_company 테이블을 조합해 기간 내 10% 이상 상승한 종목 중에 하루도 빠지지 않고 상승한 종목들의 symbol, 기업 정보, 시작 날짜의 주가, 마지막 날짜 주가, 증감액, 증감률 등을 보여 준다.

모든 임시 테이블 삭제하기

Do it! 06

지금까지 생성한 임시 테이블을 삭제한다. 물론 현재 쿼리 편집기 창을 닫는 방식으로 세션을 닫아도 임시 테이블을 삭제할 수 있다. 하지만 혹시 쿼리를 테스트하다가 중간에 실수해 쿼리를 다시 실행하면, 이미 임시 테이블이 생성된 상태에서 같은 이름으로 다시 임시 테이블 생성을 시도하므로 쿼리 오류가 발생한다. 그러므로 다음 쿼리를 실행해 임시 테이블을 모두 삭제하자.

```
(...생략...)
--6. 임시로 만든 테이블 삭제
DROP TABLE #temp
DROP TABLE #temp2
DROP TABLE #temp3
DROP TABLE #temp4
```

실행 결과

📋 메시지

　명령이 완료되었습니다.

　완료 시간: 2021-12-14T10:49:01.5549092+09:00

06-5 특정 기간 주가가 하락했다가 회복한 종목의 증감률 구하기

이번에는 3개의 날짜 구간을 지정해 다음 조건에 맞는 종목을 분석해 보겠다.

- 기준 날짜 구간을 A로 지정
- 날짜 구간 B에 하락한 종목 선정
- 해당 종목이 날짜 구간 C에 얼마나 회복되었는지 검색

이 조건은 좀 재미없으니 다음과 같은 현실적인 시나리오를 상상하면서 분석해 보자.

코로나 시나리오

2020년 3월 코로나로 인해 전 세계 주식 시장이 매우 큰 폭으로 하락했다. 코로나가 발생하기 전 1주일 평균 시장 가격과 코로나 도중 시장 가격, 현재 시장 가격을 비교해 보면 얼마나 떨어졌다가 얼마나 회복되었을까?

이번 실습도 쿼리를 길게 작성하므로 이해하기 쉽도록 임시 테이블을 사용해 쿼리를 분리했다. 실습을 진행할 때는 한 쿼리 편집기에 모든 쿼리를 순서대로 입력하고, 필요한 부분 쿼리만 선택해 실행하자.

Do it! 01 기준 날짜 구간의 데이터 저장하기

기준 날짜 구간의 데이터를 #temp1 임시 테이블에 저장한다. 이번에는 symbol별로 구간별 평균가를 계산해 저장하므로 AVG 함수를 사용했으며 GROUP BY에 symbol을 사용했다.

```
--1. 기준 날짜 생성
SELECT
  symbol,
  AVG([close]) AS [close]
  INTO #temp1
FROM stock
WHERE date >= '2021-05-31'AND date <'2021-06-04'
GROUP BY symbol


--#temp1 데이터 검색
SELECT * FROM #temp1
```

실행 결과

	symbol	close
1	^CMC200	1001.3896484375
2	^DJI	34584.2421875
3	^FTSE	7084.29996744792
4	^GSPC	4201.00341796875
5	^IXIC	13702.4401041667
6	^N225	28919.6674804688
7	^RUT	2290.60668945313
8	^VIX	17.806666692098
9	A	136.713333129883
10	AA	39.9000002543131
11	AAC	9.82000001271566
12	AACG	3.11999996503194
13	AACQ	9.94999980926514
14	AACQU	10.5663331349691

Do it! 02 주가 하락 종목을 비교/검색할 날짜 구간 데이터 저장하기

01단계에서 만든 데이터와 비교할 날짜 구간 데이터를 검색한 결과를 임시 테이블 #temp2에 저장한다.

```
(...생략...)
--2. 1번과 비교할 데이터 저장
SELECT
  symbol,
  avg([close]) AS [close]
  INTO #temp2
FROM stock
```

```
WHERE date >= '2021-06-28' AND date <'2021-07-02'
GROUP BY symbol

--#temp2 데이터 검색
SELECT * FROM #temp2
```

실행 결과

	symbol	close
1	^CMC200	853.697250366211
2	^DJI	34427.900390625
3	^FTSE	7080.82507324219
4	^GSPC	4299.96240234375
5	^IXIC	14513.7924804688
6	^N225	28839.7993164063
7	^RUT	2317.77258300781
8	^VIX	15.772500038147
9	A	148.084995269775
10	AA	36.8549995422363
11	AAC	9.76750016212463
12	AACG	3.0174999833107
13	AAIC	4.12249994277954

Do it!
03

주가 회복 종목을 비교/검색할 날짜 구간 데이터 저장하기

앞에서 구한 날짜를 기준으로 얼마나 주가가 회복되었는지 확인하는 데이터를 검색해 #temp3 임시 테이블에 저장한다.

```
(...생략...)
--3. 1번과 비교할 데이터 저장
SELECT
  symbol,
  avg([close]) AS [close]
  INTO #temp3
FROM stock
WHERE date >= '2021-07-05' AND date <'2021-07-09'
GROUP BY symbol

--#temp3 데이터 검색
SELECT * FROM #temp3
```

```
WHERE date >= '2021-06-28' AND date <'2021-07-02'
GROUP BY symbol


--#temp2 데이터 검색
SELECT * FROM #temp2
```

실행 결과

	symbol	close
1	^CMC200	846.916341145833
2	^DJI	34560.36328125
3	^FTSE	7111.875
4	^GSPC	4340.82991536458
5	^IXIC	14629.4931640625
6	^N225	28431.5947265625
7	^RUT	2253.01000976563
8	^VIX	17.2133337656657
9	A	149.100001017253
10	AA	36.0200004577637
11	AAC	9.75666681925456
12	AACG	2.75999999046326
13	AAIC	3.85333331425985
14	AAL	20.556666692098

Do it! 04 3개 임시 테이블을 결합한 기초 데이터 생성하기

앞에서 생성한 임시 테이블 #temp1, #temp2, #temp3의 데이터를 같은 symbol 기준으로 데이터 집합을 만들 수 있도록 INNER JOIN을 사용해 옆으로 데이터를 합친 다음 각 열의 증감을 계산한 결과를 #result 임시 테이블에 저장한다.

```
(...생략...)
--4. 임시 테이블을 결합한 기초 데이터 생성
SELECT
  a.symbol,
  a.[close] AS a_close,
  b.[close] AS b_close,
  (b.[close] - a.[close]) / a.[close] * 100 AS b_a_ratio,
  c.[close] AS c_close,
  (c.[close] - a.[close]) / a.[close] * 100 AS c_a_ratio,
  (c.[close] - b.[close]) / b.[close] * 100 AS c_b_ratio
  INTO #result1
FROM #temp1 AS a
```

```
    INNER JOIN #temp2 AS b ON a.symbol = b.symbol
    INNER JOIN #temp3 AS c ON b.symbol = c.symbol

--#result1 데이터 검색
SELECT * FROM #result1
```

실행 결과

	symbol	a_close	b_close	b_a_ratio	c_close	c_a_ratio	c_b_ratio
1	^CMC200	1001.3896484375	853.697250366211	-14.7487442377438	846.916341145833	-15.4258941594509	-0.794299058298332
2	^DJI	34584.2421875	34427.900390625	-0.452060785450744	34560.36328125	-0.0690456252316863	0.384754484363126
3	^FTSE	7084.29996744792	7080.82507324219	-0.0490506362194779	7111.875	0.389241458983798	0.438507185767764
4	^GSPC	4201.00341796875	4299.96240234375	2.35560351966693	4340.82991536458	3.32840713239508	0.950415589646962
5	^IXIC	13702.4401041667	14513.7924804688	5.92122549074574	14629.4931640625	6.76560563555343	0.797177469289634
6	^N225	28919.6674804688	28839.7993164063	-0.2761724840593	28431.5947265625	-1.68768452900047	-1.41542104841046
7	^RUT	2290.60668945313	2317.77258300781	1.18596936260469	2253.01000976563	-1.64134156512378	-2.79417289327601
8	^VIX	17.806666692098	15.772500038147	-11.4236240230953	17.2133337656657	-3.33208307142398	9.13510048523667
9	A	136.713333129883	148.084995269775	8.31788815293463	149.100001017253	9.06032177242141	0.685421062159678
10	AA	39.9000002543131	36.8549995422363	-7.63158068338022	36.0200004577637	-9.72431020506085	-2.26563314297626
11	AAC	9.82000001271566	9.76750016212463	-0.534621695754009	9.75666681925456	-0.644940869440865	-0.110912134018543
12	AACG	3.11999996503194	3.0174999833107	-3.28525586121899	2.75999999046326	-11.538460852675	-8.53355407693896
13	AAIC	4.05333344141642	4.12249994277954	1.70641034996983	3.85333331425985	-4.93421353183039	-6.52920878728289

Do it! 05   기준 날짜 대비 조건에 맞는 종목 검색하기

04단계에서 생성한 #result 테이블에서 #temp1의 평균가 대비 #temp2에서 평균가가 −20% 이상 하락한 종목 중에 #temp1의 평균가 대비 #temp3의 회복 가격이 −20% ~ −10%인 종목을 검색했다. 이때 상장 폐지된 symbol은 결과에서 제외될 수 있도록 했다. nasdaq_company 테이블과 조인해 company_name, sector, industry 정보를 함께 검색했다. #temp1, #temp2의 하락률이 큰 순서의 오름차순과 #temp1, #temp3의 회복률 오름차순으로 정렬했다. 다음은 앞의 설명에 따른 각 구간별 데이터를 그림으로 표현했다.

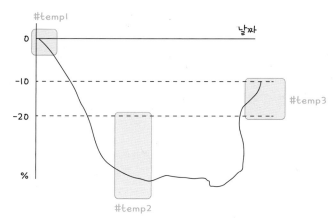

특정 기간 주가가 하락했다가 회복한 종목 이미지

```
(...생략...)
--5. 조건에 맞는 데이터 검색
SELECT
  b.symbol,
  b.company_name,
  b.sector,
  b.industry,
  round(a.a_close, 2) AS a_close,
  round(a.b_close, 2) AS b_close,
  round(a.c_close,2) AS c_close,
  round(a.b_a_ratio, 2) AS b_a_ratio,
  round(a.c_a_ratio, 2) AS c_a_ratio,
  round(a.c_b_ratio, 2) AS c_b_ratio
FROM #result1 AS a
  INNER JOIN nasdaq_company AS b ON a.symbol = b.symbol
WHERE a.b_a_ratio <= -20
  AND a.c_a_ratio >= -20
    AND a.c_a_ratio <= -10
  AND b.is_deleted is null
ORDER BY b_a_ratio, c_a_ratio
```

실행 결과

	symbol	company_name	sector	industry	a_close	b_close	c_close	b_a_ratio	c_a_ratio
1	USWS	U.S. Well Services Inc. Class A Common Stock	Energy	Oil & Gas Production	1.37	1.04	1.1	-24.09	-19.95
2	NG	Novagold Resources Inc.			10.27	8.02	8.34	-21.86	-18.8
3	ARL	American Realty Investors Inc. Common Stock	Consumer Services	Building operators	12.25	9.62	10.35	-21.51	-15.51
4	LINK	Interlink Electronics Inc. Common Stock	Capital Goods	Industrial Machinery/Components	10.95	8.62	8.97	-21.27	-18.03
5	AU	AngloGold Ashanti Limited Common Stock	Basic Industries	Precious Metals	23.53	18.53	19.35	-21.26	-17.78
6	EWTX	Edgewise Therapeutics Inc. Common Stock	Health Care	Biotechnology: Pharmaceutical Preparations	27.54	22.03	22.23	-20.04	-19.29

WHERE 문에 사용한 조건을 조금 구체적으로 설명하자면 #temp1 − #temp2 임시 테이블 증감률이 20% 이상 하락한 종목(b_a_ratio) 중에 #temp1 − #temp3 임시 테이블 증감률이 10% 이상 20% 이하 하락(c_a_ratio)한 데이터를 검색한 것이다. 삭제된 symbol은 결과에서 제외할 수 있도록 is_delete is null 조건을 함께 적용했다.

Do it! 06	**모든 임시 테이블 삭제하기** 지금까지 생성한 임시 테이블을 삭제한다.

```
(...생략...)
--6. 임시로 만든 테이블 삭제
DROP TABLE #temp1
DROP TABLE #temp2
DROP TABLE #temp3
DROP TABLE #result
```

실행 결과

📑 메시지

　명령이 완료되었습니다.

　완료 시간: 2021-12-14T10:49:01.5549092+09:00

06-6 보유 주식 수익 증감액 구하기

주식을 하는 사람이라면 대부분 '그때 그 주식을 샀더라면 부자가 됐을 텐데…'라며 아쉬워한 경험이 있을 것이다. 여기서는 '내가 그때 그 주식을 보유했다면'이라는 가정으로 수익금 증감을 분석해 보겠다. 실제 주식 분석에는 의미가 없겠지만 SQL로 증감 추이를 분석한다는 면에서는 충분히 의미 있는 공부가 될 것이다.

Do it! 01 내가 보유한 주식 테이블 생성하기

내가 구입한 (또는 구입했던) 주식의 매입 날짜와 수량, 구매가 데이터를 저장할 임시 테이블을 생성했다. 만약에 지속적으로 이 데이터를 재사용할 계획이라면 임시 테이블 대신 일반 테이블을 만들어서 사용해도 좋다.

```
--임시 테이블 mystock 생성
create table #mystock (
date datetime,
symbol nvarchar(255),
qty int,
price decimal(18,2)
)

INSERT INTO #mystock VALUES('2019-01-02', 'TSLA', 10, 61.00)
INSERT INTO #mystock VALUES('2019-05-23', 'TSLA', 20, 39.00)
INSERT INTO #mystock VALUES('2019-07-14', 'TSLA', 5, 300.00)
INSERT INTO #mystock VALUES('2019-01-07', 'MSFT', 3, 100.00)
INSERT INTO #mystock VALUES('2019-08-07', 'MSFT', 6, 132.00)
INSERT INTO #mystock VALUES('2019-11-29', 'MSFT', 2, 151.00)

-- #mystock 데이터 확인
SELECT * FROM #mystock
```

실행 결과

	date	symbol	qty	price
1	2019-01-02 00:00:00,000	TSLA	10	61,00
2	2019-05-23 00:00:00,000	TSLA	20	39,00
3	2019-07-14 00:00:00,000	TSLA	5	300,00
4	2019-01-07 00:00:00,000	MSFT	3	100,00
5	2019-08-07 00:00:00,000	MSFT	6	132,00
6	2019-11-29 00:00:00,000	MSFT	2	151,00

쿼리를 보면 구입한 주식 목록을 저장하려고 #을 사용해 임시 테이블을 생성했다. date 열은 구입 날짜를 저장하므로 날짜 자료형을 사용했다. symbol 열은 문자 형식의 자료형을 사용했으므로 최대 255자까지 저장할 수 있도록 했다. qty 열은 구입 수량을 입력하므로 정수형 숫자 자료형을 사용했다. price 열은 구매가를 저장하는 열로 소수점 2자리까지 입력할 수 있도록 실수형 자료형을 사용했다.

Do it! 02 나의 주식 증감액 검색하기

01단계에서 만든 데이터와 일별 주가 데이터를 조인해 일별 증감액 데이터를 검색한다.

```sql
-- 일별 증감액 데이터 검색
SELECT
  CONVERT(NVARCHAR(10), x.date, 120) AS date,
  CONVERT(DECIMAL(18,2), sum(x.benefit)) AS benefit
FROM (
  SELECT
    b.date,
    b.symbol,
    (b.[close] - a.price) * qty AS benefit
  FROM #mystock AS a
    LEFT OUTER JOIN stock AS b ON a.symbol COLLATE Latin1_General_CI_AS = b.symbol
      AND a.date <= b.date
) AS x
```

```
GROUP BY x.date
ORDER BY x.date
```

실행 결과

결과 메시지

	date	benefit
1	2019-01-02	10.24
2	2019-01-03	-9.28
3	2019-01-04	25.38
4	2019-01-07	66.10
5	2019-01-08	69.10
6	2019-01-09	79.87
7	2019-01-10	90.74
8	2019-01-11	92.92
9	2019-01-14	64.95
10	2019-01-15	93.89
11	2019-01-16	98.24
12	2019-01-17	102.98
13	2019-01-18	17.65
14	2019-01-22	4.88

쿼리에서 JOIN 조건인 ON 문을 보면 **a.date <= b.date**로 현재 자신이 구입한 날짜를 포함해 이후 날짜의 데이터와 조인한다. 이렇게 쿼리를 작성한 이유는 **자신이 주식을 구입한 날부터 수익에 관한 증감을 구할 수 있기 때문이다.** 그래야만 이후 주식을 추가 구매했을 때도 해당 날짜부터 자동으로 계산할 수 있다.

ON 문에는 COLLATE Latin1_General_CI_AS를 사용했다. 현재 DoItSQL 데이터베이스의 데이터 정렬 속성은 Latin1_General_CI_AS이지만 우리가 설치한 SQL Server 환경의 데이터 정렬 속성은 Korean_Wansung_CI_AS이므로, 임시 테이블을 생성하면 기본적으로 Korean_Wansung_CI_AS 속성으로 만들어진다. 따라서 문자열을 조인 조건으로 사용하면 서로 다른 정렬 속성 때문에 문자열 비교를 할 수 없으므로, #mystock의 **symbol** 열을 COLLATE Latin1_General_CI_AS를 사용해 데이터 정렬 형식을 명시적으로 변경했다.

Do it!
03
증감액을 그래프로 보기

02단계에서 검색한 결과를 살펴보면 표 형태로 나타나므로 일별로 증감액의 변동 사항을 한눈에 파악하기는 어렵다. 그래서 필자는 검색 결과를 엑셀에서 그래프로 만들어서 증감액의 변화를 시각화했다. 결과 데이터를 복사하려면 [결과] 창에서 마우스 오른쪽을 클릭해 [복사(머리글 포함)]를 선택한다.

[결과] 창에서 데이터 복사하기

이렇게 복사된 데이터를 엑셀에 붙여넣기해서 차트를 생성했다.

복사한 데이터로 엑셀에서 차트 생성하기

평소에 관심 있던 주식이 있었는가? 그렇다면 이 쿼리를 활용해 자신이 과거에 해당 주식을 구매했다면 지금쯤 어느 정도의 수익을 올릴 수 있었을지 흥미롭게 상상하며 시뮬레이션하기 바란다.

Do it! 04 종목별 증감액 검색하기

02단계에서는 전체 보유 주식의 증감액을 검색했는데, symbol별로 증감액을 검색할 때는 앞에서 사용한 쿼리에서 symbol 열로 그룹화해 검색한다.

```
-- 종목별 증감액 검색(symbol 열로 그룹화)
SELECT
  x.symbol,
  CONVERT(NVARCHAR(10), x.date, 120) AS date,
  CONVERT(DECIMAL(18,2), sum(x.benefit)) AS benefit
FROM (
  SELECT
    b.date,
    b.symbol,
    (b.[close] - a.price) * qty AS benefit
  FROM #mystock AS a
    LEFT OUTER JOIN stock AS b ON a.symbol COLLATE Latin1_General_CI_AS = b.sym-
bol AND a.date <= b.date
  ) AS x
GROUP BY x.symbol,x.date
ORDER BY x.symbol,x.date
```

실행 결과

	symbol	date	benefit
1	MSFT	2019-01-07	6,18
2	MSFT	2019-01-08	8,40
3	MSFT	2019-01-09	12,81
4	MSFT	2019-01-10	10,80
5	MSFT	2019-01-11	8,40
6	MSFT	2019-01-14	6,15
7	MSFT	2019-01-15	15,03
8	MSFT	2019-01-16	16,14
9	MSFT	2019-01-17	18,36
10	MSFT	2019-01-18	23,13

쿼리를 보면 SELECT 문과 GROUP BY 문에 symbol을 추가해 symbol 단위로 일별 증감액을 검색한다. 03단계에서 결과 데이터를 엑셀을 사용해 시각화했듯이 결과를 복사해 엑셀에서 피벗 차트를 사용해 symbol에 다른 증감액의 변화를 살펴보았다.

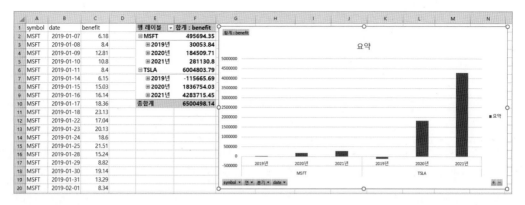

엑셀 피벗 차트로 증감액 변화 확인하기

06-7 5일, 20일 가격 이동 평균 구하기

주식 분야에서는 '이동 평균선을 터치했다' 또는 '뚫었다'와 같은 표현을 자주 사용한다. **이동 평균선**은 일정 기간에 주가를 산술 평균한 값을 모두 연결해 선으로 표현한 것을 말한다. 또한 **선을 뚫었다**라는 표현은 장기적인 상승 또는 하락을 나타내는 것으로, 앞으로 상승 또는 하락할 가능성이 높다는 의미다. 인터넷에서 주식 차트를 살펴보면 보통 5일, 20일, 60일, 120일 범위로 이동 평균선을 보여 주는데 이번 실습에서는 5일, 20일 범위로 이동 평균 데이터를 검색할 것이다.

삼성전자 주가의 이동 평균선

이번 실습에서 얻은 최종 데이터를 복사해 엑셀에 옮겨 차트를 그리면 이동 평균선을 볼 수 있을 것이다.

현재 날짜로부터 5일, 20일 이동 평균값 구하기

다음 쿼리는 stock 테이블에서 symbol이 'MSFT'인 일별 주가 데이터에서 현재 날짜로부터 5일 이동 평균값과 20일 이동 평균값을 구한 것이다. 쿼리를 살펴보면 a 테이블 기준으로 5일 범위의 b 테이블과 20일 범위의 c 테이블을 LEFT OUTER JOIN했다. 구체적인 조인 조건은 a 테이블 기준 날짜로 b 테이블에서는 5일 이전부터 a 테이블의 현재 날짜까지의 평균값을 계산한다. c 테이블에서는 20일 이전 날짜부터 a 테이블의 현재 날짜까지의 평균값을 계산한다. SELECT 문에는 기준이 되는 a 테이블에서 date, symbol, close 값을 가져오고, b와 c 테이블에서는 구간의 최소 날짜, 최대 날짜와 평균가를 표시했다.

```
-- 현재 날짜로부터 5일 이동 평균값과 20일 이동 평균값 검색
SELECT
  a.date,
  a.symbol,
  a.[close],
  '' AS '---',
  MIN(b.date) AS day5_start,
  MAX(b.date) AS day5_end,
  AVG(b.[close]) AS day5_close,
  '' AS '---',
  MIN(c.date) AS day20_start,
  MAX(c.date) AS day20_end,
  AVG(c.[close]) AS day20_close
FROM stock AS a
  LEFT OUTER JOIN stock AS b ON a.symbol = b.symbol AND a.date <= dateadd(day, 5,
b.date) AND a.date >= b.date
  LEFT OUTER JOIN stock AS c ON a.symbol = c.symbol AND a.date <= dateadd(day,
20, c.date) AND a.date >= c.date
WHERE a.symbol = 'MSFT'
GROUP BY a.date, a.symbol, a.[close]
ORDER BY a.date
```

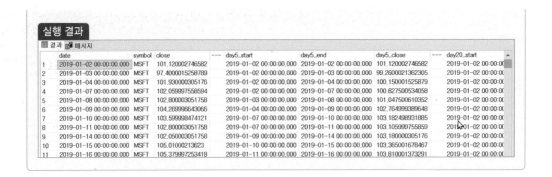

결과를 보면 5일, 20일 평균값을 계산하므로 기준 테이블 a에서는 최소 5일 이상의 데이터를 가지는 행부터 살펴봐야 데이터가 정상인지를 판단할 수 있다. 데이터 구간이 정확히 5일 평균과 20일 평균인지 살펴보자.

Do it! 02 데이터 오차 방지를 위해 일별 순위를 부여하고 평균 검색하기

그런데 01단계에서 집계한 결과는 정확할까? 결론부터 말하자면 아니다. 왜냐하면 01단계에서 전일 대비 상승한 종목을 검색하거나 N일 이상 상승한 종목을 검색할 때 주말이나 공휴일이 포함되면 −1일로 조인하면 조인 조건에 맞지 않아 데이터 누락이 발생할 수 있기 때문이다. 이럴 때는 데이터에 순위를 부여해 누락 없이 전일 데이터를 비교하는 방법을 사용해야 한다.

이동 평균의 경우도 마찬가지이다. 5일간의 평균과 20일간의 평균을 계산하는데 단순하게 기준일로부터 5일 전, 20일 전을 잡아 계산하면 같은 문제가 발생해 거래되지 않는 날짜가 계산에 포함되어 데이터 오차가 발생할 수 있다. 따라서 다음과 같이 데이터 구간이 누락되지 않도록 일별 순위를 부여한 다음 평균을 검색해야 한다.

▶ 어떤 제품을 개발할 때 해당 도메인을 이해해야 한다고 하는 이유를 02단계에서 엿볼 수 있다.

```
-- 일별 순위를 부여한 다음 평균 검색
WITH cte_avg AS (
SELECT
  ROW_NUMBER() OVER(PARTITION BY symbol ORDER BY date ASC) AS num,
  CONVERT(nvarchar(10), date, 120) AS date,
    symbol,
    CONVERT(DECIMAL(18,2), [close]) AS [close]
FROM stock
WHERE symbol = 'MSFT'
```

```
GROUP BY date, symbol, [close]
)

SELECT
  a.date,
  a.symbol,
  a.[close],
  '' AS '---',
  MIN(b.date) AS day5_start,
  MAX(b.date) AS day5_end,
  AVG(b.[close]) AS day5_close,
  '' AS '---',
  MIN(c.date) AS day20_start,
  MAX(c.date) AS day20_end,
  AVG(c.[close]) AS day20_close
FROM cte_avg AS a
  LEFT OUTER JOIN cte_avg AS b ON a.symbol = b.symbol AND a.num <= (b.num + 5)
AND a.num >= b.num
  LEFT OUTER JOIN cte_avg AS c ON a.symbol = c.symbol AND a.num <= (c.num + 20)
AND a.num >= c.num
GROUP BY a.date, a.symbol, a.[close]
ORDER BY a.date
```

실행 결과

▦ 결과 📄 메시지

	date	symbol	close	---	day5_start	day5_end	day5_close	---	day20_start	day20_end	day20_close
1	2019-01-02	MSFT	101.12		2019-01-02	2019-01-02	101.120000		2019-01-02	2019-01-02	101.120000
2	2019-01-03	MSFT	97.40		2019-01-02	2019-01-03	99.260000		2019-01-02	2019-01-03	99.260000
3	2019-01-04	MSFT	101.93		2019-01-02	2019-01-04	100.150000		2019-01-02	2019-01-04	100.150000
4	2019-01-07	MSFT	102.06		2019-01-02	2019-01-07	100.627500		2019-01-02	2019-01-07	100.627500
5	2019-01-08	MSFT	102.80		2019-01-02	2019-01-08	101.062000		2019-01-02	2019-01-08	101.062000
6	2019-01-09	MSFT	104.27		2019-01-02	2019-01-09	101.596666		2019-01-02	2019-01-09	101.596666
7	2019-01-10	MSFT	103.60		2019-01-03	2019-01-10	102.010000		2019-01-02	2019-01-10	101.882857
8	2019-01-11	MSFT	102.80		2019-01-04	2019-01-11	102.910000		2019-01-02	2019-01-11	101.997500
9	2019-01-14	MSFT	102.05		2019-01-07	2019-01-14	102.930000		2019-01-02	2019-01-14	102.003333
10	2019-01-15	MSFT	105.01		2019-01-08	2019-01-15	103.421666		2019-01-02	2019-01-15	102.304000
11	2019-01-16	MSFT	105.38		2019-01-09	2019-01-16	103.851666		2019-01-02	2019-01-16	102.583636
12	2019-01-17	MSFT	106.12		2019-01-10	2019-01-17	104.160000		2019-01-02	2019-01-17	102.878333
13	2019-01-18	MSFT	107.71		2019-01-11	2019-01-18	104.845000		2019-01-02	2019-01-18	103.250000
14	2019-01-22	MSFT	105.68		2019-01-14	2019-01-22	105.325000		2019-01-02	2019-01-22	103.423571
15	2019-01-23	MSFT	106.71		2019-01-15	2019-01-23	106.101666		2019-01-02	2019-01-23	103.642666
16	2019-01-24	MSFT	106.20		2019-01-16	2019-01-24	106.300000		2019-01-02	2019-01-24	103.802500
17	2019-01-25	MSFT	107.17		2019-01-17	2019-01-25	106.598333		2019-01-02	2019-01-25	104.000588
18	2019-01-28	MSFT	105.08		2019-01-18	2019-01-28	106.425000		2019-01-02	2019-01-28	104.060555
19	2019-01-29	MSFT	102.94		2019-01-22	2019-01-29	105.630000		2019-01-02	2019-01-29	104.001578
20	2019-01-30	MSFT	106.38		2019-01-23	2019-01-30	105.746666		2019-01-02	2019-01-30	104.120500
21	2019-01-31	MSFT	104.43		2019-01-24	2019-01-31	105.366666		2019-01-02	2019-01-31	104.135238
22	2019-02-01	MSFT	102.78		2019-01-25	2019-02-01	104.796666		2019-01-03	2019-02-01	104.214285
23	2019-02-04	MSFT	105.74		2019-01-28	2019-02-04	104.558333		2019-01-04	2019-02-04	104.611428
24	2019-02-05	MSFT	107.22		2019-01-29	2019-02-05	104.915000		2019-01-07	2019-02-05	104.863333

결과를 보면 01단계에서 검색한 결과와 값이 조금 다를 것이다. 유효 날짜의 데이터로 5일, 20일의 평균을 산출했기 때문이다. 그리고 CTE 테이블 형식으로 기초 데이터 집합을 생성해 CTE 테이블 바깥의 SELECT 문에서 테이블을 재사용한 것도 눈여겨보자. CTE 테이블을 만들 때는 ROW_NUMBER 함수를 사용해 순위를 부여했으며 이때 symbol 그룹별로 순위를 부여하려고 PARTITION 문을 함께 사용했다. CTE 테이블 바깥의 SELECT 문에서는 이전과 마찬가지로, a 테이블(cte_avg)을 기준으로 LEFT OUTER JOIN했다. 이번에는 조인 조건이 날짜 아닌 ROW_NUMBER로 부여된 순위 열인 num을 사용하도록 수정했다.

마지막으로 예제에서는 결과의 정합성 유무를 쉽게 판단하고자 CTE 테이블 내부의 WHERE 문에 `symbol = 'MSFT'`를 입력해 'MSFT'의 데이터 집합을 만들었다. 하지만 앞으로 다른 symbol이나 모든 symbol의 데이터 집합이 필요한 경우에는 WHERE 문을 수정 또는 삭제해도 되므로 참고하기 바란다.

▶ CTE 테이블 내부의 조건을 변경해도 외부의 SELECT 문은 수정할 필요 없이 그대로 사용할 수 있다.

Do it!
03 엑셀에 데이터를 옮긴 뒤 이동 평균선 확인하기

다음은 02단계에서 검색한 결과를 복사해 엑셀에서 차트를 그린 것이다. 일별 평균값을 시각화해 이동 평균선 데이터를 만든 것이다.

일별 평균값을 시각화해 이동 평균선 그리기

지금까지 우리는 주식 데이터를 분석하고, 원하는 데이터로 가공하는 과정을 모두 실습했다. 여기서 다룬 기본적인 쿼리문은 잘 기억해 두었다가 실무에서도 맘껏 활용할 수 있길 바란다!

07

국가 통계 데이터
분석하기

07장에서는 국가 통계 포털에서 제공하는 여러 통계 자료
데이터를 내려받아 SQL Server에 데이터를 입력한 다음
가공해서 데이터 분석 실습을 진행할 것이다. 실제 데이터
를 내려받아 사용하는 과정을 담고 있으므로 다른 데이터
분석을 하고 싶다면 이번 장이 크게 유용할 것이다.

07-1 국가 통계 포털 데이터 가져오기

국가 통계 포털KOrean Statistical Information Service, KOSIS은 국내, 국제, 북한의 주요 통계를 한 곳에 모아 이용자가 원하는 통계를 한 번에 찾을 수 있도록 통계청이 제공하는 서비스이다. 300여 개 기관이 작성하는 경제, 사회, 환경 분야의 1,000여 종에 달하는 국가 승인 통계를 제공한다. 또한 국제 금융과 경제 분야의 IMF, Worldbank, OECD 등 최신 통계도 제공한다.

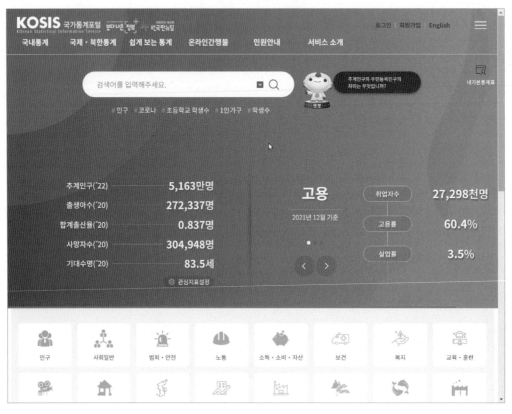

국가 통계 포털 사이트(kosis.kr)

이제부터 국가 통계 포털에서 데이터를 내려받아 1차 가공하는 방법을 알아보겠다. 여기서 공부한 내용을 바탕으로 이후에 독학하고 싶을 때나 언제든 응용하여 실습해 보길 바란다.

Do it! 01 행정 구역별 인구 데이터 내려받기

행정 구역별 인구 증감 분석을 하고자 국가 통계 포털 사이트 kosis.kr에 접속해 [인구]를 누르면 새 페이지로 이동한다.

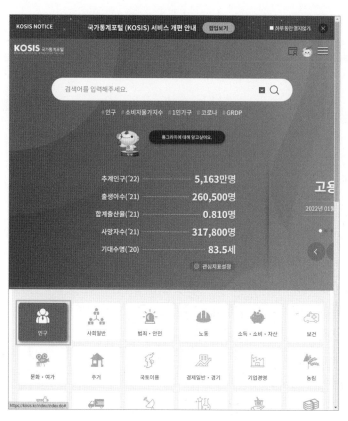

국가 통계 포털 사이트에 접속하기

스크롤바를 조금 내리면 [인구총조사]가 보일 것이다. 메뉴를 누르면 다시 하위 메뉴가 나타난다. 여기에서 [인구부문 - 총조사인구(2015년 이후) - 전수부문(등록센서스, 2015년 이후) - 전수기본표 - 인구, 가구 및 주택 - 읍면동(2015,2020), 시군구(2016~2019)]를 순서대로 눌러 데이터를 내려받자. 항목을 누를 때마다 하위 항목이 나타나므로 주의하기 바란다.

십습용 데이터 선택하기

그러면 선택한 데이터를 브라우저에 보여 준다. 이 상태에서 데이터의 구성을 확인할 수 있다. 여러 기능도 제공하므로 데이터를 미리 살펴보기 매우 편리하다.

선택한 데이터 구성 확인하기

하지만 우리는 데이터를 SQL Server에 입력해 분석해야 하므로 처음으로 돌아가 다시 [인구, 가구 및 주택 …] 항목 오른쪽에 보이는 폴더를 클릭해 보자.

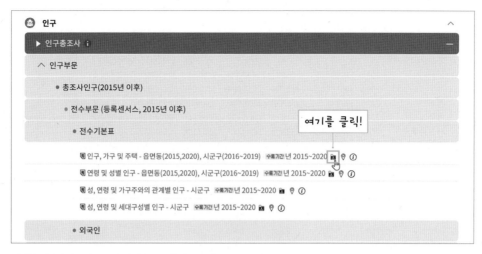

선택한 데이터의 폴더를 클릭해 다운로드 화면으로 이동하기

폴더를 누르면 '통계표파일서비스' 항목이 열린다. 필자의 경우 2페이지에서 2015년 자료 파일을 내려받았다.

실습용 데이터 내려받기(2015년 자료 파일)

내려받은 데이터의 압축을 풀면 CSV 형식으로 저장된 파일이 나타날 것이다. 파일을 열어 보면 브라우저에서 본 데이터 구성과 조금 다르다는 것을 확인할 수 있다. 브라우저에서는 이미 어느 정도 분석된 결과를 보여 주었다. 하지만 내려받은 데이터는 기관 코드를 포함해 데이터가 행 단위로 저장되어 있다.

	A	B	C	D	E	F	G	H	I	J
1	인구, 가구 및 주택 - 읍면동(2015,2020), 시군구(2016~2019)									
2										
3	C행정구역	행정구역별시점		총인구 (명)	남자 (명)	여자 (명)	내국인-계	내국인-남	내국인-여	외국(
4	'00	전국	2015	51069375	25608502	25460873	49705663	24819839	24885824	136
5	'04	읍부	2015	4616802	2360708	2256094	4467697	2262853	2204844	14
6	'05	면부	2015	4774878	2455898	2318980	4546520	2291860	2254660	22
7	'03	동부	2015	41677695	20791896	20885799	40691446	20265126	20426320	98
8	'11	서울특별시	2015	9904312	4859535	5044777	9567196	4694317	4872879	33
9	'11010	종로구	2015	161521	79510	82011	146119	71951	74168	1
10	'1101053	사직동	2015	9379	4325	5054	8571	3934	4637	
11	'1101054	삼청동	2015	2808	1340	1468	2601	1222	1379	
12	'1101055	부암동	2015	11012	5327	5685	10157	4921	5236	
13	'1101056	평창동	2015	18594	8794	9800	17789	8393	9396	
14	'1101057	무악동	2015	8106	3829	4277	7981	3785	4196	
15	'1101058	교남동	2015	4620	2234	2386	4441	2133	2308	
16	'1101060	가회동	2015	4917	2417	2500	4616	2267	2349	
17	'1101061	종로1·2·3	2015	7598	4130	3468	6679	3699	2980	

CSV 형태로 저장된 데이터 파일 확인하기

Do it! 02 SQL Server로 데이터 가져오기 전에 사전 작업하기

이제 SQL Server로 데이터를 옮겨 보자. 지금까지는 테이블을 생성하고 데이터를 입력했지만 이렇게 많은 데이터를 직접 입력하기는 어렵다. 다행히 SSMS는 파일을 쉽게 데이터베이스로 옮겨 주는 기능을 제공한다. **다만 현재의 데이터는 바로 SSMS로 옮길 수 없고 사전 작업이 필요하다.** 만약 데이터를 그대로 옮기면 보이지 않는 개행 문자로 인해 데이터 파싱이 제대로 되지 않아 여러 문제가 발생한다. 따라서 엑셀 프로그램에서 몇 가지 데이터 정리를 진행한 다음 SSMS로 데이터를 옮겨 볼 것이다.

▶ 텍스트 파일이나 다른 형식의 데이터 등 소스에서 데이터를 가져오는 작업을 ETL이라고 한다.

▶ 데이터가 저장된 형식과 모양에 따라 이런 과정은 생략할 수도 있다. 또한 이후 소개하는 사전 작업 방법 외에도 추가 작업이 필요한 데이터도 있다.

엑셀에서 파일을 연 상태에서 1행과 2행을 전체 삭제한다. 이 부분은 개행 문자가 섞여 있으며, 실제 데이터 분석에 필요하지 않은 부분이기도 하다.

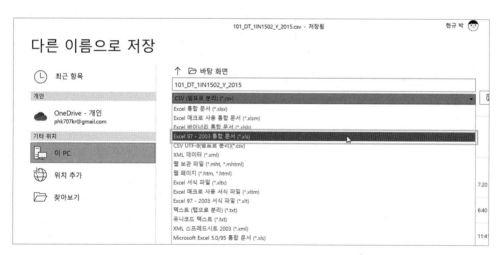

엑셀 데이터 파일의 1행과 2행 전체 삭제하기

1행과 2행을 삭제한 다음 데이터를 저장한다. 이때 기존 파일 형식으로 덮어쓰지 말고 〈다른 이름으로 저장〉을 눌러 파일 형식을 [Excel 통합 문서(*.xlsx)]가 아닌 [Excel97 -2003 통합 문서 (*.xls)]로 저장한다.

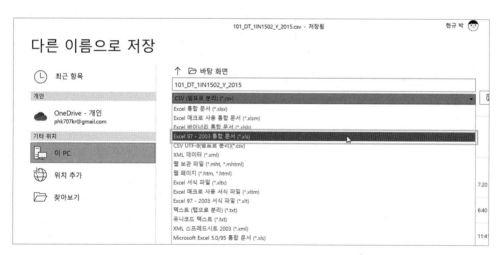

수정한 데이터 파일(.xlsx)을 다른 이름(.xls)으로 저장하기

Do it!
03

SSMS에서 엑셀 파일을 읽어 데이터베이스로 가져오기

SSMS를 실행해 [개체 탐색기]의 [데이터베이스]를 누른 다음 DoItSQL 데이터베이스를 오른쪽 클릭해 [태스크(T) → 데이터 가져오기(I)]를 선택하자.

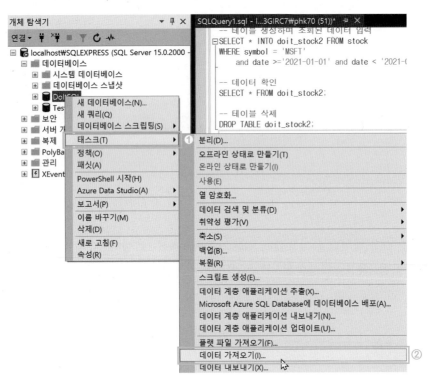

SSMS 실행해서 데이터 가져오기

그러면 [SQL Server 가져오기 및 내보내기 마법사]가 실행된다. 이 기능은 여러 형태의 데이터를 SQL Server로 옮길 수 있도록 도와준다. 〈Next〉를 눌러 데이터 원본 선택으로 이동하자.

[SQL Server 가져오기 및 내보내기 마법사] 시작하기

데이터 원본 선택 화면에서 데이터 원본 항목은 [Microsoft Excel]로 설정하고 Excel 파일
경로 항목은 〈찾아보기〉를 클릭해 조금 전 저장한 엑셀 파일로 지정하자. 그런 다음 Excel 버
전 항목은 'Excel97-2003'으로 지정하고 〈Next〉를 눌러 대상 선택 화면으로 진행하자.

데이터 원본으로 엑셀 파일 지정하기

[대상 선택] 화면에서는 대상을 [SQL Server Native Client 11.0]으로 지정한다. 서버 이름
은 SSMS에서 접속할 때 사용했던 이름을 그대로 사용하자. 서버 이름은 아마 SSMS를 접속

한 상태에서 SQL Server 가져오기를 실행했으므로 자동으로 입력된 상태일 것이다. 인증은
[Windows 인증 사용]을 누르고 데이터베이스는 드롭다운 항목을 열어 [DoItSQL]을 선택
하고 〈Next〉를 눌러 테이블 복사 또는 쿼리 지정 화면으로 진행하자.

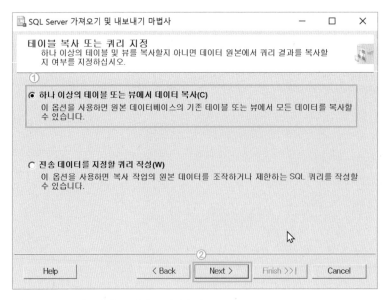

대상 선택 화면에서 서버와 데이터베이스 지정하기

[테이블 복사 또는 쿼리 지정] 화면에서는 [하나 이상의 테이블 또는 뷰에서 데이터 복사]를
선택하고 〈Next〉를 눌러 [원본 테이블 및 뷰 선택] 화면으로 넘어가자.

테이블 또는 뷰에서 데이터를 복사하도록 허용하기

[원본 테이블 및 뷰 선택] 화면으로 이동하면 테이블과 뷰가 선택된 상황일 것이다. 다만 '대상' 항목의 경우 알아보기 어려운 이름으로 되어 있을 텐데 이 이름만 [census_2015]으로 변경해 알아보기 좋은 이름으로 수정하자.

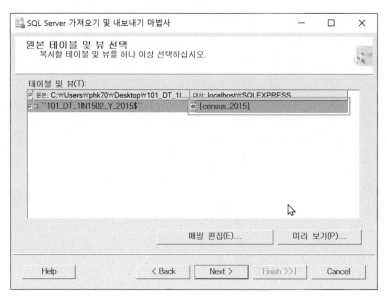

선택된 테이블과 뷰의 '대상' 이름 변경하기

〈매핑 편집〉을 누르면 원본 데이터에 정의된 열과 대상 열의 매핑이 잘 이루어지는지 확인할 수 있다. 이때 가져오기 마법사가 데이터를 샘플링해 자료형을 결정하는데, 간혹 일부 열의 데이터에서 숫자가 앞에 오고 중간에 문자열이 있는 경우 생성되는 테이블의 자료형이 숫자형으로 생성되면서 오류가 발생할 때가 있다. 이때 매핑 편집을 통해 자료형을 미리 파악해서 문자열이 포함된 열이 숫자형으로 정의되는 등의 문제를 미리 변경할 수 있다는 점도 알아 두자. 다행히도 우리가 내려받은 데이터는 자료형 문제는 없으니 〈취소〉를 눌러 매핑 편집을 닫도록 하자.

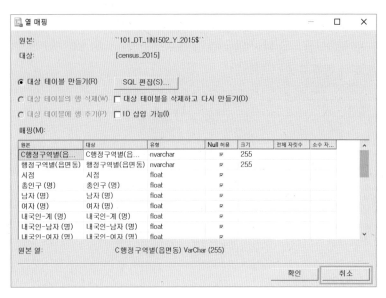

<취소>를 눌러 매핑 편집 화면 닫기

Do it! 04	**열이 제대로 파싱되었는지 확인 후 마무리하기**

[원본 테이블 및 뷰 선택] 화면으로 돌아와서 〈미리 보기〉를 클릭하면 원본에서 읽은 데이터를 보여 준다. 열이 정상적으로 잘 파싱된 것을 확인할 수 있다. 그다음으로 〈확인〉을 클릭하고 다시 [원본 테이블 및 뷰 선택] 화면으로 돌아와 〈Next〉를 클릭해 [패키지 저장 및 실행] 화면으로 이동하자.

미리 보기에서 정상적으로 열이 잘 파싱되었는지 확인하기

[패키지 저장 및 실행] 화면에서 [즉시 실행]을 선택한 다음 〈NEXT〉를 클릭하고 지금까지 진행한 단계의 요약본을 보여 주는 화면이 나오면 〈Finish〉를 클릭한 뒤 다시 한 번 〈Finish〉를 눌러 파일 가져오기 작업을 마무리하자.

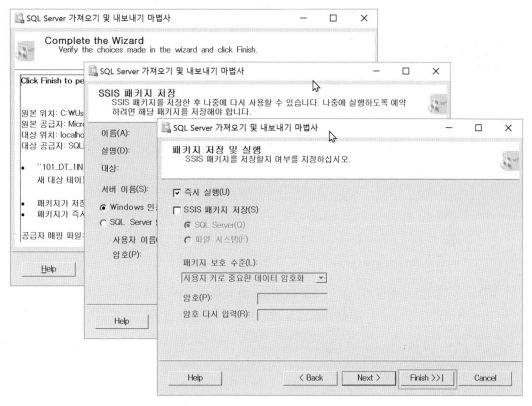

파일 가져오기 작업 마무리하기

그러면 데이터 이동 과정을 보여 준다. 만약 이 단계에서 오류가 발생하면 그 부분을 클릭해 해당 오류를 확인할 수 있고, 문제를 해결한 뒤 다시 작업을 진행할 수 있다. 만약 오류가 발생하면 데이터베이스에는 테이블 생성 작업이 어느 정도 진행된 상태이므로 생성된 테이블을 삭제하고 다시 진행해야 한다. 다음과 같이 'Success'라는 메시지가 나오면 제대로 진행된 것이다. 〈Close〉를 클릭해 마법사를 종료하자.

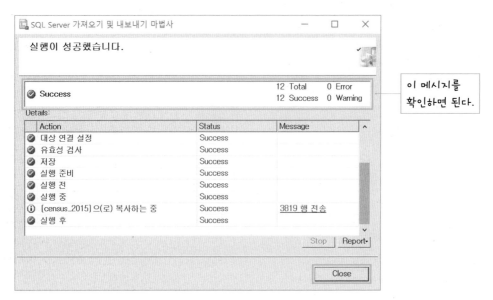

데이터가 제대로 생성된 것을 확인하고 마법사 종료하기

가져온 데이터 확인하기

Do it!
05

이제 [개체 탐색기]에서 [새로 고침]을 해 테이블이 생성되었는지 확인하자. 쿼리를
사용해 데이터를 검색해 본 결과 데이터가 정상적으로 입력된 것을 확인할 수 있다.

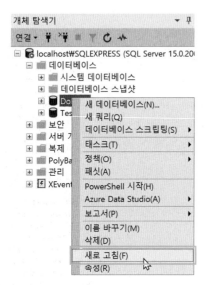

개체 탐색기에서 테이블 생성 확인하기

```
-- SELECT 문으로 데이터가 제대로 생성되었는지 검색
SELECT * FROM census_2015
```

실행 결과

▦ 결과 📄 메시지

	C행정구역별(읍면동)	행정구역별(읍면동)	시점	총인구 (명)	남자 (명)	여자 (명)	내국인-계 (명)	내국인-
1	'00	전국	2015	51069375	25608502	25460873	49705663	248198
2	'04	읍부	2015	4616802	2360708	2256094	4467697	226285
3	'05	면부	2015	4774878	2455898	2318980	4546520	229186
4	'03	동부	2015	41677695	20791896	20885799	40691446	202651
5	'11	서울특별시	2015	9904312	4859535	5044777	9567196	469431
6	'11010	종로구	2015	161521	79510	82011	146119	71951
7	'1101053	사직동	2015	9379	4325	5054	8571	3934
8	'1101054	삼청동	2015	2808	1340	1468	2601	1222
9	'1101055	부암동	2015	11012	5327	5685	10157	4921
10	'1101056	평창동	2015	18594	8794	9800	17789	8393
11	'1101057	무악동	2015	8106	3829	4277	7981	3785
12	'1101058	교남동	2015	4620	2234	2386	4441	2133
13	'1101060	가회동	2015	4917	2417	2500	4616	2267

이 과정을 잘 따라왔다면 07-2절의 내용도 무리 없이 진행할 수 있을 것이다. 다만 긴 실습 과정은 생략할 것이므로 혹시 중간에 헷갈리는 내용이 있다면 07-1절로 돌아와 실습 단계를 다시 한번 확인해 보자.

07-2 행정 구역별 인구 분석하기

이제 본격적으로 데이터 분석을 시작해 보자. 행정 구역별 인구 증가 분석을 위해 국가 통계 포털에서 다음 경로를 참조해 데이터를 내려받은 다음 SQL Server로 가져오기를 진행하자. 2015년부터 2020년까지 총 5개의 파일을 내려받아야 한다.

국가 통계 포털의 파일 내려받는 경로

kosis.kr 접속 - [인구] - [인구총조사] - [인구부분] - [총조사인구(2015년 이후)] - [전수부문(등록센서스, 2015년 이후)] - [전수기본표] - [인구, 가구 및 주택 - 읍면동(2015,2020), 시군구(2016-2019)]

다만 5개의 파일을 내려받아 정리하는 과정은 몹시 번거로우므로 독자의 편의를 위해 DoItSQL에 이미 census_2015_2020 테이블을 준비해 두었다. 만약 직접 데이터를 내려받거나 반영해 보고 싶다면 다른 테이블 이름으로 데이터를 준비하기 바란다. census_2015_2020 테이블에는 8,929건의 행이 있으며 2015년 데이터부터 2020년 인구 조사 데이터를 하나의 테이블로 합쳐 놓았다.

데이터 분석을 하기에 앞서 테이블에 저장된 데이터를 확인해야 한다. 열 목록과 각 열에 어떤 형태의 데이터가 있는지 살펴보자.

> **Do it!**
> **01**

TOP N 문으로 상위 10개의 데이터만 확인하기

일부 데이터 확인이 필요한 경우 TOP N 문을 활용한다. 정렬 결과를 볼 필요는 없으므로 정렬 조건을 사용하지 않았다.

▶ 정렬 조건을 제외하면 데이터베이스 검색 비용이 적어지므로 정렬 조건을 사용하지 않았다.

```
-- TOP N 문으로 상위 10개 데이터 검색
SELECT TOP 10 * FROM census_2015_2020
```

실행 결과

	C행정구역별(읍면동)	행정구역별(읍면동)	시점	총인구 (명)	남자 (명)	여자 (명)	내국인-계 (명)	내국인-남자 (명)	내국인-여자 (명)	외국인-계 (명)
1	00	전국	2015	51069375	25608502	25460873	49705663	24819839	24885824	1363712
2	04	읍부	2015	4616802	2360708	2256094	4467697	2262853	2204844	149105
3	05	면부	2015	4774878	2455898	2318980	4546520	2291860	2254660	228358
4	03	동부	2015	41677695	20791896	20885799	40691446	20265126	20426320	986249
5	11	서울특별시	2015	9904312	4859535	5044777	9567196	4694317	4872879	337116
6	11010	종로구	2015	161521	79510	82011	146119	71951	74168	15402
7	1101053	사직동	2015	9379	4325	5054	8571	3934	4637	808
8	1101054	삼청동	2015	2808	1340	1468	2601	1222	1379	207
9	1101055	부암동	2015	11012	5327	5685	10157	4921	5236	855
10	1101056	평창동	2015	18594	8794	9800	17789	8393	9396	805

총 10개의 행이 검색되었다. 열 목록으로는 C행정구역별(읍면동), 시점, 총인구(명) 등이 보인다. 데이터 형태도 숫자형, 문자열 등 다양하다. 현재 census_2015_2020 테이블은 23개의 열을 가지고 있으며 각 자료형은 다음과 같다.

표 7-1 census_2015_2020 테이블의 전체 열 이름과 자료형

열 이름	자료형	열 이름	자료형
C행정 구역별(읍면동)	nvarchar(255)	가구-계(가구)	float
행정 구역별(읍면동)	nvarchar(255)	일반가구(가구)	float
시점	float	집단가구(가구)	float
총인구(명)	float	외국인가구(가구)	float
남자(명)	float	주택-계(호)	float
여자(명)	float	단독주택(호)	float
내국인-계(명)	float	아파트(호)	float
내국인-남자(명)	float	연립주택(호)	float
내국인-여자(명)	float	다세대주택(호)	float
외국인-계(명)	float	비거주용 건물내 주택(호)	float
외국인-남자(명)	float	주택이외의 거처(호)	float
외국인-여자(명)	float		

행정 구역 정의 확인하기

행정 구역이 어떻게 정의되어 있는지 확인하려면 다음 쿼리를 입력한다. 지금까지는 테이블 이름이나 열 이름에 영어를 사용했으므로 예약어를 제외하고는 대괄호 [ ]로 테이블 이름이나 열 이름을 감싸지 않았지만, 국가 통계 포털의 데이터는 한글이므로 대괄호를 사용해야 한다.

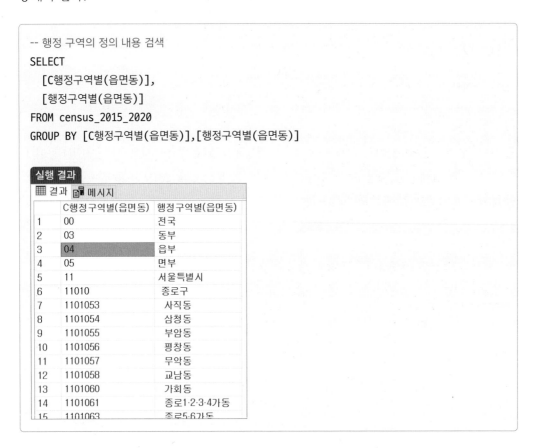

```
-- 행정 구역의 정의 내용 검색
SELECT
    [C행정구역별(읍면동)],
    [행정구역별(읍면동)]
FROM census_2015_2020
GROUP BY [C행정구역별(읍면동)],[행정구역별(읍면동)]
```

실행 결과

🔳 결과 📄 메시지

	C행정구역별(읍면동)	행정구역별(읍면동)
1	00	전국
2	03	동부
3	04	읍부
4	05	면부
5	11	서울특별시
6	11010	종로구
7	1101053	사직동
8	1101054	삼청동
9	1101055	부암동
10	1101056	평창동
11	1101057	무악동
12	1101058	교남동
13	1101060	가회동
14	1101061	종로1·2·3·4가동
15	1101063	종로5·6가동

C행정구역별(읍면동) 열의 코드를 보면 맨 앞 2자리 숫자에 따라 큰 행정 구역이 정의되고 그다음 숫자로 작은 행정 구역이 나누어지는 것을 알 수 있다.

행정구역별 데이터 개수 확인하기

다음 쿼리를 입력해 02단계에서 확인한 행정 구역 코드로 그룹화한 뒤 각 코드에 몇 개의 데이터가 있는지 확인해 보자.

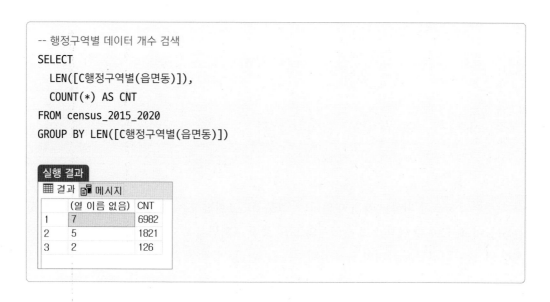

```
-- 행정구역별 데이터 개수 검색
SELECT
  LEN([C행정구역별(읍면동)]),
  COUNT(*) AS CNT
FROM census_2015_2020
GROUP BY LEN([C행정구역별(읍면동)])
```

실행 결과

	(열 이름 없음)	CNT
1	7	6982
2	5	1821
3	2	126

결과를 보면 행정 코드에 따라 2, 5, 7 자릿수를 가지며 행 수는 코드 자릿수가 낮을수록 적다.
이를 통해 코드 자릿수가 낮은 지역은 상위 행정 구역임을 유추해 볼 수 있다.

Do it!
04 **행정 코드 자릿수를 이용해 행정 구역 범위 살펴보기**

다음 쿼리로 행정 코드의 자릿수를 조건으로 행정 구역의 범위를 살펴보자.

```
-- 행정 코드 자릿수로 행정 구역 범위를 검색
SELECT
  [C행정구역별(읍면동)],
  [행정구역별(읍면동)]
FROM census_2015_2020
WHERE LEN([C행정구역별(읍면동)]) = 2
GROUP BY [C행정구역별(읍면동)], [행정구역별(읍면동)]
```

실행 결과

	C행정구역별(읍면동)	행정구역별(읍면동)
1	00	전국
2	03	동부
3	04	읍부
4	05	면부
5	11	서울특별시
6	21	부산광역시
7	22	대구광역시
8	23	인천광역시

9	24	광주광역시
10	25	대전광역시
11	26	울산광역시
12	29	세종특별자치시
13	31	경기도
14	32	강원도
15	33	충청북도
16	34	충청남도

두 자릿수의 코드가 최상위 행정 구역이며, 그중 0X로 시작하는 행정 코드는 전국을 표현하는 코드이고, 1X~3X까지가 각 광역시와 도의 행정 구역임을 확인할 수 있다. 다섯 자릿수의 행정 코드는 구, 군을 나타내며 일곱 자릿수는 읍, 면, 동의 행정 구역을 구분한다.

메타 데이터의 중요성

데이터가 코드 형식으로 정의되면 코드의 메타 데이터를 함께 제공해야 데이터를 효율적으로 분석할 수 있다. 국가 통계 포털 데이터 역시 메타 데이터를 제공한다. 이번 실습에서 굳이 하나씩 코드를 살펴본 이유는, 다른 데이터를 분석할 때 메타 데이터가 없는 경우 데이터 정의를 유추할 수 있다는 걸 보여 주려는 것이었다. 메타 데이터를 유추하려면 다양한 방법으로 데이터를 많이 봐야 하며, 데이터의 도메인이 있으면 좀 더 잘 유추할 수 있다.

07-3 연도별 인구 증감 분석하기

이번에는 연도별 인구 증감이나 증감률을 분석해 보자.

Do it!
01

행정 코드로 전체 인구의 연도별 증감, 증감률 검색하기

다음 쿼리는 앞에서 파악한 행정 코드를 사용해 전체 인구의 연도별 증감, 증감률을 검색한 것이다. 결과를 보면 2015년~2020년까지 국내 전체 인구수는 꾸준히 증가했음을 알수 있다.

```
-- 행정 코드로 전체 인구의 연도별 증감, 증감률 검색
SELECT
  a.[시점] AS a_year,
  a.[총인구 (명)] AS a_popluation,
  b.[시점] AS b_year,
  b.[총인구 (명)] AS b_popluation,
  b.[총인구 (명)] - a.[총인구 (명)] AS diff_popluation,
  CONVERT(DECIMAL(18,2), (b.[총인구 (명)] - a.[총인구 (명)]) / a.[총인구 (명)] * 100)
AS diff_ratio
FROM census_2015_2020 AS a
  LEFT OUTER JOIN census_2015_2020 AS b ON a.[C행정구역별(읍면동)] = b.[C행정구역별(읍면동)] AND a.[시점] = b.[시점] -1
WHERE a.[C행정구역별(읍면동)] = '00'
```

실행 결과

	a_year	a_popluation	b_year	b_popluation	diff_popluation	diff_ratio
1	2015	51069375	2016	51269554	200179	0.39
2	2016	51269554	2017	51422507	152953	0.30
3	2017	51422507	2018	51629512	207005	0.40
4	2018	51629512	2019	51779203	149691	0.29
5	2019	51779203	2020	51829136	49933	0.10
6	2020	51829136	NULL	NULL	NULL	NULL

> **Do it!**
> **02** 행정 구역 코드로 시/도 인구의 연도별 증감, 증감률 검색하기
>
> 그렇다면 시/도에 따른 행정 구역의 인구 변화는 어떻게 될까? 시/도의 행정 구역 코드는 0으로 시작하지 않는 두 자릿수 코드이다. 이를 이용해 쿼리를 작성해 보자.

```sql
-- 행정 구역 코드로 시/도 인구의 연도별 증감, 증감률 검색
SELECT
  a.[C행정구역별(읍면동)] AS c_city,
  a.[행정구역별(읍면동)] AS city,
  a.[시점] AS a_year,
  a.[총인구 (명)] AS a_popluation,
  b.[시점] AS b_year,
  b.[총인구 (명)] AS b_popluation,
  b.[총인구 (명)] - a.[총인구 (명)] AS diff_popluation,
  CONVERT(DECIMAL(18,2), (b.[총인구 (명)] - a.[총인구 (명)]) / a.[총인구 (명)] * 100)
AS diff_ratio
FROM census_2015_2020 AS a
  LEFT OUTER JOIN census_2015_2020 AS b ON a.[C행정구역별(읍면동)] = b.[C행정구역별(읍면동)] AND a.[시점] = b.[시점] -1
WHERE a.[C행정구역별(읍면동)] LIKE '[^0]_'
ORDER BY a.[C행정구역별(읍면동)], a.[시점]
```

실행 결과

	c_city	city	a_year	a_popluation	b_year	b_popluation	diff_popluation	diff_ratio
1	11	서울특별시	2015	9904312	2016	9805506	-98806	-1.00
2	11	서울특별시	2016	9805506	2017	9741871	-63635	-0.65
3	11	서울특별시	2017	9741871	2018	9673936	-67935	-0.70
4	11	서울특별시	2018	9673936	2019	9639541	-34395	-0.36
5	11	서울특별시	2019	9639541	2020	9586195	-53346	-0.55
6	11	서울특별시	2020	9586195	NULL	NULL	NULL	NULL
7	21	부산광역시	2015	3448737	2016	3440484	-8253	-0.24
8	21	부산광역시	2016	3440484	2017	3416918	-23566	-0.68
9	21	부산광역시	2017	3416918	2018	3395278	-21640	-0.63
10	21	부산광역시	2018	3395278	2019	3372692	-22586	-0.67
11	21	부산광역시	2019	3372692	2020	3349016	-23676	-0.70
12	21	부산광역시	2020	3349016	NULL	NULL	NULL	NULL
13	22	대구광역시	2015	2466052	2016	2461002	-5050	-0.20
14	22	대구광역시	2016	2461002	2017	2453041	-7961	-0.32
15	22	대구광역시	2017	2453041	2018	2444412	-8629	-0.35
16	22	대구광역시	2018	2444412	2019	2429940	-14472	-0.59
17	22	대구광역시	2019	2429940	2020	2410700	-19240	-0.79
18	22	대구광역시	2020	2410700	NULL	NULL	NULL	NULL

쿼리를 보면 SELF JOIN 문을 이용해 같은 행정 구역 코드를 조인 조건으로 사용했으며 증감을 계산하고자 기준 테이블의 시점 census_2015_2020 AS a에 LEFT OUTER JOIN 문으로 조인하되 조인 조건에 census_2015_2020 AS b - 1으로 다음연도를 매칭했다. 시/도의 행정 구역은 0을 포함하지 않는 두 자릿수의 문자열이므로 LIKE 문을 사용해 패턴을 검색했으며 0으로 시작하지 않는 두 자릿수 패턴을 찾으려고 LIKE '[^0]_' 조건을 사용했다. 결과를 보면 서울, 부산, 대구 등 광역시에서는 인구가 지속적으로 감소하는 것을 확인할 수 있으며, 경기도, 제주도, 특히 세종시는 큰 인구 증가를 나타내고 있다.

Do it! 03 · 과거 5년간 시/도 인구의 인구 증감이 가장 큰 순서대로 검색하기

다음은 2015년과 2020년을 비교해 시/도의 인구 증감이 큰 순서대로 검색하는 쿼리이다.

```
-- 2015년과 2020년을 비교해 시/도의 인구 증감이 큰 순서대로 검색
SELECT
  a.c_city,
  a.city,
  a.year AS a_year,
  a.popluation AS a_popluation,
  b.year AS b_year,
  b.popluation AS b_popluation,
  b.popluation - a.popluation AS diff_popluation,
  CONVERT(DECIMAL(18,2), (b.popluation - a.popluation) / a.popluation * 100) AS
diff_ratio
FROM (
  SELECT
    [C행정구역별(읍면동)] AS c_city,
    [행정구역별(읍면동)] AS city,
    [시점] AS year,
    [총인구 (명)] AS popluation
  FROM census_2015_2020
  WHERE [시점] = 2015 AND [C행정구역별(읍면동)] LIKE '[^0]_'
  ) AS a
  LEFT OUTER JOIN (
  SELECT
    [C행정구역별(읍면동)] AS c_city,
    [행정구역별(읍면동)] AS city,
```

```
    [시점] AS year,
    [총인구 (명)] AS popluation
 FROM census_2015_2020
 WHERE [시점] = 2020 AND [C행정구역별(읍면동)] LIKE '[^0]_'
 ) AS b ON a.c_city = b.c_city
ORDER BY diff_ratio desc
```

실행 결과

결과 **메시지**

	c_city	city	a_year	a_popluation	b_year	b_popluation	diff_popluation	diff_ratio
1	29	세종특별자치시	2015	204088	2020	353933	149845	73.42
2	39	제주특별자치도	2015	605619	2020	670858	65239	10.77
3	31	경기도	2015	12479061	2020	13511676	1032615	8.27
4	34	충청남도	2015	2107802	2020	2176636	68834	3.27
5	33	충청북도	2015	1589347	2020	1632088	42741	2.69
6	23	인천광역시	2015	2890451	2020	2945454	55003	1.90
7	32	강원도	2015	1518040	2020	1521763	3723	0.25
8	38	경상남도	2015	3334524	2020	3333056	-1468	-0.04
9	36	전라남도	2015	1799044	2020	1788807	-10237	-0.57
10	37	경상북도	2015	2680294	2020	2644757	-35537	-1.33
11	24	광주광역시	2015	1502881	2020	1477573	-25308	-1.68
12	35	전라북도	2015	1834114	2020	1802766	-31348	-1.71
13	22	대구광역시	2015	2466052	2020	2410700	-55352	-2.24
14	26	울산광역시	2015	1166615	2020	1135423	-31192	-2.67
15	21	부산광역시	2015	3448737	2020	3349016	-99721	-2.89
16	11	서울특별시	2015	9904312	2020	9586195	-318117	-3.21
17	25	대전광역시	2015	1538394	2020	1488435	-49959	-3.25

쿼리를 보면 FROM 문에 서브 쿼리를 사용해 2015년 데이터 집합과 2020년 데이터 집합을 구한 다음 LEFT JOIN했다. 한글로 정의한 열 이름 사용이 불편해 별칭을 사용한 점도 주목하자. 결과를 보면 과거 5년간 세종특별자치시의 인구가 엄청나게 증가했으며 다음으로 제주특별자치도 인구가 큰 폭으로 증가했다. 서울과 대전의 경우에는 인구 감소가 가장 큰 것을 알 수 있다.

인구 이동 분석을 해보고 싶다면?

이쯤이면 이런 궁금증이 생겼을 수도 있다.

> Q: 인구가 감소한 도시가 있고 증가한 도시가 있는데, 어느 도시에서 어느 도시로 인구 이동을 많이 했을까?

이러한 궁금증을 해결하고자 국가 통계 포털에서 제공하는 국내인구이동통계 데이터를 교차 분석해 보자. 그러면 인구 이동에 따른 지역별 증감을 조금 더 자세히 살펴볼 수 있다.

> 데이터 경로: [국내인구이동통계 - 시군구별 이동자수]

07-4 행정 구역별 남녀 비율 구하기

census_2015_2020 테이블의 열 목록을 살펴보면 전체 인구를 비롯해 남녀 인구수, 내국인 수, 외국인 수, 가구 수 등 다양한 정보를 확인할 수 있다. 이번에는 남녀 비율을 구해 보자.

Do it! 01 2020년 시/구/군 단위의 남녀 인구수와 성비가 큰 도시순으로 정렬하기

다음은 2020년 시/구/군 단위의 남녀 인구수와 성비가 큰 도시 순서대로 정렬하는 쿼리이다.

```sql
-- 2020년 시/구/군 단위의 남녀 인구수와 성비가 큰 도시순으로 정렬
SELECT
  *
FROM (
  SELECT
    *,
    ABS(m_ratio - f_ratio) AS diff_ratio
  FROM (
    SELECT
      [C행정구역별(읍면동)] AS c_city,
      [행정구역별(읍면동)] AS city,
      [총인구 (명)] AS popluation,
      [남자 (명)] AS m_popluation,
      [여자 (명)] AS f_popluation,
      CONVERT(DECIMAL(18,2), ([총인구 (명)] - [남자 (명)]) / [총인구 (명)] * 100)
AS m_ratio,
      CONVERT(DECIMAL(18,2), ([총인구 (명)] - [여자 (명)]) / [총인구 (명)] * 100)
AS f_ratio
    FROM census_2015_2020
    WHERE [시점] = 2020 AND [C행정구역별(읍면동)] LIKE '_____'
    ) AS x
  ) AS y
ORDER BY diff_ratio DESC
```

실행 결과

	c_city	city	popluation	m_popluation	f_popluation	m_ratio	f_ratio	diff_ratio
1	23320	옹진군	19292	11073	8219	42.60	57.40	14.80
2	33370	음성군	103725	57583	46142	44.48	55.52	11.04
3	37430	울릉군	8444	4683	3761	44.54	55.46	10.92
4	29005	면부	52383	29029	23354	44.58	55.42	10.84
5	31005	면부	810588	447488	363100	44.79	55.21	10.42
6	31270	포천시	157939	86546	71393	45.20	54.80	9.60
7	32370	화천군	23733	12860	10873	45.81	54.19	8.38
8	32390	인제군	30147	16236	13911	46.14	53.86	7.72
9	33350	진천군	89514	48190	41324	46.16	53.84	7.68
10	36410	영암군	57076	30667	26409	46.27	53.73	7.46
11	34080	당진시	168955	90641	78314	46.35	53.65	7.30
12	26005	면부	34303	18372	15931	46.44	53.56	7.12
13	38090	거제시	246965	131923	115042	46.58	53.42	6.84
14	11140	마포구	365612	171161	194451	53.19	46.81	6.38
15	36480	신안군	35138	18680	16458	46.84	53.16	6.32
16	11130	서대문구	317209	148696	168513	53.12	46.88	6.24
17	33005	면부	339989	180346	159643	46.96	53.04	6.08
18	26030	동구	159000	84211	74789	47.04	52.96	5.92

쿼리를 살펴보면 FROM 문에서 하위 쿼리를 사용했으며 2020년 및 5자리의 행정 구역 코드로 패턴 검색을 하고자 WHERE 문에 LIKE '_____'를 사용해 5글자의 문자 중 어느 것이나 검색될 수 있도록 했다. 그리고 남녀 비율의 증감이 아닌, 비율 크기에 따른 정렬 조건을 위해 ABS 함수를 사용해 성별 비율의 결과를 절댓값으로 검색했다. 결과를 살펴보면 성별 비율이 높은 순서에서 낮은 순서로 결과가 검색되었다.

그런데 데이터를 살펴보면 시/군/구 이름으로만 표시되다 보니 어느 광역시 또는 도의 구, 군인지 확인하기 어렵다. 또한 행정 구역 코드는 다르지만 이름을 같은 데이터가 존재하므로 상위 레벨의 행정 구역 이름을 함께 보여 주면 더 좋을 듯하다. 앞에서 데이터를 이야기할 때 행정 구역 코드의 앞 두 자릿수가 광역시 또는 도를 나타낸다고 했다.

Do it!
02

행정 구역 코드 기준으로 상위 레벨의 행정 구역명 검색하기

다음 쿼리는 SUBSTRING 함수를 사용해 행정 구역 코드의 앞 2자리를 분리해 새로운 열 cc_city를 만들고, 마지막 SELECT 문에 두 자릿수 행정 구역 코드의 데이터 집합과 조인해 상위 레벨의 행정 구역을 표시할 수 있도록 했다.

```
-- 행정 구역 코드의 앞 2자리 기준으로 상위 레벨의 데이터 검색(행정 구역명)
SELECT
  y.cc_city,
  y.c_city,
  z.city,
  y.city,
  y.popluation,
  y.m_popluation,
  y.f_popluation,
  y.m_ratio,
  y.f_ratio,
  y.diff_ratio
FROM (
  SELECT
    *,
    ABS(m_ratio - f_ratio) AS diff_ratio
  FROM (
    SELECT
      SUBSTRING([C행정구역별(읍면동)] , 1, 2) AS cc_city,
      [C행정구역별(읍면동)] AS c_city,
      [행정구역별(읍면동)] AS city,
      [총인구 (명)] AS popluation,
      [남자 (명)] AS m_popluation,
      [여자 (명)] AS f_popluation,
      CONVERT(DECIMAL(18,2), ([총인구 (명)] - [남자 (명)]) / [총인구 (명)] * 100)
AS m_ratio,
      CONVERT(DECIMAL(18,2), ([총인구 (명)] - [여자 (명)]) / [총인구 (명)] * 100)
AS f_ratio
    FROM census_2015_2020
    WHERE [시점] = 2020 AND [C행정구역별(읍면동)] LIKE '_____'
    ) AS x
  ) AS y
    INNER JOIN (SELECT [C행정구역별(읍면동)] AS cc_city, [행정구역별(읍면동)] AS city
FROM census_2015_2020 WHERE [C행정구역별(읍면동)] LIKE '[^0]_' GROUP BY [C행정구역별(
읍면동)], [행정구역별(읍면동)]) AS z ON y.cc_city = z.cc_city
ORDER BY diff_ratio DESC
```

▦ 결과 ☞ 메시지

	cc_city	c_city	city	city	poplulation	m_poplulation	f_poplulation	m_ratio	f_ratio	diff_ratio
1	23	23320	인천광역시	옹진군	19292	11073	8219	42.60	57.40	14.80
2	33	33370	충청북도	음성군	103725	57583	46142	44.48	55.52	11.04
3	37	37430	경상북도	울릉군	8444	4683	3761	44.54	55.46	10.92
4	29	29005	세종특별자치시	면부	52383	29029	23354	44.58	55.42	10.84
5	31	31005	경기도	면부	810588	447488	363100	44.79	55.21	10.42
6	31	31270	경기도	포천시	157939	86546	71393	45.20	54.80	9.60
7	32	32370	강원도	화천군	23733	12860	10873	45.81	54.19	8.38
8	32	32390	강원도	인제군	30147	16236	13911	46.14	53.86	7.72
9	33	33350	충청북도	진천군	89514	48190	41324	46.16	53.84	7.68
10	36	36410	전라남도	영암군	57076	30667	26409	46.27	53.73	7.46
11	34	34080	충청남도	당진시	168955	90641	78314	46.35	53.65	7.30
12	26	26005	울산광역시	면부	34303	18372	15931	46.44	53.56	7.12
13	38	38090	경상남도	거제시	246965	131923	115042	46.58	53.42	6.84
14	11	11140	서울특별시	마포구	365612	171161	194451	53.19	46.81	6.38
15	36	36480	전라남도	신안군	35138	18680	16458	46.84	53.16	6.32
16	11	11130	서울특별시	서대문구	317209	148696	168513	53.12	46.88	6.24
17	33	33005	충청북도	면부	339989	180346	159643	46.96	53.04	6.08
18	26	26030	울산광역시	동구	159000	84211	74789	47.04	52.96	5.92

결과를 살펴보면 최상위 행정 구역의 데이터와 조인하려고 조인 조건에 해당하는 데이터를 생성해 사용했다. 이처럼 데이터를 다루다 보면 여러 가지 데이터를 조인하고 조합하기 위해 여러 가지 함수를 사용해 데이터를 조작할 수 있어야 한다.

이러한 문제는 각 행정 구역의 계층 구조에 관한 메타 데이터가 있다면 여러 번 데이터를 가공하지 않아도 유니크한 행정 구역의 코드만으로 해결할 수 있다. 따라서 데이터 분석을 할 때는 분석에 필요한 각 도메인별 메타 데이터나 캘린더 테이블 등을 미리 정의해서 사용하는 경우가 많다.

Do it! 03 지역 코드의 메타 데이터를 생성하고 테이블에 저장하기

지금까지 census_2015_2020 테이블을 이용해 몇 가지 분석을 하면서 테이블 데이터를 충분히 이해했을 것이다. 그렇다면 이번에는 메타 데이터가 없는 불편함을 해결해 보자. 지금까지 사용한 정보를 조합해 행정 구역의 메타 데이터를 직접 만들어 보자. 다음 쿼리는 SELF JOIN 문을 사용해 지역 코드의 메타 데이터를 생성하고 census_city_code라는 이름으로 테이블을 생성해 결과를 저장한다.

```
-- 지역 코드의 메타 데이터를 생성하고 테이블에 저장
IF OBJECT_ID(N'dbo.census_city_code', N'U') IS NOT NULL
    DROP TABLE census_city_code;
GO

SELECT
  c.city1,
  c.city1_name,
  b.city2,
  b.city2_name,
  a.city3,
  a.city3_name
  INTO census_city_code
FROM (
  SELECT
    SUBSTRING([C행정구역별(읍면동)] , 1, 2) AS city1,
    SUBSTRING([C행정구역별(읍면동)] , 1, 5) AS city2,
    [C행정구역별(읍면동)] AS city3,
    [행정구역별(읍면동)] AS city3_name
  FROM census_2015_2020
  WHERE LEN([C행정구역별(읍면동)]) = 7
  GROUP BY SUBSTRING([C행정구역별(읍면동)] , 1, 2), SUBSTRING([C행정구역별(읍면동)] ,
1, 5), [C행정구역별(읍면동)], [행정구역별(읍면동)]
  ) AS a
  LEFT OUTER JOIN (
  SELECT
    [C행정구역별(읍면동)] AS city2,
    [행정구역별(읍면동)] AS city2_name
  FROM census_2015_2020
  WHERE LEN([C행정구역별(읍면동)]) = 5
  GROUP BY [C행정구역별(읍면동)], [행정구역별(읍면동)]
  ) AS b ON a.city2 = b.city2
  LEFT OUTER JOIN (
  SELECT
    [C행정구역별(읍면동)] AS city1,
    [행정구역별(읍면동)] AS city1_name
  FROM census_2015_2020
  WHERE LEN([C행정구역별(읍면동)]) = 2
  GROUP BY [C행정구역별(읍면동)], [행정구역별(읍면동)]
  ) AS c ON a.city1 = c.city1
```

```
ORDER BY city3

-- city_code 검색
SELECT * FROM census_city_code
```

실행 결과

	city1	city1_name	city2	city2_name	city3	city3_name
1	11	서울특별시	11010	종로구	1101053	사직동
2	11	서울특별시	11010	종로구	1101054	삼청동
3	11	서울특별시	11010	종로구	1101055	부암동
4	11	서울특별시	11010	종로구	1101056	평창동
5	11	서울특별시	11010	종로구	1101057	무악동
6	11	서울특별시	11010	종로구	1101058	교남동
7	11	서울특별시	11010	종로구	1101069	창신3동
8	11	서울특별시	11010	종로구	1101070	숭인1동
9	11	서울특별시	11010	종로구	1101071	숭인2동
10	11	서울특별시	11010	종로구	1101072	청운효자동
11	11	서울특별시	11010	종로구	1101073	혜화동
12	11	서울특별시	11010	종로구	1101060	가회동
13	11	서울특별시	11010	종로구	1101061	종로1·2·3·4가동
14	11	서울특별시	11010	종로구	1101063	종로5·6가동
15	11	서울특별시	11010	종로구	1101064	이화동
16	11	서울특별시	11010	종로구	1101067	창신1동
17	11	서울특별시	11010	종로구	1101068	창신2동
18	11	서울특별시	11020	중구	1102052	소공동

Do it! 04 메타 데이터를 활용해 데이터 분석하기

이렇게 생성한 메타 데이터는 JOIN 문을 사용해 데이터를 분석할 때 활용할 수 있다. 다음 쿼리는 cencus_2015_2020 테이블과 03단계에서 생성한 census_city_code 테이블을 조인해 2020년의 상세 행정 구역별 인구 분포를 확인한 것이다.

```
-- 2개 테이블을 조인해 2020년의 상세 행정 구역별 인구 분포를 검색
SELECT
  b.city1,
  b.city2,
  b.city3,
  b.city1_name,
  b.city2_name,
  b.city3_name,
  a.[시점],
```

```
  a.[총인구 (명)],
  a.[남자 (명)],
  a.[여자 (명)],
  a.[내국인-계 (명)],
  a.[내국인-남자 (명)],
  a.[내국인-여자 (명)]
FROM census_2015_2020 AS a
  INNER JOIN census_city_code AS b ON a.[C행정구역별(읍면동)] = b.city3
WHERE a.시점 = 2020
```

실행 결과

	city1	city2	city3	city1_name	city2_name	city3_name	시점	총인구 (명)	남자 (명)	여자 (명)	내국인-계 (명)	내국인-남자 (명)	내국인-여자 (명)
1	11	11010	1101053	서울특별시	종로구	사직동	2020	8705	3959	4746	8344	3762	4582
2	11	11010	1101054	서울특별시	종로구	삼청동	2020	2433	1184	1249	2337	1126	1211
3	11	11010	1101055	서울특별시	종로구	부암동	2020	9666	4622	5044	9245	4396	4849
4	11	11010	1101056	서울특별시	종로구	평창동	2020	17379	8109	9270	17029	7954	9075
5	11	11010	1101057	서울특별시	종로구	무악동	2020	8082	3763	4319	8013	3735	4278
6	11	11010	1101058	서울특별시	종로구	교남동	2020	10027	4662	5365	9754	4533	5221
7	11	11010	1101060	서울특별시	종로구	가회동	2020	4169	2056	2113	4051	1994	2057
8	11	11010	1101061	서울특별시	종로구	종로1·2·3·4가동	2020	6707	3804	2903	5994	3481	2513
9	11	11010	1101063	서울특별시	종로구	종로5·6가동	2020	5456	2962	2494	4882	2649	2233
10	11	11010	1101064	서울특별시	종로구	이화동	2020	8241	3770	4471	7519	3507	4012
11	11	11010	1101067	서울특별시	종로구	창신1동	2020	5791	3004	2787	4585	2434	2151
12	11	11010	1101068	서울특별시	종로구	창신2동	2020	9369	4711	4658	7670	3913	3757
13	11	11010	1101069	서울특별시	종로구	창신3동	2020	6773	3307	3466	6501	3165	3336
14	11	11010	1101070	서울특별시	종로구	숭인1동	2020	6110	2917	3193	5653	2733	2920
15	11	11010	1101071	서울특별시	종로구	숭인2동	2020	9520	4672	4849	8703	4401	4302

07-5 주택 매매 데이터로 분석하기

이번에는 국가 통계 포털 사이트에서 제공하는 주택 가격 매매 데이터를 활용해 주택 매매가 지수 변동과 지역 변동 사항을 분석해 보자. **주택 매매가 지수**란 전국 시/군/구의 주택을 모집 단으로 해당 지역 아파트 평균가를 기준값인 100으로 삼고, 이후 상승 또는 하락 정도를 쉽게 알 수 있도록 측정한 값이다. 이번 실습에서 사용할 데이터 역시 DoItSQL 데이터베이스에 들어 있으므로 바로 실습을 시작해 보자. 혹시 따로 내려받고 싶다면 다음 경로를 참고하자.

> **국가 통계 포털의 파일 내려받는 경로**
>
> kosis.kr 접속 - [주거] - [전국주택가격동향조사] - [전국주택가격동향(기준원:2021.06)] - [규모별 매매가격지수]

Do it!
01

주택 매매 데이터 분석을 시작하기 전에 파일 살피기

혹시 주택 가격 매매 데이터를 내려받았다면 파일을 열어 보자. 아마 열 형식으로 피 벗되어 눈으로 보기에는 좋을 것이다. 하지만 열이 고정되어 있으므로 데이터 분석에는 적절하지 않다.

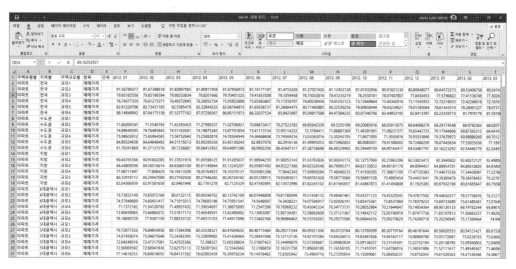

열 형식으로 피벗된 주택 매매 데이터 파일 확인하기

그래서 이 책에서는 SSMS를 사용해 가져오기를 완료한 다음, 열 형태의 데이터를 행 형태로 바꿔서 새로운 테이블을 만들었다. 혹시 DoItSQL 데이터베이스로 바로 실습을 시작하는 경우라면 이러한 과정이 생략되었음을 이해하자. DoItSQL 데이터베이스의 **house_transaction** 테이블이 이처럼 파일을 정리해 새로 만든 테이블이다. 이번 실습에는 해당 테이블을 사용할 것이다. 앞에서 메타 데이터의 중요성을 언급했는데, 이번 데이터 역시 데이터의 지역이나 규모는 코드화되어 있다. 메타 데이터는 텍스트 형식이며 이것도 테이블화했으니 각자 이대로 사용하면 된다. 지역 메타 데이터는 **house_city_code** 테이블을 참고하기 바란다.

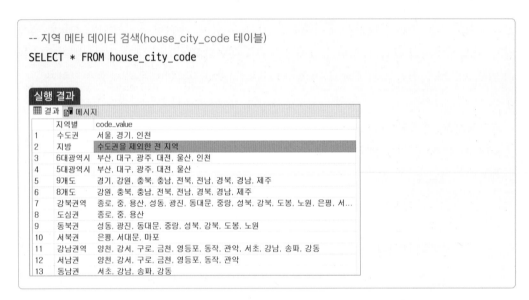

규모 메타 데이터는 **house_scale_code** 테이블을 참고하자.

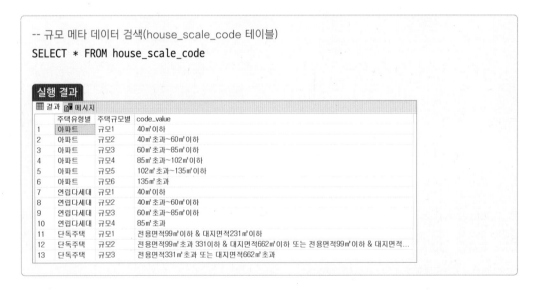

전국 아파트 매매 지수의 증감 데이터 검색하기

02

주택 매매가 동향은 주택 시장을 이해하고 주택 정책을 수립하는 데 매우 중요한 정보이다. 주택 가격의 변화는 경기 흐름의 영향을 많이 받는다. 일반적으로 주택 가격은 불경기에 하락하거나 정체하고 호경기에 강세를 보인다. 주택 가격이 상승하면 주택 소유 가구의 자산 가치는 올라가지만 무주택 가구의 주거비 부담은 가중된다. 호황기에서 불황기로 넘어가면 주택을 기초 자산으로 하는 투자 자산이 부실해지면서 국민 경제에 부정적인 영향을 준다.

house_transaction 테이블의 데이터를 살펴보면 2012년 1월부터 2020년 10월까지의 주택 유형별(아파트, 단독 주택, 연립 다세대), 지역별, 주택 규모별, 거래월별에 따른 거래 지수 데이터가 있다. 이 중 전국 아파트 매매 지수의 증감 데이터를 검색해 보자.

```sql
-- 전국 아파트 매매 지수의 증감 데이터 검색(house_transaction 테이블)
WITH cte_house AS (
SELECT
  ROW_NUMBER() OVER (ORDER BY [거래월] ASC) AS num,
  [주택유형별],
  [지역별],
  [주택규모별],
  [항목],
  [거래월],
  [거래지수]
FROM house_transaction
WHERE [주택유형별] = N'아파트' AND [지역별] = N'전국' AND [주택규모별] = N'규모3'
)
SELECT
  a.[주택유형별],
  a.[주택규모별],
  c.code_value,
  a.[거래월] AS a_date, CONVERT(DECIMAL(18,2), a.[거래지수]) AS a_transaction,
  b.[거래월] AS b_date, CONVERT(DECIMAL(18,2), b.[거래지수]) AS b_transaction,
  CONVERT(DECIMAL(18,2), a.[거래지수] - b.[거래지수]) AS diff_transaction
FROM cte_house AS a
  LEFT OUTER JOIN cte_house AS b ON a.num = b.num + 1
  LEFT OUTER JOIN house_scale_code AS c ON a.[주택유형별] = c.[주택유형별] AND a.[주택규모별] = c.[주택규모별]
ORDER BY a.num ASC
```

	주택유형별	주택규모별	code_value	a_date	a_transaction	b_date	b_transaction	diff_transaction
1	아파트	규모3	60㎡초과~85㎡이하	2012-01	79.92	NULL	NULL	NULL
2	아파트	규모3	60㎡초과~85㎡이하	2012-02	79.92	2012-01	79.92	0.00
3	아파트	규모3	60㎡초과~85㎡이하	2012-03	79.90	2012-02	79.92	-0.02
4	아파트	규모3	60㎡초과~85㎡이하	2012-04	79.82	2012-03	79.90	-0.08
5	아파트	규모3	60㎡초과~85㎡이하	2012-05	79.70	2012-04	79.82	-0.12
6	아파트	규모3	60㎡초과~85㎡이하	2012-06	79.42	2012-05	79.70	-0.29
7	아파트	규모3	60㎡초과~85㎡이하	2012-07	79.11	2012-06	79.42	-0.31
8	아파트	규모3	60㎡초과~85㎡이하	2012-08	78.75	2012-07	79.11	-0.36
9	아파트	규모3	60㎡초과~85㎡이하	2012-09	78.47	2012-08	78.75	-0.28
10	아파트	규모3	60㎡초과~85㎡이하	2012-10	78.26	2012-09	78.47	-0.22
11	아파트	규모3	60㎡초과~85㎡이하	2012-11	78.07	2012-10	78.26	-0.18
12	아파트	규모3	60㎡초과~85㎡이하	2012-12	77.84	2012-11	78.07	-0.23
13	아파트	규모3	60㎡초과~85㎡이하	2013-01	77.58	2012-12	77.84	-0.26
14	아파트	규모3	60㎡초과~85㎡이하	2013-02	77.41	2013-01	77.58	-0.17
15	아파트	규모3	60㎡초과~85㎡이하	2013-03	77.30	2013-02	77.41	-0.11
16	아파트	규모3	60㎡초과~85㎡이하	2013-04	77.44	2013-03	77.30	0.14
17	아파트	규모3	60㎡초과~85㎡이하	2013-05	77.66	2013-04	77.44	0.22
18	아파트	규모3	60㎡초과~85㎡이하	2013-06	77.75	2013-05	77.66	0.09

쿼리를 살펴보면 CTE 형식을 사용해 주택 유형과 지역, 규모를 미리 정의하고 WHERE 문 조건을 사용해 기초 데이터 집합을 만들었다. 지금까지 날짜 형식 데이터는 DATEADD 문을 사용해 전일 날짜를 비교했지만, 이번 데이터는 거래월 데이터가 문자열로 저장되어 있으므로 거래월로 데이터를 정렬하려고 순위를 부여했다. 다행히 거래월을 정렬했을 때 상식적인 순서로 정렬되어 수월하게 계산할 수 있었다.

CTE 다음에 사용된 SELECT 문에서는 SELF JOIN을 사용해 기준행과 앞의 행을 계산해 그 차이를 구했다. 마지막에 규모 정보가 저장된 메타 데이터 테이블 house_scale_code와 조인해 해당 규모의 설명을 검색 결과에 함께 나타내도록 했다.

결과를 보면 전월 매매 지수(diff_transaction)의 증감 결과를 확인할 수 있다. 2021년 6월의 지수가 100인 것으로 미루어 보아 매매 지수 기준 날짜가 2021년 6월로 예상된다. 기준일과 비교할 때 매매가 지수 변동 사항을 확인해 가격의 증감 추세를 분석할 수 있다. CTE 문의 WHERE 문 조건을 변경해서 전국이 아닌 관심 있는 도시의 매매 지수 증감도 검색해 보자. 지역별 데이터가 궁금하다면 메타 데이터인 house_city_code 테이블을 확인한다.

Do it! 03 동월 대비 매매가 지수 증감 분석하기

이번에는 각 연도의 동월 매매가 지수 증감을 검색해 본다. 우선 쿼리를 작성하자.

```
-- 연도별 동월 대비 매매가 지수 증감 검색(house_transaction 테이블)
WITH cte_house AS (
SELECT
    ROW_NUMBER() OVER (ORDER BY [거래월] ASC) AS num,
    [주택유형별],
    [지역별],
    [주택규모별],
    [항목],
    [거래월],
    [거래지수]
FROM house_transaction
WHERE [주택유형별] = N'아파트' AND [지역별] = N'전국' AND [주택규모별] = N'규모3'
    AND SUBSTRING([거래월], 6,2) = '06'
)
SELECT
    a.[주택유형별],
    a.[주택규모별],
    c.code_value,
    a.[거래월] AS a_date, CONVERT(DECIMAL(18,2), a.[거래지수]) AS a_transaction,
    b.[거래월] AS b_date, CONVERT(DECIMAL(18,2), b.[거래지수]) AS b_transaction,
    CONVERT(DECIMAL(18,2), a.[거래지수] - b.[거래지수]) AS diff_transaction
FROM cte_house AS a
    LEFT OUTER JOIN cte_house AS b ON a.num = b.num + 1
    LEFT OUTER JOIN house_scale_code AS c ON a.[주택유형별] = c.[주택유형별] AND a.[주
택규모별] = c.[주택규모별]
ORDER BY a.num ASC
```

실행 결과

▦ 결과 ▣ 메시지

	주택유형별	주택규모별	code_value	a_date	a_transaction	b_date	b_transaction	diff_transaction
1	아파트	규모3	60㎡초과~85㎡이하	2012-06	79.42	NULL	NULL	NULL
2	아파트	규모3	60㎡초과~85㎡이하	2013-06	77.75	2012-06	79.42	-1.67
3	아파트	규모3	60㎡초과~85㎡이하	2014-06	79.50	2013-06	77.75	1.76
4	아파트	규모3	60㎡초과~85㎡이하	2015-06	82.64	2014-06	79.50	3.14
5	아파트	규모3	60㎡초과~85㎡이하	2016-06	84.52	2015-06	82.64	1.88
6	아파트	규모3	60㎡초과~85㎡이하	2017-06	85.44	2016-06	84.52	0.91
7	아파트	규모3	60㎡초과~85㎡이하	2018-06	86.25	2017-06	85.44	0.82
8	아파트	규모3	60㎡초과~85㎡이하	2019-06	84.85	2018-06	86.25	-1.40
9	아파트	규모3	60㎡초과~85㎡이하	2020-06	88.30	2019-06	84.85	3.45
10	아파트	규모3	60㎡초과~85㎡이하	2021-06	100.00	2020-06	88.30	11.70

쿼리를 보면 CTE 테이블에서 기초 데이터 집합을 만들 때 매년 06월의 데이터만 검색하려고 WHERE 문 조건에 SUBSTRING 함수를 사용해 문자열 형식인 거래월의 특정 부분만 잘라 비교했다.

▶ 날짜 데이터는 문자열을 처리하기보다는 데이터를 날짜형으로 바꿔 저장하고 날짜 관련 메타 데이터를 참조하는 편이 더 좋다.

각 연도의 거래월은 문자열이므로 앞뒤 행을 비교하고자 거래월 기준으로 오름차순 정렬하고, ROW_NUMBER 함수를 사용해 순위를 부여했다. 그리고 순위 데이터를 활용해 앞뒤 행의 차이를 계산했다. 결과를 보면 꾸준히 매매 지수가 상승하다가 2019년과 2020년 큰 폭으로 증가한 것을 확인할 수 있다.

캘린더 테이블을 활용하면 훨씬 효율적!

일반적으로 같은 해나 달의 증감을 계산할 때 매번 날짜 함수를 사용해 쿼리를 작성하면 쿼리가 복잡해지거나 여러 번 쿼리를 나누어 실행해야 할 수 있다. 이때 날짜 메타 데이터가 저장된 캘린더 테이블을 만들어서 조인할 때 활용하면 훨씬 효율적으로 검색할 수 있다. 이 책에서는 별도로 캘린더 테이블을 활용하는 방법을 설명하지는 않지만, 캘린더 테이블은 다음과 같이 생성해서 활용할 수 있다.

```
SELECT * FROM dim_date
WHERE date >= '2020-01-01'
```

Do it! 04

특정 기준일 대비 매매가 지수 증감 분석하기

지금까지는 전일 데이터나 전월 데이터 등 데이터 집합의 앞, 뒤 행을 비교해 증감을 구했다. 이번에는 특정 기준일과 비교해 매매가 지수의 증감을 구해 볼 것이다. 다음 쿼리를 입력해 확인해 보자.

```
-- 특정 기준일 대비 매매가 지수 증감 분석(house_transaction 테이블)
WITH cte_house AS (
SELECT
  ROW_NUMBER() OVER (ORDER BY [거래월] ASC) AS num,
  [주택유형별],
```

```sql
    [지역별],
    [주택규모별],
    [항목],
    [거래월],
    [거래지수]
FROM house_transaction
WHERE [주택유형별] = N'아파트' AND [지역별] = N'전국' AND [주택규모별] = N'규모3'

)
SELECT
    a.[주택유형별],
    a.[주택규모별],
    c.code_value,
    a.[거래월] AS a_date, CONVERT(DECIMAL(18,2), a.[거래지수]) AS a_transaction,
    b.[거래월] AS b_date, CONVERT(DECIMAL(18,2), b.[거래지수]) AS b_transaction,
    CONVERT(DECIMAL(18,2), a.[거래지수] - b.[거래지수]) AS diff_transaction
FROM cte_house AS a
    CROSS JOIN (SELECT [거래월], [거래지수] FROM cte_house WHERE [거래월] = '2012-01')
AS b
    LEFT OUTER JOIN house_scale_code AS c ON a.[주택유형별] = c.[주택유형별] AND a.[주
택규모별] = c.[주택규모별]
ORDER BY a.num ASC
```

실행 결과

⊞ 결과 📄 메시지

	주택유형별	주택규모별	code_value	a_date	a_transaction	b_date	b_transaction	diff_transaction
1	아파트	규모3	60㎡초과~85㎡이하	2012-01	79.92	2012-01	79.92	0.00
2	아파트	규모3	60㎡초과~85㎡이하	2012-02	79.92	2012-01	79.92	0.00
3	아파트	규모3	60㎡초과~85㎡이하	2012-03	79.90	2012-01	79.92	-0.02
4	아파트	규모3	60㎡초과~85㎡이하	2012-04	79.82	2012-01	79.92	-0.10
5	아파트	규모3	60㎡초과~85㎡이하	2012-05	79.70	2012-01	79.92	-0.22
6	아파트	규모3	60㎡초과~85㎡이하	2012-06	79.42	2012-01	79.92	-0.50
7	아파트	규모3	60㎡초과~85㎡이하	2012-07	79.11	2012-01	79.92	-0.82
8	아파트	규모3	60㎡초과~85㎡이하	2012-08	78.75	2012-01	79.92	-1.17
9	아파트	규모3	60㎡초과~85㎡이하	2012-09	78.47	2012-01	79.92	-1.45
10	아파트	규모3	60㎡초과~85㎡이하	2012-10	78.26	2012-01	79.92	-1.67
11	아파트	규모3	60㎡초과~85㎡이하	2012-11	78.07	2012-01	79.92	-1.85
12	아파트	규모3	60㎡초과~85㎡이하	2012-12	77.84	2012-01	79.92	-2.08
13	아파트	규모3	60㎡초과~85㎡이하	2013-01	77.58	2012-01	79.92	-2.34
14	아파트	규모3	60㎡초과~85㎡이하	2013-02	77.41	2012-01	79.92	-2.51
15	아파트	규모3	60㎡초과~85㎡이하	2013-03	77.30	2012-01	79.92	-2.62
16	아파트	규모3	60㎡초과~85㎡이하	2013-04	77.44	2012-01	79.92	-2.48
17	아파트	규모3	60㎡초과~85㎡이하	2013-05	77.66	2012-01	79.92	-2.26
18	아파트	규모3	60㎡초과~85㎡이하	2013-06	77.75	2012-01	79.92	-2.18

CTE 문 바깥의 SELECT 문을 살펴보면 LEFT JOIN이 아닌 CROSS JOIN을 했다. CROSS JOIN에 사용한 데이터를 확인해 보면 2012년 01월의 데이터 1건만 검색한다. 즉, cte_house 테이블 데이터의 2012년 1월 날짜를 모두 찾은 다음 차이를 구하므로 CROSS JOIN을 사용했다.

▶ CROSS JOIN의 경우 조인 조건을 사용하지 않는다. 한편 CROSS JOIN은 조인하는 테이블의 모든 경우의 수만큼 행이 조인되므로 잘 사용하지 않는다.

마지막의 LEFT OUTER JOIN을 보면 규모에 관한 메타 데이터 테이블을 조인한 것을 확인할 수 있다. 조인 조건을 살펴보면 a 테이블인 cte_house AS a의 열과 c 테이블인 house_scale_code AS c의 열을 조인한 것을 볼 수 있다. 즉, 조인할 때는 쿼리에 작성한 순서대로 조인하는 것이 아니므로 연산에 필요한 조인 조건에 맞는 테이블과 열을 잘 선정하는 것이 중요하다. 결과를 보면 왼쪽 테이블인 cte_house AS a 기준으로 2012년 1월 데이터가 모두 매치되어 매매 지수의 증감을 보여 준다. 2012년 1월 기준으로 보면 2014년 8월까지는 매매 지수가 하락했고 그 이후로 2020년 10월까지 매매 지수는 계속 증가했다.

지금까지 실습한 내용을 잘 활용하면 국가에서 제공하는 다양한 공공데이터를 활용하여 나만의 데이터 분석을 통한 새로운 인사이트를 만들어 낼 수 있다.

Do it!
SQL 실전
해답

———

03장 문제와 해답

퀴즈 1. nasdaq_company 테이블에서 sector, industry 열만 검색하세요.

> **해답**

```
SELECT sector, industry FROM nasdaq_company
```

퀴즈 2. nasdaq_company 테이블에서 symbol, close_price 열만 검색하세요.

> **해답**

```
SELECT symbol, close_price FROM nasdaq_company
```

퀴즈 3. nasdaq_company 테이블에서 ipo_year가 2021년이면서, sector가 Finance이면서, symbol이 AGAC, TIRX, VLATW 인 목록을 출력하세요.

> **해답**

```
SELECT *
FROM nasdaq_company
WHERE ipo_year = 2021
  AND sector = 'Finance'
  AND symbol IN ('AGAC', 'TIRX', 'VLATW')
```

퀴즈 4. nasdaq_company 테이블에서 ipo_year 열이 2021년 데이터 중에 sector 열이 Finance인 데이터를 검색해서 industry 오름차순으로 정렬하고, 같은 industry일 경우 close_price가 높은 순으로 출력하세요.

> **해답**

```
SELECT *
FROM nasdaq_company
```

```
WHERE ipo_year = 2021
  AND sector = 'Finance'
ORDER BY industry, close_price DESC
```

퀴즈 5. nasdaq_company 테이블에서 company_name이 apple이라는 글자를 포함하는 목록을 출력하세요.

해답

```
SELECT *
FROM nasdaq_company
WHERE company_name LIKE '%apple%'
```

퀴즈 6. nasdaq_company 테이블에서 symbol이 AA로 시작하면서 L, Q를 포함하는 목록을 출력하세요.

해답

```
SELECT *
FROM nasdaq_company
WHERE symbol LIKE 'AA%[L,Q]%'
```

퀴즈 7. nasdaq_company 테이블에서 close_price가 $10 이상, $20 이하이면서, company_name이 A를 포함하지 않으면서, ipo_year가 2017년 이상인 목록을 출력하세요. 이때 close_price 내림차순, ipo_year 오름차순으로 출력하세요.

해답

```
SELECT *
FROM nasdaq_company
WHERE close_price >= 10 AND close_price <= 20
  AND company_name NOT LIKE '%A%'
  AND ipo_year >= 2017
ORDER BY close_price desc, ipo_year ASC
```

퀴즈 8. nasdaq_company 테이블에서 ipo_year 그룹별로 등록된 symbol 개수를 출력하세요.

해답

```
SELECT
  ipo_year, COUNT(*) AS cnt
FROM nasdaq_company
GROUP BY ipo_year
ORDER BY ipo_year
```

퀴즈 9. nasdaq_company 테이블에서 IPO 연도별로 등록된 symbol 개수가 20개 이상인 sector 목록을 내림차순(symbol 개수가 많은 순서)으로 출력하세요.

해답

```
SELECT
  ipo_year, sector, COUNT(*) AS cnt
FROM nasdaq_company
GROUP BY ipo_year, sector
HAVING COUNT(*) >= 20
ORDER BY cnt DESC
```

퀴즈 10. 숫자 형식의 열 3개(col_1, col_2, col_3)를 가진 doit_quiz 테이블을 생성하세요.

해답

```
CREATE TABLE doit_quiz (
col_1 INT,
col_2 INT,
col_3 INT
)
```

퀴즈 11. doit_quiz의 테이블에 col_1, col_2, col_3 열 순서대로 (5, 3, 7) 데이터와 (1, 4, 9) 데이터를 삽입하세요.

해답

```
INSERT INTO doit_quiz (col_1, col_2, col_3) VALUES (5, 3, 7), (1, 4, 9)
```

퀴즈 12. doit_quiz 테이블에서 col_2의 값이 3인 데이터를 5로 수정하세요.

> 해답

```
UPDATE doit_quiz SET col_2 = 5
WHERE col_2 = 3
```

퀴즈 13. doit_quiz 테이블에서 col_1의 값이 5인 데이터를 삭제하세요.

> 해답

```
DELETE doit_quiz WHERE col_1 = 5
```

퀴즈 14. doit_quiz 테이블을 삭제하세요.

> 해답

```
DROP TABLE doit_quiz
```

04장 문제와 해답

퀴즈 1. industry_group 테이블에서 industry 열의 데이터가 Oil에 해당하는 symbol을 industry_group_symbol 테이블에서 검색한 다음, nasdaq_company 테이블에서 해당 symbol의 company_name을 검색하세요.

> 해답

```
SELECT
  a.industry, b.symbol, c.sector, c.company_name
FROM industry_group AS a
  INNER JOIN industry_group_symbol AS b on a.num = b.num
  INNER JOIN nasdaq_company AS c ON b.symbol = c.symbol
WHERE a.industry = 'Oil'
```

퀴즈 2. nasdaq_company 테이블에서 industry_group_symbol 테이블에 포함되지 않는 symbol, industry, company_name 목록을 검색하세요.

```
SELECT
  a.symbol, industry, a.company_name
FROM nasdaq_company AS a
  LEFT OUTER JOIN industry_group_symbol AS b ON a.symbol = b.symbol
WHERE b.symbol IS NULL
```

퀴즈 3. nasdaq_company 테이블에서 sector 열의 값이 Energy인 데이터 중에 industry_group_symbol 테이블에 포함되지 않은 symbol, company_name을 검색하세요.

```
SELECT
  a.symbol, a.company_name, s_b.symbol
FROM nasdaq_company AS a
  LEFT OUTER JOIN (
    SELECT
      symbol
    FROM industry_group AS a
      INNER JOIN industry_group_symbol AS b ON a.num = b.num
    WHERE a.industry = 'Oil') AS s_b ON a.symbol = s_b.symbol
WHERE a.Sector = 'Energy'
  AND s_b.symbol IS NULL
```

```
SELECT
  symbol, company_name
FROM nasdaq_company
WHERE sector = 'Energy'
  AND symbol NOT IN (
  SELECT
    symbol
  FROM industry_group AS a
      INNER JOIN industry_group_symbol AS b ON a.num = b.num
    WHERE a.industry = 'Oil'
  )
```

퀴즈 4. industry_group 테이블에서 industry 열의 데이터가 Oil에 해당하는 symbol을 industry_group_symbol 테이블에서 검색한 다음, nasdaq_company 테이블에서 해당 symbol의 company_name을 검색하세요(CTE 형식의 코드를 사용해 작성하세요).

해답

```
WITH cte AS (
  SELECT
    b.symbol
  FROM industry_group AS a
    INNER JOIN industry_group_symbol AS b ON a.num = b.num
  WHERE a.industry = 'Oil'
)

SELECT
  a.*
FROM nasdaq_company AS a
  INNER JOIN cte AS b ON a.symbol = b.symbol
```

05장 문제와 해답

퀴즈 1. nasdaq_company 테이블에서 company_name 열의 데이터 중 마침표(.)를 포함하는 데이터를 검색해 .를 ****로 변경하세요.

해답

```
SELECT
  company_name,
  REPLACE(company_name, SUBSTRING(company_name, CHARINDEX('.', company_name) + 1,
LEN(company_name)), '****')
FROM nasdaq_company
WHERE company_name LIKE '%.%'
```

퀴즈 2. 현재 날짜에서 45일 이전의 날짜와 요일을 구하세요.

```
SELECT CONVERT(NVARCHAR(10), DATEADD(day, -45, GETDATE()), 120) AS DATE, DAT-
ENAME(WEEKDAY, DATEADD(day, -45, GETDATE())) AS DATE_NAME
```

퀴즈 3. stock 테이블에서 symbol이 MSFT인 데이터의 2021년 1월 1일 ~ 2021년 1월 31일까지의 주식 종가(close) 중에 최솟값과 최댓값, 평균값이 얼마인지 구하세요.

```
SELECT
  MIN([close]) AS Low_Price,
  MAX([close]) AS Max_Price,
  AVG([close]) AS Avg_Price
FROM stock
WHERE symbol = 'MSFT'
  AND date >= '2021-01-01'
  AND date < '2021-02-01'
```

퀴즈 4. nasdaq_company 테이블에서 industry별로 최고가 symbol을 검색해 해당 데이터의 symbol, company_name, industry, close_price를 검색하세요.

```
SELECT
  a.symbol,
  a.company_name,
  a.industry,
  a.close_price
FROM nasdaq_company AS a
  INNER JOIN (
    SELECT
      symbol,
      ROW_NUMBER() OVER (PARTITION BY industry ORDER BY close_price desc) AS
[RANK]
    FROM nasdaq_company
    ) AS b ON a.symbol = b.symbol
WHERE b.[RANK] = 1
```

찾아보기

기초 프로그래밍 코스

파이썬, C 언어, 자바로 시작하는 프로그래밍!
기초 단계를 독파한 후 응용 단계로 넘어가세요!

기초 단계

점프 투 파이썬

박응용 | 360쪽

C 언어 입문

김성엽 | 576쪽

자바 완전 정복

김동형 | 856쪽

자료구조와 함께 배우는
알고리즘 입문 파이썬 편

시바타 보요, 강민 역 | 408쪽

자료구조와 함께 배우는
알고리즘 입문 C 언어 편

시바타 보요, 강민 역 | 464쪽

자료구조와 함께 배우는
알고리즘 입문 자바 편

시바타 보요, 강민 역 | 432쪽

응용 단계

파이썬 생활 프로그래밍

김창현 | 296쪽

깡샘의 안드로이드 앱 프로그래밍 with 코틀린

강성윤 | 712쪽

알고리즘 코딩 테스트

김종관 | 564쪽

나는 어떤
코스가
적합할까?

A 파이썬 개발자가 되고 싶은 사람

- Do it! 파이썬 생활 프로그래밍
- Do it! 점프 투 장고
- Do it! 점프 투 플라스크
- Do it! 장고+부트스트랩 파이썬 웹 개발의 정석

B 자바·코틀린 개발자가 되고 싶은 사람

- Do it! 자바 완전 정복
- Do it! 자바 프로그래밍 입문
- Do it! 코틀린 프로그래밍
- Do it! 안드로이드 앱 프로그래밍 — 개정 8판
- Do it! 깡샘의 안드로이드 앱 프로그래밍 with 코틀린 — 개정판

기초 단계

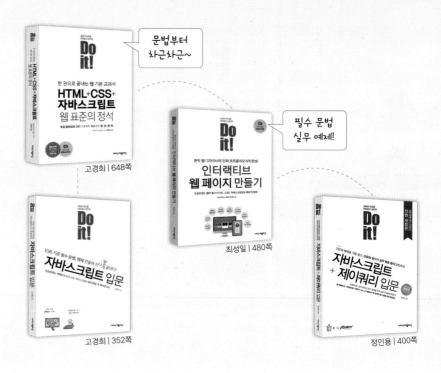

문법부터 차근차근~

필수 문법 실무 예제!

고경희 | 648쪽

최성일 | 480쪽

고경희 | 352쪽

정인용 | 400쪽

응용 단계

김운아 | 344쪽

니꼴라스, 강윤호 | 296쪽

니꼴라스, 김형태 | 248쪽

니꼴라스, 김준혁 | 256쪽

나는 어떤 코스가 적합할까?

A 웹 퍼블리셔가 되고 싶은 사람

- Do it! HTML+CSS+자바스크립트 웹 표준의 정석
- Do it! 인터랙티브 웹 만들기
- Do it! 자바스크립트+제이쿼리 입문
- Do it! 반응형 웹 페이지 만들기
- Do it! 웹 사이트 기획 입문

B 웹 개발자가 되고 싶은 사람

- Do it! HTML+CSS+자바스크립트 웹 표준의 정석
- Do it! 자바스크립트 입문
- Do it! 클론 코딩 줌
- Do it! 클론 코딩 영화 평점 웹서비스
- Do it! 클론 코딩 트위터
- Do it! 리액트 프로그래밍 정석

인공지능 & 데이터 분석 코스

인공지능, 데이터 분석도 Do it! 시리즈와 함께!
주어진 순서대로 차근차근 독파해 보세요!

인공
지능

박해선 | 328쪽

이론을
더 깊게~

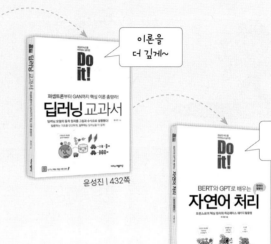

윤성진 | 432쪽

딥러닝
실전!

이기창 | 256쪽

조규남, 맹윤호, 임지순 | 360쪽

데이터
분석

김영우 | 376쪽

김영우 | 344쪽

다니엘 첸 | 280쪽

나는 어떤
코스가
적합할까?

A 인공지능 개발자가 되고 싶은 사람

- Do it! 점프 투 파이썬
- Do it! 정직하게 코딩하며 배우는
  딥러닝 입문
- Do it! 딥러닝 교과서
- Do it! BERT와 GPT로 배우는
  자연어 처리

B 데이터 분석가가 되고 싶은 사람

- Do it! 쉽게 배우는 R 데이터 분석
- Do it! 쉽게 배우는 R 텍스트 마이닝
- Do it! 데이터 분석을 위한 판다스 입문
- Do it! 첫 통계 with 베이즈

앱 프로그래밍 코스

Application Programming Course

자바, 코틀린, 스위프트로 시작하는 앱 프로그래밍!
나만의 앱을 만들어 보세요!

기초
단계

자바 완전 정복

김동형 | 856쪽

코틀린 프로그래밍

황영덕 | 680쪽

안드로이드
앱 프로그래밍

정재곤 | 800쪽

깡샘의
안드로이드
앱 프로그래밍
with 코틀린

강성윤 | 712쪽

스위프트로
아이폰 앱 만들기

송호정, 이범근 | 704쪽

응용
단계

플러터
앱 프로그래밍

조준수 | 500쪽

리액트 네이티브
앱 프로그래밍

전예홍 | 856쪽

프로그레시브
웹앱 만들기

김응석 | 576쪽

나는 어떤
코스가
적합할까?

A 빠르게 앱을 만들고 싶은 사람

- Do it! 안드로이드 앱 프로그래밍
  — 개정 8판
- Do it! 깡샘의 안드로이드 앱
  프로그래밍 with 코틀린 — 개정판
- Do it! 스위프트로 아이폰 앱 만들기
  입문 — 개정 6판
- Do it! 플러터 앱 프로그래밍 — 개정판

B 앱 개발 실력을 더 키우고 싶은 사람

- Do it! 자바 완전 정복
- Do it! 코틀린 프로그래밍
- Do it! 리액트 네이티브 앱 프로그래밍
- Do it! 프로그레시브 웹앱 만들기